논증적 글쓰기

계명대학교
논리윤리교육센터 편

이문출판사

논증적 글쓰기

펴낸곳 / 이문출판사
(변경등록:1994. 6. 3. 제7-20호)
발행인 / 지경원
지은이 / **계명대학교 논리윤리교육센터 편**

초판 발행 / 2010년 3월 2일

주소 / 704-306 대구시 달서구 진천동 581-3
/ 122-010 서울 마포구 성산동 114-15
전화 / 02) 359-8250, 053) 624-3113
팩스 / 02) 359-8251

값 10,000 원

ISBN 978-89-7334-145-0 03170

논증적 글쓰기

『논증적 글쓰기』

목 차

논증, 비판 그리고 논리적 글쓰기

이 재 성

1 우리는 일상생활에서 어떤 주장의 의미가 무엇인지를 정확히 알아내려고 하거나 혹은 그 주장을 받아들일지 결정해야 할 때가 자주 있다. 예컨대 불이 나서 불을 꺼야 할 경우에 일반인들은 차가운 물과 뜨거운 물 둘 중에서 상식적으로 차가운 물이 뜨거운 불을 끄는 데 더 효과적일 것이라 믿는다. 하지만 직접 불을 끄는 것은 물이 아니라 수증기이다. 말하자면 타고 있는 물질과 물이 접촉했을 때 생기는 수증기가 불을 끄는 것이다. 수증기는 타고 있는 물질을 감싸면서 산소 공급을 중단시킨다. 그 결과 불이 꺼지는 것이다. 또한 뜨거운 물은 점착성도 높아서 차가운 물보다 더 빨리 퍼지기 때문에 불을 끄는데 차가운 물보다 더 효과적이다. 차가운 물과 뜨거운 물에 대한 상식만큼이나 일반인들은 '논술' 혹은 '논리적 글쓰기'에 대해서도 비슷한 믿음이 있다. 즉, 작문 실력이 바로 논술 혹은 논리적 글쓰기 실력이라고 믿는다는 것이다. 그러나 논술은 언어적 형태로 표현되기 전에 수많은 사고 과정을 거치며, 작성자의 가치관이 글에 뚜렷하게 투영된다. 그 결과 사고 과정의 최종 표현으로써 논술 혹은 논리적 글쓰기라는 형태로 드러나는 것이다.

2 논술이란 도대체 무엇인가? 우선 논술(論述)이란 말 그대로 '일정한 주제를 논(論)하여 서술(述)하는 글', 즉 '어떤 주제나 상황에 대하여 자신의 의견이나 주장을 내세워 합리적으로 해석, 평가, 분석하여 논리적으로 진술하는 글'을 말한다. 이런 의미에서 논술이란 '어떤 문제에 대한 자신의 주장을 상대방에게 논리적으로 설득하는 글쓰기'라고 할 수 있다. 논술은 크게 세 부분으로 나뉘어 구성된다. 첫째, '문제제기 부분'이다. 문제제기는 주어진 문제를 분석하여 문제가 요구하고 있는 것을 물음의 형식으로 재진술하여 구체적으로 분명하게 문제를 제기하는 것이다. 둘째, '논증 부분'으로 자신의 주장을 상대방에게 논리적으로 설득하는 과정이다. 셋째, '글쓰기 일반'에 관한 것으로 논증과정을 글로 표현하는 것이다. 그러나 이런 단순한 정의만으로 논술을 이해하기는 쉽지 않으므로 논술의 성격 혹은 특징을 간단하게 요약해 보자.

2.1 논술은 '주장'이 있는 글쓰기이다

일상생활에서 우리가 읽는 글은 책자, 신문 기사, 광고 문안에 이르기까지 매우 다양하다. 객관적 지식을 전달하는 '설명문'이나 어떤 사태를 그림 그리듯 전달하는 '묘사문', 그리고 시간적 계기에 따라 사태를 기록하는 '기록문' 내지 '서사문'도 있다. 하지만 논술은 이와 달리 '주장'이나 '관점'을 논증적으로 개진하는 글이다. 물론 논문, 신문 사설, 시론, 해설 기사, 그리고 심지어 광고 문안에도 그 나름의 주장하는 바가 있다. 하지만 그런 글들은 본질적으로 주장을 위한 글은 아니다. 주장만 있다고 해서 논술이 되는 것은 아니지만, 주장이 없는 논술은 성립될 수 없다. 따라서 논술이라고 쓴 글에 주장이 분명치 않다면 좋은 논술이 될 수 없다. 그런 만큼 논술을 쓸 때는 일차적으로 '무엇을 주장하는지'

를 작성자 스스로 명확하게 인식해야 한다.

2.2 논술은 '논점'이 있는 글쓰기이다

논술이 '주장을 논증적으로 개진하는 글쓰기'라면 논제에는 반드시 논점이 있다. 어떤 쟁점을 다루는 글인지를 정확하게 파악하지 않고서는 그 글을 이해할 수 없으며, 논점이 없는 논제에 대해 주장을 개진한다는 것은 불가능하다. 논점은 논제에 직접 드러나기도 하고, 숨겨진 경우도 있다. 따라서 좋은 논술을 작성하기 위해서는 먼저 '어떤 논점에 대한 글인지'를 발견하는 훈련이 매우 중요하다. 논점은 크게 '문제 발견'과 '문제 해결'로 나눌 수 있다. 먼저 논술은 '문제 발견'의 성격을 갖는다. 이것은 설명, 해결, 개선, 입증, 분석, 선택 등이 필요한 사상을 독자적으로 찾아내는 능력을 말한다. 논술 활동은 그 자체가 문제를 찾아내는 활동에서 시작된다. 두 번째, '문제 해결'로서의 성격이 있다. 문제 해결이란 어떤 문제 상황에 대한 판단을 통해 마련되는 대처 행위를 뜻한다. 여기서 대처 방식은 사리에 맞아야 하고 논리적으로 오류가 없어야 한다. 따라서 문제에 대한 예리한 분석력, 객관적 논의능력, 전환적 관점의 적용 능력 등의 높은 사고력을 필요로 한다.

2.3 논술은 단지 지식만 묻는 주관식과 다른 글쓰기이다

논술 시험은 흔히 '~에 대해 논하라'는 식의 문제처럼 습득한 지식만을 묻는 주관식 시험과는 명백하게 구별되는 시험 형식이다. 논술은 자신의 주장을 논리적이고 독창적으로 드러내는 글이다. 따라서 학생마다 답안이 다를 수밖에 없다. 때문에 논술의 '물음 형식'은 주관식 시험과 다르다. 단지 지식만을 묻는 주관식 시험이라면 '~에 대해 논하라'라는 형식으로 출제되어도 무방하다. 그러나 논술은 이러한 주관식

시험과 달리 대부분 일정한 '주장'이나 '결론'을 요구하는 논제로 출제된다. 예컨대 "고유가 문제에 대한 총체적 해결책을 논하라."는 주관식 문제에 가깝다. 왜냐하면 이 문제에는 고유가 문제해결 정책에 대한 지식을 요구한 것일 뿐 논점이 주어지지 않았기 때문이다. 이 소재를 논술의 논제로 출제한다면 "경제 문제가 과연 에너지 정책에 따라 해결될 수 있는 것인지를 고유가 문제를 예로 들어 논술하시오"라는 식의 '논증적 형태'가 될 수 있다.

2.4 논술은 '논리적'인 글쓰기이다

논술문은 내용과 형식이 '논리적'이어야 한다. '논리적'이란 문제와 해결을 논리적 절차와 규칙에 따르는 과정을 뜻한다. 자신의 입장이나 주장을 내세워 그 타당성을 인정받기 위해서는 주장과 근거가 타당해야 할 뿐 아니라 글의 전개 과정도 논리적이어야 한다. 물론 시나 희곡, 수필과 같은 문학이나 기사문, 설명문과 같은 실용적인 글도 논리적으로 쓰여지는 것은 사실이다. 그러나 이러한 문학적인 글에서는 '미적 상상력을 동원한 논리적 비약'이 이루어지며, 실용문 역시 '사실성에 강조한 진행'이 이루어지기 때문에 논술문과는 분명한 차이가 있다.

2.5 논술은 효율적 언어행위이다

논술은 효율적 언어 행위로서의 성격이 있다. 논술은 일차적으로 글쓰기의 한 양상이다. 따라서 글쓰기 일반특성을 고려할 때, '글쓰기'는 생각을 바르고 효율적인 언어로 표현하는 행위이다.

3 그러나 현재 논술 혹은 논리적 글쓰기 교육은 대학 입학 전형을 위한 논술문 작성에 대한 단순한 글쓰기 지도, 또는 논술 문항에

대한 답안의 첨삭 지도 정도로 인식되어 '문제를 파악하는 능력'을 소홀하게 취급하고 있다. 논술이 문제해결 과정에 대한 사고의 '논리적 글쓰기'라는 관점에서 본다면 현재의 논술 교육은 그 본래적 의미와 목적에서 벗어나 있다. 이러한 왜곡된 인식은 논리적 글쓰기 교육을 주관식 서술형 평가나 유형화된 문제를 기계적으로 반복하고, 획일화된 답안을 양산하는 정도의 교육으로 자리 잡게 할 우려를 낳고 있다. 따라서 제대로 된 논술 혹은 논리적 글쓰기 교육에 대한 올바른 방향 모색이 절실하다고 하겠다.

4 만일 우리가 논술 혹은 논리적 글쓰기 문제를 '무엇을', '어떻게' 표현할 것인가 하는 문제로 본다면, '무엇을'은 문제 파악 능력이고, '어떻게'는 논리적 사고력에 해당한다. '어떻게' 표현할 것인가의 문제는 서술 방법 즉, 표현력만으로 구성되는 것이 아니다. 논리적 글쓰기 교육의 의미가 사고력 신장에 있음을 고려할 때, '사고 능력'이라는 표현만으로는 불충분하다는 점을 유의해야 한다. 현재 논리적 글쓰기 지도의 주류인 첨삭과 결과 중심의 교육은 글쓰기의 과정을 지도하는 것이라기보다는 서술된 결과물만을 지도한다는 점에 큰 문제가 있다. 올바른 문장, 자연스런 문장, 정서법과 같은 지도는 논리적 글쓰기에서 매우 중요하다. 그러나 정서법이나 문장 지도는 논리적 글쓰기 지도와는 다른 차원에서 이루어져야 하는 기초적인 단계의 지도이다. 중요한 것은 문장 지도가 아닌 논리적-비판적인 사고를 구성하는 과정에 대한 지도가 이루어져야 한다는 점이다. 다시 말하면 논리적 글쓰기 작성은 문장 서술의 결과를 생산하는 기계적인 과정이 아니라 '비판적 사고의 서술'이라는 측면에서 교육해야 한다는 말이다. 따라서 논리적 글쓰기 지도는 분석 능력, 이해 능력, 종합 능력, 판단(비판) 능력, 창의적 사고

능력 등 다양한 사고 능력을 지도하는 과정이어야 한다.

5 논리적 글쓰기는 다양한 사고 능력에 기초하고 있다. 다양한 사고 능력은 '비판적 사고', 즉 어떤 주장을 받아들일지 또는 거부할지 또는 유보할지를 주의 깊고 신중하게 결정하는 능력, 어디까지가 옳고 어디부터 그른지 하나하나 능동적이고 반성적으로 따져보는 능력에 기반하고 있다. 비판적 사고 능력은 상당히 복합적인 능력이기 때문에 "여러 능력과 관계한다. 즉, 다양한 문맥에서 언어가 뜻하는 바를 파악해 내는 능력, 어떤 주장을 지지하기 위해 증거가 언제 요구되는지 결정하는 능력, 증거가 요구될 때 증거의 양과 유형을 적절히 판단하는 능력, 그 이외에도 비판적 사고는 일관적으로 생각할 수 있는 능력, 지시와 충고를 이해할 수 있는 능력, 문제를 구성하고 해결할 수 있는 능력, 주어진 정보가 문제와 유관한지 판단하는 능력, 결정과 계획의 가능한 결과들을 개관하는 능력, 가능한 선택지들 중 최선의 선택을 하는 능력 등 다양한 능력들과 관계한다." 이처럼 비판적으로 사고한다는 것은 "말해진 것을 분석하고, 그것을 주의 깊게 평가하며, 증거들이 필요할 대 증거들을 구하고, 다양한 정보들을 일관적인 방식으로 함께 연결하고, 사고에서의 잘못을 피하려고 노력하고, 이치에 닿지 않는 것들에 대해 의문을 제기하고, 획득 가능한 최선의 정보위에서 결정하고 계획하는 것 등은 최소한 포함"하는 것이다.(김영정 외, 『초중등대학에서의 인문교육 활성화 방안; 논리적 사고력 평가 모형 개발』)

6 비판적 사고를 통한 체계적인 글쓰기 교육을 받은 학생들은 학업 능력에서도 성취도를 나타낸다. 왜냐하면 논리적 글쓰기 과정에서는 치밀하게 비판적으로 생각을 해야 하기 때문에 학업 능력의 향상

으로 이어질 수밖에 없다. 주제가 잘 전달되도록 단락 구성을 하여 전개하는 방식으로 글쓰기를 하면 이것을 하지 않을 때보다 더욱 훈련된 방식으로 사고할 수 있고, 이것이 학업 능력에 도움을 주는 것이다. 이런 의미에서 논리적 글쓰기는 '사고 능력 향상'과 밀접한 연관을 맺고 있다. 이처럼 글쓰기와 생각하기는 분리될 수 없다. 바로 그 때문에 글쓰기 공부가 중요하다. 좋은 글을 쓰는 학생은 생각을 치밀하게 비판적으로 한다. 논리적 글쓰기는 사고를 이끌고, 사고는 글쓰는 힘의 원천을 제공한다.

7 비판적 사고에 기초한 논리적 글쓰기는 즉흥적으로 떠오르는 흐트러진 생각을 제대로 표현하는 훈련이다. 논리적 글쓰기는 단순히 대학 입학 시험을 준비하는 훈련 과정이 아니다. 실제로 논리적 글쓰기에서는 학생들에게 '어떻게 생각해야 하는지'를 중점적으로 가르쳐야 한다. 학생들이 치밀하고 조리있게 생각하도록 훈련하고 그들이 생각하는 바를 정확하게 정리하여 분명하게 표현하는 방법을 지도해야 한다. 논리적 글쓰기는 즉흥적이거나 엉터리가 될 수 있는 생각을 잘 표현하는 훈련이기 때문에 학생들이 자신의 생각을 정리하여 글을 쓰는 공부를 하게 되면 좀 더 명확한 사고를 하게 되고, 그 결과 학업 성적도 자연스럽게 향상된다.

8 비판적 사고의 핵심은 논증이다. 일반적으로 영어 단어 'argument'는 논쟁이라고 해석한다. 이러한 논쟁의 의미는 의사소통의 부재, 관계의 악화, 언짢은 감정들, 심지어 공격성과 같은 단어를 떠올리게 한다. 그러나 비판적 사고에서는 이 단어를 논증이라고 해석하고 그 의미도 논쟁의 어감과는 전혀 다르다. 비판적 사고에서

'논증'은 '자신의 입장이나 관점을 주장하기 위해 논거를 제시하는 것'을 말한다. 만약 상대방이 내가 제시한 논거를 받아들인다면 상대방이 나의 관점을 받아들이도록 설득하기란 더더욱 용이하다. 따라서 논증은 '입장 혹은 관점', '다른 사람이 어떤 관점을 받아들이도록 설득하는 것', '관점을 옹호하기 위해 제시한 논거들'을 포함한다. 논증이라는 단어는 비판적 사고에서 크게 두 가지 의미로 사용된다. 먼저 자신의 주장을 끌어내기 위한 명제 혹은 전제를 증명해야 하는 경우와 명제 혹은 전제에 근거하여 추론을 통하여 자신의 주장을 입증하는 경우로 나누어진다. 다시 말하면 좁은 의미에서는 명제나 소주제만을 논증하는 기여논증을 말하고, 넓은 의미에서는 명제에 대한 논증뿐만 아니라 추론 과정까지 포함하는 종합논증을 말한다.

9 논리적으로 글을 잘 쓰기 위해서는 끊임없이 글을 고쳐쓰는 습관이 필요하다. 정확하게 '고쳐쓰기'를 하려면 적잖은 시간이 걸린다. 하지만 고쳐 쓰면서 좀 더 좋은 글을 만들 수 있다. 논리적으로 글을 잘 쓰게 하기 위한 구체적인 방식에는 브레인스토밍과 초안 제출, 교사나 학생에 의한 초안 교정 등의 전체적 과정을 철저하게 거칠 필요가 있다. 실제로 학생들은 글쓰기에서 몇 단계 절차적 과정을 거쳐 가면서 글을 완성한다. 이 과정에서 교사들은 학생들이 자신의 고유한 생각을 내면화하고 조직화할 수 있도록 도와준다. 이를테면 글쓰기 과정에서 일련의 절차적 단계를 거치게 하는 것이다. 바로 여기서 '고쳐쓰기 단계'는 매우 중요한 역할을 한다. 학생들에게 쉼표를 넣어야 할 곳을 알려 주는 것만으로는 안 된다. 학생들에게 고쳐쓰기가 무엇인가를 정말로 보여주기 위해 노력하는 것이 중요하다.

10 논리적 글쓰기를 위해서 고쳐쓰기는 왜 중요할까? 만약 우리가 천재라면, 고쳐쓰기를 할 필요는 없다. 그러나 대부분의 경우 우리는 이런저런 잡다한 생각을 혼란스럽게 하다가 논리정연하게 차근차근 정리하지 않는가. 논리적 글쓰기를 할 때도 이것은 마찬가지로 적용된다. 우리의 생각을 처음에는 종이 위에 완벽하게 표현하기가 어렵다. 하지만 고쳐쓰기를 하면서 차분하게 생각을 정리할 수 있다. 만약 고쳐쓰기를 하지 않는다면 기대했던 수준의 좋은 글을 쓸 수가 없다. 고쳐쓰기는 사람들의 생각을 좀 더 나은 상태로 만들어 주기 때문에 아주 중요하다. 이처럼 제대로 된 글쓰기, 좋은 글쓰기는 철저하게 고쳐쓰기의 과정을 거치는 글쓰기다. 그것은 정말로 어렵고 복잡한 과정이지만 꼭 필요하다. 고쳐쓰기를 하지 않으면 생각을 날카롭게 정돈할 수가 없다. 더 중요한 것은 이 과정을 거치지 않으면 '논리적 글쓰기'를 할 수 없다는 것이다. 학생들에게 고쳐쓰는 방법을 알려주는 것은 논리적 글쓰기의 부담을 덜어줄 수 있는 지름길을 알려주는 것과 같다. 왜냐하면 아이디어가 떠올랐을 때 그것을 처음부터 완벽하게 표현해야 한다면 글쓰기는 무척 큰 부담이 될 것이다. 학생들은 '나는 할 수 없어'라고 생각할 수도 있다. 그러나 고쳐쓰기의 과정을 거치면서 점차적으로 좋은 글로 만들 수 있도록 훈련시킨다면 학생들은 글쓰기에 대한 공포감이나 부담감을 덜 느낄 것이다.

11 많은 학생들은 글쓰기를 억지로 해야 하는 고역으로 받아들인다. 특히 자신의 글이 타인에 의해 성적으로 평가되거나 평가받아야 하는 상황에서는 글을 쓰는 과정에서 심리적 압박과 불안에 시달릴 수 있고, 글을 쓰고 난 뒤에도 자신이 무엇인가를 해냈다는 성취감보다는 평가 결과에 따라 좌절감을 맛볼 수도 있다. 때문에 매번 글을

쓸 때마다 직면하는 문제들을 자기도 모르게 회피하면서, 점점 더 자신의 글쓰기 경험과 습관에만 의존하게 되는 악순환에 빠진다. 그렇게 되면 결코 글쓰기에 자신감을 가질 수 없다. 글쓰기에 자신감을 가질 수 없다는 것은 어떤 주제나 화제에 대해서도 결코 자신의 의견을 설득력 있게 표현할 수 없다는 뜻이다. 타성으로 굳어지기 쉬운 이러한 문제점을 극복하기 위하여 학생들의 일상에서 그다지 어렵지 않게 글쓰기에 도움이 되는 환경을 만들어갈 수 있는 방법들을 생각해 볼 필요가 있다.

11.1 자기의 생각을 매일 몇 줄씩이라도 글로 기록하라

친구들과의 대화, 수업에서 교사의 수업내용, 중요한 사회적 쟁점에 관한 언론 보도, 독서에서 얻은 인상이나 느낌 등을 그때그때 기록해 두는 것이 좋다. 그리고 다시 시간이 지난 다음에 자신의 생각이 어디까지 미쳤는지, 미처 고려하지 못한 문제가 무엇인지 돌이켜 보면 자신의 생각을 스스로 고쳐가면서 새로워진 인식을 좀 더 설득력 있게 표현할 수 있을 것이다.

11.2 내가 잘못 쓰고 있는 것은 아닌가 하는 불안감을 없애라

학교나 일상에서 새롭게 접하는 문제들과 정보 가운데는 정확한 해답이 없는 경우가 많다. 특히 단순한 사실 확인이 아니라 쟁점이 되는 문제일수록 더더욱 그러하다. 따라서 글을 쓰는 과정에서 엉뚱한 방향으로 빗나가고 있는 것은 아닌가 하는 불안감에 시달리지 말고 자신 있게 자신의 논지를 밀고 나가는 것이 중요하다.

11.3 가장 쉽고 단순한 것부터 써라

글을 쓸 때 느끼는 불안감의 주된 이유 가운데 하나는 자신의 글에서 다루려고 하는 논제에 대하여 자신 있게 명확히 답할 수 없기 때문이다. 그런 경우에는 가능하면 논제의 범위를 최대한 제한시키고 글에서 제시하려는 결론 역시 한두 가지로 압축하는 것이 좋다. 그리고서 작성자가 자신 있게 주장할 수 있는 부분들을 먼저 쓰면 된다. 그러면 해결하지 못한 문제가 무엇이고, 더 조사해야 할 과제는 무엇인지 분명히 드러날 것이며, 단계적으로 일관되게 글을 완성해갈 수 있다.

11.4 좋은 글을 분석해 보는 습관을 만들어라

책을 읽거나 공부를 하다 보면 중요한 통찰을 얻거나 감동을 주는 글들이 많이 있다. 이런 글들의 경우 저자가 어떤 생각을 어떻게 전개하고 발전시키는지 분석해 보고, 논지의 전개 과정을 개요의 형태로 작성해 보는 것이 좋다. 몇 번만 그런 연습을 해보면 글을 쓸 때도 일정한 틀을 염두에 두고 글을 써나갈 수 있으며, 자신 있는 글쓰기의 길이 조금씩 보이기 시작할 것이다.

11.5 가상의 독자를 염두에 두고 글을 쓰라

글쓰기는 언제나 저자와 독자의 대화이다. 그렇기 때문에 일방적으로 내 머리 속으로 생각을 짜내려고 할 때는 오히려 개방적인 사고가 힘들어지면서 글쓰기가 막다른 골목에 가로막힐 우려가 크다. 이런 문제를 피하려면 글을 구상하고 써나가는 과정에서 가상의 독자가 어떤 반응을 보일지를 미리 예측해 볼 필요가 있다.

11.6 글의 주제에 관해 다른 사람에게 미리 이야기해라

글을 쓰기 전에 자신의 사고 내용, 즉 글의 소재와 주제, 글의 전개 과정에서 담아야 할 내용들을 가까운 사람들에게 미리 이야기해보면 자신의 생각이 한결 가다듬어지고 애매하거나 모호했던 문제가 좀 더 논리정연하게 정리될 수 있으며, 논리적인 글쓰기에 자신감을 가질 수 있다.

11.7 미처 생각하지 못한 것을 다른 사람의 경험에서 배워라

글쓰기뿐만 아니라 학습의 많은 부분은 구체적 경험을 통해 전수되고 획득된다. 예컨대 훌륭한 수업을 들었을 때 공부의 길이 보이고, 좋은 책을 읽었을 때 사고의 폭이 깊어지는 것과 마찬가지로, 친구나 선배들의 글쓰기 경험담을 들어봄으로써 자기의 문제점이 무엇인지 확인하고 교정할 수 있을 것이다.

11.8 특정한 규칙에 구속되지 말고 자유롭게 써라

어떤 경우에도 예외 없이 받아들여지는 글쓰기의 왕도는 없다. 글쓰기의 기본 요건을 충족시켰다면 작성자의 글에서 특히 강조되어야 할 요건은 무엇인지 생각하면서 스스로 글쓰기의 규칙을 변형시키거나 새롭게 만들어볼 수도 있을 것이다.

11.9 초고가 완성되면 자기 글을 처음부터 끝까지 정독해보라

아무리 분명한 생각을 가지고 글을 쓰더라도 글쓰기 과정에서 생각이 바뀌거나 새로운 생각이 떠오르게 마련이다. 동일한 결론에 이르더라도 그 결론에 이르는 과정은 얼마든지 다양할 수 있다. 따라서 자기가 쓴 글을 가능하면 소리를 내어 읽어보면 더욱 설득력 있게 글을 쓸 수 있는 다양한 가능성을 발견할 수 있으며, 글쓰기 능력을 향상시킬 수 있을 것이다.

11.10 자신의 글을 다른 사람에게 읽혀라

자신이 쓴 글을 다른 사람에게 읽히는 것을 부끄러워해서는 안 된다. 병은 소문을 내야 고칠 수 있듯이 좋은 글쓰기 역시 다른 사람에게 드러내 보이고 조언을 구할 때 발전할 수 있다. 자기 생각을 다른 사람에게 이야기할 때만 동의와 설득이 가능한 것과 마찬가지로, 자신의 글을 다른 사람에게 읽히고 함께 토론할 때 그 글은 비로소 객관화되고 타당성을 확보할 수 있다.

11.11 글의 주제가 자신의 삶과 어떤 관련이 있는지 생각해보라

어느 정도 글쓰기의 장애를 극복하고 모범 답안에 가까운 글쓰기 단계에 진입했다 하더라도 글쓰기 자체에는 흥미를 느끼지 못할 수도 있다. 그것은 글쓰기의 과정에 자신의 세계관과 가치관을 형성하기 위한 치열한 탐색이 동반되지 않았기 때문이다. 글쓰기는 숨겨진 자아를 발견하고 자신을 하나의 인격체로 완성해가는 과정이다. 그렇기 때문에 어떤 주제에 대해 글을 쓰더라도 늘 자기 자신과의 관련성을 되물어보는 것, 즉 자기 반성이 매우 중요하다.

11.12 글을 쓰기 힘든 이유가 무엇인지 조목조목 따져보라

글쓰기 과정은 자기 분석의 과정이기도 하다. 예컨대 자신이 결코 해결할 수 없는 문제를 가지고 글을 쓰려고 하는 것은 아닌지, 기초 조사가 불충분하기 때문은 아닌지, 글의 서두에서부터 성급한 결론을 내리고 있는 것은 아닌지 등 글쓰기를 가로막는 장애 요인이 무엇인지 스스로 분석해 보면 자가 진단에 도움이 된다.

논증적 글쓰기를 위한 기초논리학

성 홍 기

1. 머리말

논증적 글쓰기는 자신의 생각을 언어를 매개로 하여 논증적으로 기술하는 행위이다. 이것은 주로 다른 사람들을 논리적으로 설득시키고자 할 때 사용하는 글쓰기이다. 따라서 여기에는 반드시 자신의 주장이 들어 있어야 하며, 나아가 이를 뒷받침하는 내용이 제시되어야 한다. 자신의 신념이나 느낌을 장구하게 늘어놓는 행위나 자신의 눈앞에서 전개되고 있는 사건을 다수의 사람에게 낱낱이 보고하는 행위 등은 논증적 글쓰기와는 거리가 멀다. 여기에는 자신의 주장과 이를 뒷받침하는 내용으로서 근거가 없기 때문이다. 주장과 이를 위한 근거, 이것이 논증적 글쓰기의 기본 틀이다.

논증적 글쓰기에 있어 논리학의 필요성과 중요성은 아무리 강조해도 지나침이 없다. 논리학은 논증을 바르게 구성하는 기술을 연구하는 학문이기 때문이다. 즉, 전제는 결론을 확실하게 뒷받침하고 있는지 또는 결론은 전제가 언표하고 있는 범위 내에서 추론되고 있는지 여부에 관심을 갖는다. 이것이 추리의 바름여부를 결정하기 때문이다.

그러나 논증적 글쓰기에 있어 논리학적 내용의 필요성에 대해 회의적인 사람도 없지 않다. 논리학이 진술되고 있는 명제의 내용에는 관심이 없고 진술들의 형식적인 관계-논증의 타당성-만을 중시한다는 것과 일상생활에서 복잡한 논리적 형식이 필요한 경우는 드물다는 것이 그 이유이다.[1] 이것은 논증적 글쓰기를 지나치게 근시안적 관점에서 바라보기 때문에 생기는 오해이다. 논리학이 지적 탐구일반에서 갖은 역할이나 기능을 생각한다면 사정은 다르다.

오해의 소지는 특히 연역논증의 타당성과 명제의 진리성이 늘 일치하지 않는다는 데에서 비롯된다. 연역논증의 전제와 결론이 늘 진위여부와 관련하여 참인 명제만으로 구성될 수 없기 때문이다. 설령 참인 명제로 논증을 구성했다 하더라도 그 명제의 진리 값이 늘 일정하게 지속되는 것이 아니다. 경험의 반경이 넓혀짐에 따라 늘 동일한 진리 값을 유지한다고 확신할 수 없기 때문이다. 지금 우리의 삶에 있어서 참되고 옳다고 하여, 다음 세대 나아가 그 다음의 세대에 이르기까지 늘 동일한 진리 값을 가지는 것이 아니다. 과거의 삶과 지식들이 우리에게 여전히 참인 것이 아니듯이 말이다. 따라서 우리는 늘 진리 값이 참인 명제들만을 가지고 추리를 행하거나 논증을 구성할 수 없는 것이다.

그리고 일상생활의 대화에서는 복잡한 논리적 형식이 필요치 않을 수도 있다. 상대방을 직접 바라보면서 대화를 하므로 상대방의 표정이나 몸짓을 통하여 한층 쉽게 이해될 수 있기 때문이다. 그러나 논증적 글쓰기는 사정이 다르다. 이것은 언어를 매개로 하여 자신의 주장을 상대방에게 전하기 때문이다. 여기에서 자신의 의도나 목적과는 달리 그 내용이 와전되거나 왜곡될 수도 있다. 따라서 이를 최소화하기 위하여 다소 복잡한 논리적 구조나 형식을 취할 수도 있다.

---

1) 최훈 지음. 『논리는 나의 힘』, 세종서적, 2003. 75면 참조.

2. 논 증

1) 추리와 논증

추리는 한마디로 말하여 사유의 흐름이다. 추리가 올바르게 진행되었는지의 여부는 그 자체로서 식별하기가 불가능하다. 사유의 흐름은 지각되지 않기 때문이다. 따라서 이를 어떤 형태로든지 식별 가능한 현상으로 구체화하여 나타내지 않으면 안 된다. 특히 언어를 매개로 하여 구체화시킨 것을 논증 · Arguement이라 한다.

논증은 추리를 언어로 재구성한 것이다. 여기에서 추리의 일정한 시점의 내용을 이끌어 내어 언어로 표현한 것을 판단이라 하고, 이는 명제 · Proposition 또는 진술 · Statement의 형태를 띤다. 논증은 추리의 내용을 싣는 명제들로서 구성되어 있다. 이들은 추리의 출발단계와 중간단계들 그리고 마지막단계의 내용을 이끌어 낸 것이다. 여기에서 시작과 중간의 내용들을 논증의 전제 · Premise라 하고, 추리의 끝을 그것의 결론 · Conclusion이라 한다. 따라서 논증은 전제와 결론으로서 구성된다. 이처럼 언어로 재구성된 논증을 통하여 간접적으로 우리는 추리의 과정을 들여다 볼 수 있다. 논리학은 바로 이 논증을 다룬다. 그리하여 추리의 타당성여부를 확인한다. 여기에 논리학의 과제가 있다.

논증에 있어 전제와 결론의 구별은 이를 각각 암시하는 지시어에 의해 다소 가능하다. 그러나 이들을 암시하는 지시어가 모든 논증에 동원되는 것은 아니다. 이를 경우 우리는 어려움에 봉착하게 되는데, 무엇보다 주어진 논증의 내용을 철저히 분석하여 이를 식별하는 수밖에 별다른 방법이 없을 것 같다. 전제와 결론을 식별하는 데에 도움을 줄 수 있는 지시어를 예를 들면 다음과 같다.

전제 지시어	결론 지시어
왜냐하면 …에 의해서 지시되는 것처럼 …로부터 추론될 수 있다 …를 고려한다면 …라는 이유 때문에 …라는 사실이 주어진다면 … 때문에 …인 한에 있어서	그러므로 그리하여 그래서 따라서 결과적으로 라는 구절이 나온다 …의 결과로서 …을 수반한다 …임에 틀림없다 …라고 결론 내릴 수 있겠다 …라고 추론할 수 있겠다 …을 합의한다 이런 이유 때문에

논증에는 두 가지의 유형이 있다. 귀납논증과 연역논증이 그것이다. **귀납논증** · inductive Arguement은 개개의 구체적인 사태들이 공통적으로 가지고 있는 성질을 이끌어 내는 추론방식이다. 여기에는 관찰과 실험이 논증의 도구로서 이용된다. 그리고 공통의 내용은 지속적으로 행해지는 관찰과 반복되는 실험에 의하여 추론된다. 예를 들면,

공자는 사람이면서 죽었다.
노자는 사람이면서 죽었다.
소크라테스는 사람이면서 죽었다.

플라톤은 사람이면서 죽었다.
정몽주는 사람이면서 죽었다.
세종대왕은 사람이면서 죽었다.
이순신은 사람이면서 죽었다.
…
코메디언 이주일은 사람이면서 죽었다.
그러므로 모든 사람은 죽는 존재이다.

'모든 사람은 죽는 존재이다'라는 결론은 이와 같이 개개의 경우들에 대한 직 · 간접적인 관찰을 통해 추론된 명제이다. '모든 쇠는 열을 가하면 녹는다', '모든 풀은 초록색이다', '모든 물체는 낙하운동을 한다', '모든 렌즈는 빛을 굴절시킨다', '한국인의 평균신장은 170cm이다', '한국남녀의 결혼 적령기는 남자 30세 여자 28세이다' 등과 같이 이루 헤아릴 수 없이 많은 소위 지적 내용들은 한결같이 귀납추론의 산물이다.

이에 반하여 **연역논증** · deductive Arguement은 귀납논증을 통하여 이끌어 낸 일반적인 내용을 기초로 하여 구체적인 경우의 내용을 추론하는 방식을 말한다. 여기에는 사유가 논증의 도구로 동원된다. 지금까지 관찰되지 않았거나 혹은 실험하지 못한 경우의 성질을 사유를 통하여 추리한다. 예를 들면,

모든 사람은 죽는 존재이다.
나는 사람이다.
그러므로 나는 죽는 존재이다.

나는 나의 죽음을 경험했거나 아직 목격한 바가 없다. 그러나 모든

사람이 죽는 존재이고, 내가 사람이라면, 나 역시 죽을 수밖에 없다는 사실을 직접 죽어 보지 않고서도 알 수 있는 것이다.

이처럼 귀납논증은 구체적인 사태들의 내용으로부터 일반적인 내용을, 연역논증은 일반적인 내용에서 구체적인 사태의 내용을 각각 이끌어 낸다. 자연의 세계에 관한 학적 체계 일반뿐만 아니라 우리의 일상적인 삶에 있어서의 모든 사태들의 인식은 이와 같은 두 논증에 기초하여 구성되어 있다.

2) 논증의 개연성과 타당성

그런데 귀납논증의 전제는 이 논증의 결론을 결정적으로 뒷받침하지를 못한다. 예를 들면 '하나의 달걀 속에는 하나의 노란 자위가 들어 있다'라는 명제는 귀납추론의 산물이다. 이것은 숱한 달걀을 관찰하고 실험해 본 결과 그러하다는 것이다. 그러나 아무리 많은 달걀을 관찰하고 실험을 했다 하더라도, 게중에는 관찰과 실험에서 제외된 달걀들이 있다. 즉 미처 챙기지 못하고 빠뜨린 달걀들도 있을 것이고, 관찰과 실험에서 어쩔 수없이 놓쳐 버린 달걀들도 없지 않을 것이다. 의도적이든 그렇지 않든 상관없이 관찰과 실험에서 제외된 달걀들이 분명히 있다. 지상에 존재하는 모든 달걀을 어느 하나 빠뜨리지 않고 관찰하고 실험할 수는 없는 노릇이기 때문이다.

문제는 바로 여기에 있다. 관찰과 실험에서 제외된 바로 그 달걀들 중에서, 노란 자위가 하나가 아닌 둘 혹은 그 이상을 가지고 있는 달걀이 있을 수가 있는 것이다. 그렇다면 '하나의 달걀 속에는 하나의 노란 자위가 들어 있다'는 명제는 사실과 일치하지 않는다. 이것은 경험상 얼마든지 가능하다. 따라서 '하나의 달걀 속에는 하나의 노란 자위가 들어 있다'는 귀납추론의 일반화는, 어디까지나 지금까지 관찰과 실험해 본 결과 하나의 달걀은 한결같이 하나의 노란 자위를 가지고 있었다라는 사실을 언표하고 있는 것에 지나지 않는다. 관찰과 실험에서 제외된 달걀까지도 그러한 성질을 가지고 있다고 말하는 것은 아니다. 따라서 전제들의 내용이 결론의 내용을 확실하게 뒷받침해 주지 못한다. 그럼에도 불구하고 지적세계는 바로 이러한 귀납추론의 일반화에 의한 명제들로서 구성되어 있다. 이것이 문제인 것이다. 즉 **보편성**과 **필연성**을 지적 특성으로 하고 있는 것이 아니라 **일반성**과 **개연성**을 그 특성으로 하고 있다는 데에 문제가 있다. 개연성의 정도가 귀납추론적 일반화의 지적 특성을 가름한다. 개연성이 높을수록 그것이 참일 가능성이 짙은 것이고, 이와 반대로 개연성이 낮을수록 그것이 참일 가능성이 엷어지는 것이다.

· **개연성이 높은 귀납논증의 예**

지금까지 관찰된 물체는 낙하운동을 한다.
그러므로 모든 물체는 낙하운동을 한다.

· **개연성이 낮은 귀납논증의 예**

매너가 좋은 K씨, P씨는 알고 보니 사기꾼이다. 그러므로 매너가 좋은 남자는 모두 사기꾼이므로 조심해야 한다.

그러나 연역논증은 귀납논증의 경우와 사정이 다르다. 비록 귀납추론의 일반화가 개연성을 본질로 하는 지적 내용이라 하더라도 이를 연역추론의 출발점으로 삼지 않으면 안 된다. 우리는 귀납추론의 일반화 그 이상의 지적 내용을 가질 수 없기 때문이다. 우리는 앞에서 관찰과 실험, 즉 경험을 통하여 '하나의 달걀 속에는 하나의 노란 자위가 들어 있다'는 사실을 귀납적으로 일반화시켰다. 그런데 여기에 지금까지 관찰하거나 실험해 본 적이 없는 그야말로 새로운 달걀 하나가 있다. 그렇다면 나는 이 새로운 달걀을 직접 깨뜨려 보지 않고서도, 이 새로운 달걀 속에도 하나의 노란 자위가 들어 있다는 사실을 알 수 있다. 즉 추론할 수 있다. 이 새로운 달걀은 말 그대로 관찰하거나 실험해 본적이 없는 적어도 나에게 있어 낯선 달걀이다. 이를 직접 깨뜨려 봄으로써 하나의 노란 자위가 들어 있다는 사실을 아는 것이 아니라, 깨뜨려 보지 않고서도 하나의 노란 자위가 들어 있다는 사실을 안다. 즉,

하나의 달걀 속에 하나의 노란 자위가 들어 있다.
눈앞에 있는 이 낯선 물체가 다름 아닌 달걀이다.
그러므로 눈앞에 있는 이 낯선 물체 속에는 하나의 노란 자위가 들어 있다.

이처럼 '눈앞에 있는 이 낯선 물체 속에는 하나의 노란 자위가 들어 있다'는 결론은 '하나의 달걀 속에 하나의 노란 자위가 들어 있다'는 대전제와 '눈앞에 있는 이 낯선 물체가 다름 아닌 달걀이다'라는 소전제로부터 추론해 내었다. 즉 전제들 속에 들어 있는 내용을 가지고 결론을 이끌어 내었던 것이다. 따라서 연역논증의 전제들은 귀납논증의 그것들과 달리 결론을 철저히 뒷받침하고 있다. 또한 결론의 내용은 양 전제들의 내용 가운데 있는 어떤 것을 언표하고 있다. 이처럼 전제들이 주장하고 있는 테두리 내에서 결론이 주장하고 있다면, 이것은 **타당한 논증** · valid Arguement이다. 이에 반하여 전제들이 가지고 있지 않는 내용을 결론에서 언표하고 있는 경우가 있다. 이러한 논증의 경우를 일러 우리는 **부당한 논증** · invalid Arguement이라 한다.

· **타당한 연역논증의 예**

모든 한국인은 동양인이다.
나는 한국인이다.
그러므로 나는 동양인이다.

· **부당한 연역논증의 예**

모든 한국인은 동양인이다.
이등박문은 동양인이다.
그러므로 이등박문은 한국인이다.

3. 언어

1) 언어의 기능

논증적 글쓰기는 언어를 직접 사용하고 활용하는 행위이다. 따라서 언어의 발생기원이나 언어의 구조 등과 같이 언어에 관한 일련의 본질적인 내용을 여기에서 다루지 않는다. 이러한 일련의 내용들은 오히려 언어학이나 언어철학에서 다루어질 성질의 것이다. 다만 여기에서는 언어가 논증적 글쓰기에서 차지하는 위치, 언어를 사용하는 목적, 언어의 역할과 기능 그리고 언어사용에 있어서 주의해야 할 점 등에 관한 몇 가지의 내용을 다루어 보기로 한다. 이것 역시 언어에 관한 본질규정 못지않게 중요한 것임에 틀림없다. 언어에 관한 본질규정이 아무리 명확하게 규정되어 있다 하더라도 이를 적용하는 데 있어 제대로 행해지지 않는다면, 이 또한 언어의 올바른 이해와 사용으로부터 거리가 멀어지기 때문이다.

우리는 존재하는 바 세계를 일정한 틀이나 형식에 실어 이를 담고자 한다. 즉 존재하는 바 그 세계의 내용을 언어를 매개로 하여 드러내 보이고자 한다. 그러나 어느 하나 빠뜨리지 않고 양적으로 또는 질적으로 일치하는 성질을 드러내 보인다는 것은 여간 어려운 것이 아니다. 아니 전혀 불가능한 것이다. 그러므로 양적으로 그 일부의 내용을, 질적으로 다소의 성질을 일정한 언어나 형식을 빌어 드러낼 수밖에 없는 것이다. 이러한 과정 중 존재하는 바 그 세계에서 새롭게 발견되는 내용은 이에 상응하는 새로운 언어나 개념에 담겨지게 되는 것이다. 따라서 새로운 사실이 존재세계에서 발견됨에 따라 우리는 새로운 언어나 개념을 가지게 되는 것이다. 이것이 소위 지적세계의 확장인 것이다. 이렇게 본다면 세계나 인간에 관한 본질규정이 일회성으로 끝날 성질의 것이 아님을 알 수 있다. 이들은 아직 우리에게 드러나지 않는 성질을 가지고 있다. 이것이 차후에 우리에 의하여 발견된다면 그것은 또 다른 언어에 담겨질 것이다. 언어는 이처럼 새로운 내용이나 성질을 담아 전달하는 정보매체이다. 이러한 현상은 사실 과학적 탐구에서 흔히 목격할 수 있다. 이것이 언어가 가지고 있는 **인식 정보적 기능**이다.

언어는 인식 정보적 기능 이외에 감정을 표출하는 기능을 한다. 이것은 시적 언어에서 흔히 볼 수 있다. 이것은 마치 꽃이 피어있는 모습을 지켜보고 꽃이 자신을 향해 웃고 있다든지, 이름 모를 새가 소리를 내면서 자신의 동료와 의사소통을 하고 있음에도 불구하고, 이를 듣고 있던 어떤 이는 새가 노래한다고 말하는 것과 같다. 여기에서 사실 과학적 언표를 넘어 언어의 또 다른 기능을 엿 볼 수 있다. 이것은 사실 과학적 탐구의 내용에다 시인 자신의 감정을 이입하여 이에 관한 느낌을 표현하고 있는 것이다. 이를 우리는 언어의 **감정 표출적 기능**이라 한다.

그러나 언어의 인식 정보적 언표와는 달리 감정 표출적 언표는 사태내용과의 일치여부를 검증하는 단계에서 언표의 진위여부를 확인할 수 없다. 그것은 어디까지나 언표자의 감정의 표현이기 때문이다.

따라서 냉정하고 객관적인 태도로 추론이나 논증을 하고자 할 때, 지나치게 정의적인 언어를 사용하는 것은 방해가 된다. 이는 곧 논증을 전개함에 있어서 항상 적절한 언어를 선택하여 사용하는 일에 관심을 가져야 함을 의미한다. 언어를 부주의하게 사용함으로써 우리는 종종 오류를 범하기 때문이다.

2) 내포와 외연

道可道 非常道 名可名 非常名
無名天地之始 有名萬物之母
…

<老子,『道德經』, 제1장>

만물의 근본 원리로서 道를 道라 함은 이미 道가 아니고 名을 名이라 하면 이미 名이 아니다. 즉 可道는 이미 常道가 아니고 可名은 이미 常名이 아니다. 그러나 우리는 常道를 개념화하여 可道로 표현하고 常名을 개념화하여 可名으로 언표한다. 여기에서 '개념화한다'는 것은 무엇을 말하는가. '개념'이란 말은 '대개 槪'와 '생각 念'으로 구성되어 있다. 따라서 **'개념'**이란 말의 뜻은 **'대개 생각하는'**, **'대략적으로 생각하는** · generally think' 바를 말한다. 무엇을 대략 생각하는가. 그것은 道라 해도 좋고, 자연의 세계라 해도 좋다. 뿐만 아니라 우리들 자신인 바 인간이라 해도 무방하다. 중요한 것은 이들을 어떤 방식으로 생각하느냐 하는 것이다. 이들을 한마디로 존재자라 부르고자 한다. 즉 존재자

를 대략 생각하여 표현한 바, 그것이 다름 아닌 언어이다.

한 걸음 더 나아가 존재자에 관한 무엇을 대략적으로 생각하는가. 그것은 곧 존재자의 영역이나 범위 또는 그 성질이나 내용을 대개 생각하는 것이다. 따라서 언어는 존재자의 범위와 영역을 또는 그 성질과 내용을 대략적으로 생각하여 나타낸 기호이다. 이렇게 볼 때 특정한 언어는 존재자를 대략 생각한 바의 표현이므로 차후에 언제든지 다른 언어로 표현이 가능한 것이다. 왜냐하면 존재자는 양적으로 또는 질적으로 우리에게 새로 발견되는 바가 없지 않기 때문이다. 그러므로 언어는 항상 일정한 모습으로 우리의 지적세계에 머무는 것이 아니다. 시대에 따라 사라지기도 하고 또 사라진 그 자리에 새로운 언어가 채워지기도 한다. 물론 기존의 언어를 다소 수정하여 보완하기도 한다. 이것이 바로 지적세계의 양적 팽창과 질적 향상을 가져다 준다.

이처럼 일정한 언어는 존재자의 일정한 영역과 범위 그리고 이에 따른 그 내용과 성질을 담고 있다. 언어에 의하여 지칭되는 바, 존재자의 일정한 영역과 범위를 **외연** · Extension이라 하고, 언어에 의해 표현되는 그 내용과 성질을 **내포** · Intension라 한다. 예를 들면 '학생'이란 개념의 외연은 유치원생을 비롯하여 초등학생, 중학생, 고등학생, 대학생 그리고 대학원생 등이다. 즉 학생의 외연은 학생이란 개념이 지칭하는 전 범위, 그 영역 내의 모든 구성원 또는 집합요소를 총칭한다. 이와 달리 학생의 내포는 '배우는 과정에 있는 사람', '경제력을 갖추고 있지 않는 사람', '직장을 가지고 있지 않는 사람', '일반적으로 결혼을 하지 않은 사람' 등등이다. 즉 학생이란 개념의 내포는 유치원생으로부터 시작하여 대학원생에 이르기까지, 이들 모두가 공통적으로 가지고 있는 성질 또는 속성을 말한다.

'포유동물'의 외연은 이 개념이 지칭하는 전 영역의 테두리를 말한다.

즉 인간을 비롯하여 원숭이, 곰, 개, 고양이, 호랑이, 사자, 코끼리, 박쥐, 다람쥐 등을 말한다. 그러나 '포유동물'의 내포는 이들 모든 동물이 공통적으로 가지고 있는 성질을 말한다. 즉 '새끼를 낳는 동물이다', '젖을 먹여 기르는 동물이다', '척추를 가진 동물이다', '온몸에 털이 나 있는 동물이다', '체내수정 하는 즉 정자와 난자가 암컷의 몸 속에서 수정하는 동물이다', '심장이 2심방과 2심실로 구성되어 있는 동물이다', '2개의 폐를 가지고 호흡하는 동물이다' 그리고 '입-식도-위-소장-대장-항문의 순으로 먹이가 지나면서 소화가 되는 동물이다' 등등 이루 헤아릴 수 없다. 이것들이 포유동물이란 개념의 내포이다.

3) 애매성과 모호성

앞에서 우리는 바깥세계의 일정한 분야나 영역 그리고 그 영역의 내용과 성질을 표현하는 바를 언어 즉 개념이라 하고, 이 개념은 외연적으로 그리고 내포적으로 세분화될 수 있음을 살펴보았다. 비록 개념이 바깥세계의 외연과 그것의 내포와 관련하여 일정한 영역과 일정한 내용에 국한하여 이를 언표한다 할지라도, 우리는 이를 정확하고 분명하게 나타낼 수 있어야 하겠다. 이를 소홀히 하거나 등한시함으로써 추리를 논증화하는 과정에서 혼란을 자초할 수 있다. 추리의 논증화는 어디까지나 우리가 대략적으로 생각한 언표 즉 개념을 사용하여 구성하기 때문이다. 특히 개념의 내포적인 내용을 소홀히 함으로써 우리는 애매함에 놓이게 된다.

애매성 · Ambiguity은 우선 개념의 다의성에서 비롯된다. 이것은 일정한 개념이 두 개 이상의 대상을 지칭함으로써 발생한다. 구체적으로 어느 대상을 지칭하는지가 분명하지 않기 때문이다. 다의적인 개념으로서 우리는 눈, 손, 배, 다리, 발을 비롯하여 보수, 기도, 연기 등을 들 수 있다. 이들 개념들은 특히 명제나 진술 내에서 상이하게 해석될 여지가 충분히 있는 것이다. 즉 '나는 배를 좋아한다'는 명제에서 배는 과일의 일종으로서 배를 칭할 수도 있다. 뿐만 아니라 교통수단의 일종으로서 기차나 비행기가 아닌 바다 위를 운행하는 선박일 수도 있다. 따라서 이 명제는 진술 상으로 보아서는 배가 구체적으로 무엇을 지칭하는지 분명치 않다. 이러한 개념을 두고 우리는 **애매한 개념** · ambiguous Term이라 한다. 그러나 '나는 배를 타고 왔다'라고 한다면 사정은 달라진다. 비행기가 아닌 교통수단으로 선박을 이용하여 왔다는 사실을 알 수 있기 때문이다. 따라서 개념이 다의적이라 하여 반드시 애매한 개념은 아니다. 이를 정확하게 사용함으로써 애매성을 벗어날 수 있다.

애매성은 비단 개념에만 국한되어 있는 것은 아니다. 진술 내에서 문법적인 배열이나 문장기호를 잘못 사용함으로써 진술자체가 애매해지는 경우도 있다. 즉 '나와 철수는 선생님을 찾아갔다'는 명제는 '나는 철수와 함께 선생님을 찾아갔다'는 얘기인지, '나와 철수는 각각 선생님을 찾아갔다'는 얘기인지 이 명제 상으로는 분명하지가 않다. '남자는 여자보다 명예를 더 사랑한다'든지, '김씨는 사랑하는 정 모양과 아내를 버리고 도망쳤다'든지, '아빠는 나보다 엄마를 더 사랑한다'든지 등등의 명제에서 이를 쉽게 목격할 수 있다. 이 명제들은 두 가지 이상의 뜻으로 전해질 소지가 다분히 있다. 이러한 명제를 두고 우리는 애매한 진술 혹은 **애매한 구**(句)라 부른다.

이와 달리 개념의 외연적인 관점에서 개념이 지칭하는 범위나 영역이 명확히 제시되지 않는 경우도 있다. 즉 중년부인, 짧은 치마, 긴 머리, 대머리, 단식, 외설, 미인, 컴맹, 고소득 보장 등을 비롯하여 정의, 사랑,

자유, 선한 행위, 의로운 삶, 인, 자비 등등 숱한 개념들이 있다. '중년부인'이란 개념이 지칭하는 나이의 범위는 몇 살에서 몇 살까지인지 이 개념으로 보아서는 전혀 알 수가 없다. '짧은 치마' 역시 마찬가지이다. 무릎 위 몇 cm까지 올라 간 치마를 짧은 치마라 말하는지 이 개념의 외연이 불분명하다. '미인'의 외연이 무엇인지, 즉 이 개념의 기준이 무엇인지 분명히 떠오르지 않는다. 우리는 이러한 개념을 두고 **모호한 개념** · vague Term이라 한다. 우리는 추리를 논증화함에 있어서 애매한 개념들 못지않게 모호한 개념들 역시 신중하게 사용하지 않으면 안 된다. 이를 등한시함으로써 주장의 정확한 내용전달이 방해를 받기 일쑤이기 때문이다.

그렇다면 개념의 애매성과 모호성으로부터 우리는 완전히 벗어 날 수는 없는가. 이것은 사실상 불가능하다. 존재자의 내포를 온전하게 규정할 수 없을 뿐만 아니라 그것의 외연 역시 완전하게 언표할 수 없기 때문이다. 그러나 이로부터 우리는 전적으로 해방될 수는 없지만, 애매한 개념과 모호한 개념을 분명히 규정하여 이를 정의함으로써, 개념의 애매성과 모호성을 다소 줄일 수는 있을 것이다. 여기에 정의의 필요성과 중요성이 제기된다 하겠다.

4) 정의

정의의 종류에는 여러 가지가 있다.[2)] 그 중에서도 특히 **유와 종차에**

---

2) 일정한 개념에 관하여 정의를 내리고자 할 때, 개념의 외연적 관점에서 또는 내포적 관점에서 각각 정의를 내릴 수 있다. 개념의 외연적 관점에서 내리는 정의에는 매거적 정의와 지시적 정의가 있다. 그리고 개념에 관한 두 번째 정의의 방법으로서 내포적 정의를 들 수 있다. 이것은 다음과 같이 세 가지의 유형이 있다. 즉 동의어에 의한 정의, 조작적 정의 그리고 유와 종차에 의한 정의가 그것이

의한 정의 · Definition by genus and difference는 정언명제와 삼단논법을 구성하는 전제와 결론의 기본 모델로서 즐겨 사용하는 유형이다. 이것은 피정의체와 정의체로 이루어져 있으며, 특히 정의체는 종차와 피정의체의 유개념으로 구성되어 있다.

여기에서 외연이 상대적으로 넓은 개념을 **유개념**이라 하고 외연이 상대적으로 좁은 개념을 **종개념**이라 한다. 즉 동물과 인간이란 두 개념에서 동물은 인간의 유개념이고, 인간은 동물의 종개념이다. 동물의 종개념은 비단 인간뿐만 아니라 소, 돼지, 말, 양, 사자, 호랑이, 토끼, 개 등등 다수가 있다. 동물의 종개념들 사이에서 인간만이 가질 수 있는 성질을 종차라 한다. 종개념들 사이에서의 차이점 바로 그것이다. 즉,

피정의체(종개념)	=	종차	+	유개념
인간은		이성적		동물이다.

여기에서 '이성적'은 인간만이 가지고 있는 성질이다. 이것은 인간 이외의 동물에서는 찾아 볼 수 없다. 이러한 뜻에서 '이성적'은 정의체의 종차로서 하등의 손색이 없다.

포유류는 새끼를 낳아 젖을 먹이는 동물이다.

동물은 어류, 양서류, 파충류, 조류, 포유류가 있지만 이들 중에 새끼를 낳아 젖을 먹이면서 기르는 동물은 포유류가 유일하다. 따라서 '새끼를 낳아 젖을 먹여 기르는' 는 포유류 개념의 종차로서 적합하다.

다. 성홍기 지음. 『논리와 삶』, 이문출판사. 2003. 92-95면 참조.

파충류는 알을 낳아 지열에 의해 부화하는 동물이다.

어류와 양서류는 알을 낳아 체외 수정한다. 그러나 어미는 이를 품어 주지 않는다. 그런데 조류는 체내 수정을 하여 알을 낳아 이를 어미가 품어서 부화한다. 그러므로 '알을 낳아 지열에 의해 부화하는'는 파충류의 종차로서 적절하다.

4. 정언명제와 정언 삼단논법

1) 정언명제

논리학의 대상은 추리와 그 추리의 타당성이다. 그런데 추리는 그 존재하는 방식이 초경험적이므로, 그 자체로서는 타당성 여부, 즉 바른 추리인지 혹은 그른 추리인지의 여부를 확인할 수 없다. 따라서 이를 확인할 수 있는 형태로 모양새를 갖추어야 할 것이다. 여기에는 여러 가지 방법이 있을 수 있겠으나, 특히 언어를 매개로 하여 이를 드러내는 바를 논증화라 한다. 우리는 추리를 언어화하여 논증을 구성한다. 이를 통하여 추리의 타당성 여부를 간접적으로 확인한다.

이 때 추리를 언어화한다는 것은 다름 아닌 일정한 시점의 추리내용을 현상화하는 행위이다. 그러나 추리의 내용을 현상화하는 것도 중요하지만, 현상화한 추리내용이 추리 그 자체의 성질과 일치하는지를 확인 가능한 형태로 언어화해야 할 것이다. 그렇지 않다면 언어화된 추리 내용이 참인지 거짓인지 알 수 없기 때문이다. 그것은 명제의 형태를 취함으로써 가능하다. 다양한 문장들 가운데 사실과 일치여부를 확인

가능한 진술이 바로 명제이기 때문이다. 감탄문이나 명령문, 의문문 등은 사실 일치여부를 확인 불가능한 문장들이다. 그러므로 이들에 의하여 언표되는 내용은 참 혹은 거짓의 식별자체가 불가능하다.

명제는 **세 요소**로 구성되어 있다. 즉 **주어** · Subject, **술어** · Predicate 그리고 **계사** · Copula가 그것이다. 여기에서 주어는 술어를 통하여 진술되는 내용의 주체이며, 술어는 주어가 가지고 있는 성질 혹은 내용을 언표한다. 그리고 계사는 주어와 술어, 이 양자를 연결시키는 매체이다. 이것은 '이다' 혹은 '아니다'로 언표된다.

명제는 주어에 의한 분량의 언표내용과 술어의 성질, 정확히 말하여 계사의 언표내용에 따라 네 가지의 유형으로 분류된다. 즉 주어에 의한 언표내용, 즉 주어가 지칭하는 대상이 수적으로 전부인가 혹은 부분인가에 따라, 명제는 전칭명제 · universal Proposition와 특칭명제 · particular Proposition로 나누어진다. 또한 계사의 언표내용이 긍정인 경우와 부정인 경우에 따라, 명제는 긍정명제 · affirmative Proposition와 부정명제 · negative Proposition로 세분화된다. 이리하여 명제는 전칭이면서 긍정을 나타내는 **전칭긍정명제**와 전칭이면서 부정을 나타내는 **전칭부정명제** 그리고 특칭이면서 긍정인 명제, 즉 **특칭긍정명제**와 특칭이면서 부정인 **특칭부정명제**로 분류된다. 이를 각각 A명제, E명제, I명제, O명제로 약칭하여 사용한다. 네 가지 정언명제의 약칭은 라틴어 "affirmo"(나는 긍정한다)와 "nego"(나는 부정한다)의 모음에서 유래한다.

그리고 정언명제의 구성요소들 중 주어를 S로 표기하고, 술어를 P로 표기하여 나타내면 다음과 같다. 즉,

A 명제 : 모든 S는 P이다.

E 명제 : 어떤 S도 P가 아니다.[3)]
I 명제 : 어떤 S는 P이다.
O 명제 : 어떤 S는 P가 아니다.

우리는 A명제, E명제, I명제 그리고 O명제를 **정언명제** · categorial Proposition라 부른다. 논증은 바로 이 네 가지 유형의 명제로 구성된다. 따라서 추리의 논증화는 반드시 이 네 가지 유형의 명제를 모델로 하여 언표해야 한다. 정언명제라는 표현을 사용하면서까지 굳이 이를 강조하는 이유는 다름 아닌 이 네 가지의 유형의 명제로 논증을 구성함으로써, 보다 효율적이고 편리하게 그것의 타당성 여부를 확인할 수 있기 때문이다.

그러나 우리는 항상 소위 정언명제만을 접하는 것이 아니라 일상적인 대화나 언표를 대상으로 타당성 여부를 확인해야 할 경우가 없지 않다. 그런데 일상적인 대화나 서술은 필요 이상의 언어들을 사용하거나 혹은 지나치게 생략하여 사용함으로써, 추리의 타당성 여부를 확인하는 과정에 적지 않는 어려움이 뒤따른다. 따라서 일상적인 대화나 언표를 정언명제로 바꾸어 사용해야 한다. 예를 들면 아래와 같다.

---

3) E 명제는 전칭이면서 부정의 내용을 언표하는 정언명제이다. 따라서 E 명제는 '모든 S는 P가 아니다'로 언표하는 것이 바람직하다. 그러나 앞에서 살펴본 바와 같이 '모든 S는 P가 아니다'라는 정언명제는 언표되는 내용을 애매하게 할 수 있는 형식이다. 왜냐하면 이것은 전칭부정을 나타내는 정언명제로서 'S는 그 어떤 것도 P가 아니다'(E)의 내용을 언표해야 하나, 'S 가운데 그 일부는 P이다'(I)와 'S 가운데 그 일부만이 P가 아니다'(O)를 언표하는 명제로 인식될 수 있기 때문이다. 따라서 E 명제, 즉 '모든 S는 P가 아니다'의 정언명제의 틀을 전칭이면서 부정의 내용을 정확히 언표하는 '어떤 S도 P가 아니다' 혹은 '어느 S도 P가 아니다'의 형식으로 바꾸어 쓰는 것이 편리하다.

모든 인간은 이성적이다.
→ 모든 인간은 이성적 동물이다.

거의 모든 학생이 휴대폰을 가지고 있다.
→ 어떤 학생은 휴대폰을 가지고 있는 사람이다. 그리고 어떤 학생은 휴대폰을 가지고 있는 사람이 아니다.

UFO는 존재하지 않는다.
→ 어떤 장소도 UFO가 존재하는 장소가 아니다.
→ 모든 장소는 UFO가 존재하지 않는 장소이다.

2) 정언 삼단논법

정언명제에 이어, 이들로 구성되어 있는 정언 삼단논법에 관하여 살펴보고자 한다. 삼단논법은 연역논증의 대표적인 모델로서, 일반적으로 두 개의 전제와 하나의 결론으로 구성되어 있다. 여기에서 두 개의 전제와 결론은 모두 정언명제의 형태를 갖추고 있다. 이를 우리는 **정언 삼단논법** · categorial Syllogism이라 한다.

여기에는 세 개의 개념이 등장한다. **대개념** · major Term, **소개념** · minor Term 그리고 **매개념** · middle Term이 그것이다. 대개념은 결론의 술어로서 언표되는 개념을 말하며, 소개념은 결론의 주어로서 언표되는 개념을 말한다. 또한 전제에만 있고 결론에는 없는 개념을 매개념이라 부른다. 그리고 대개념을 포함하는 전제를 **대전제** · major Premise라 하고, 소개념을 포함하는 전제를 **소전제** · minor Premise라 한다. 예를 들면 모든 사람은 생각하는 존재이다.
모든 대학생은 사람이다.
그러므로 모든 대학생은 생각하는 존재이다.

여기에는 '대학생', '존재' 그리고 '사람'이라는 세 개념이 등장한다. 결론의 주어인 '대학생'이란 개념은 소개념이고, 결론의 술어인 '존재'는 대개념이다. 그리고 '사람'이란 개념은 전제에는 있지만 결론에는 없다. 따라서 이것은 매개념이다. '대학생'이란 소개념이 들어 있는 두 번째 전제를 소전제라 하고, '존재'라는 대개념이 들어 있는 첫 번째 전제를 대전제라 한다.

정언 삼단논법은 그 모양새가 다양하다. 모양새는 소위 **식** · Mood과 **격** · Figure에 의해 결정된다. 삼단논법의 식은 어떤 명제를 사용하느냐에 따라 AAA, AAE, AAI, AAO, AEA, … 등과 같이 64가지를 나열 할 수 있다. 또한 매개념의 위치에 따라 삼단논법의 격이 달라진다. 삼단논법의 격은 4 가지이다. 즉 1격, 2격, 3격 그리고 4격이 그것이다. 따라서 삼단논법의 식마다 격이 4 종류이므로 정언 삼단논법을 식과 격에 따라 열거하면 총 256가지로 나열 할 수 있다. 이 모두가 타당한 삼단논법인가 하면 그렇지 않다. 게중에 타당한 정언 삼단논법은 부울 · G. Boole(1815~1864)[4]에 의하면 15가지에 불과하다.

위에서 예를 든 삼단논법은 우리가 즐겨 사용하는 삼단논법의 한

---

4) 19C 영국의 논리학자 부울은 여집합과 교집합을 이용하여 기존의 정언명제를 집합명제로 환원시켰다. 즉, 전칭긍정명제를 $S \cap \overline{P}=0$ 혹은 $S\overline{P}=0$으로, 전칭부정명제를 $S \cap P=0$ 또는 $SP=0$으로, 특칭긍정명제를 $S \cap P \neq 0$ 또는 $SP \neq 0$으로 그리고 특칭부정명제를 $S \cap \overline{P} \neq 0$ 또는 $S\overline{P} \neq 0$으로 각각 집합명제화 했다. 이를 19C 영국의 수학자이자 논리학자였던 벤·John Venn은 다이아그램화 하여 논증의 타당성을 확인하는 새로운 길을 열었다.

종류로서 AAA식을 가진 1격의 삼단논법이다. 이 삼단논법의 결론의 주어를 S, 그 술어를 P 그리고 매개념을 M이라 하면 논증의 구조는 아래와 같다.

모든 M은 P이다.
모든 S는 M이다.
그러므로 모든 S는 P이다.

3) 숨은 전제 찾기

일상적 담화에서나 혹은 글쓰기에 있어 종종 논증의 내용이 생략되어 언표되는 경우가 있다. 그것은 논증을 구성하는 상당한 부분의 내용들이 일반적으로 널리 알려져 있음으로써, 굳이 언급할 필요성을 느끼지 못하기 때문이다. 또한 논증의 내용을 과감히 생략함으로써 논증자체가 수사학적으로 강한 힘을 발휘할 수도 있고, 이로 인하여 상대방들에게 다소 설득력 있는 논증으로 인식됨으로써, 소위 기대하는 바 그 이상의 효과를 얻을 수 있기 때문이다.

논증의 내용 가운데 대전제가 생략되는 경우가 있고, 또한 소전제가 생략되는 경우도 없지 않다. 심지어 결론을 생략하는 경우도 있다. 즉,

나는 한국인이다.
그러므로 내가 하는 일은 아무리 작은 것이라도 중요하다.

여기에는 '한국인이 하는 일은 아무리 작은 것이라도 중요하다'는 대전제가 생략되어 있다. 그리고

모든 의사는 대졸자이다.
그러므로 한국의학협회의 모든 회원은 대졸자임에 틀림없다.

라는 논증에서는 '한국의학협회의 모든 회원은 의사이다'라는 소전제가 생략된 삼단논법이다.

영혼을 갖지 않는 국민은 살아 남을 수 없는 국민이다.
양심을 갖지 않는 국민은 영혼을 갖지 않는 국민이다.

에서는 '양심을 갖지 않는 국민은 살아 남을 수 없는 국민이다'라는 결론이 생략된 논증이다.

그러나 주어진 제시문을 분석하여 그 내용을 논증적으로 요약하거나 평가를 하고자 할 때, 생략된 전제 혹은 결론을 원 상태로 복원시켜야 하는 경우가 없지 않다. 이 때 앞에서 말한 바와 같이 AAA식으로 구성된 1격의 삼단논법 즉,

모든 M은 P이다.
모든 S는 M이다.
그러므로 모든 S는 P이다.

을 이용하면 편리하다. 이것은 우리에게 널리 알려진 가장 기본적인 연역논증의 구조이며, 여기에 어떤 내용을 싣던 상관없이 타당하기 때문이다.

5. 맺음말

학생들의 글을 첨삭하다 보면 논증 구성력이 미약하거나, 문장의 길이가 긴 글들을 자주 목격하게 된다. 우선 논술은 논증적 글쓰기 혹은 논리적 글쓰기이므로, 글 속에는 논증이 제대로 구성되어 있어야 한다. 누구나 주장은 쉽게 할 수 있다. 그러나 이에 부합하는 논거를 제시하는 행위는 생각보다 쉽지만은 않다. 대표성이 결여되어 있는 내용을 무심코 논거로 제시하거나, 애매하거나 모호한 언어로 구성된 문장을 신중하게 고려하지 않고 논거로 삼거나, 감정적 색체가 짙은 내용을 논거로 제시하는 경우가 허다하기 때문이다. 이러한 논거를 사용하여 구성된 논증은 그만큼 설득력이 약하거나, 주장의 내용이 잘못 전달될 소지가 충분히 있다. 물론 좋은 논증적 글쓰기와도 거리가 멀다.

또한 논증적 글쓰기에 있어서 문장은 짧으면 짧을수록 좋은 글이다. 이것은 자신의 주장을 보다 강하게 전달할 수 있을 뿐만 아니라 내용 또한 정확하게 전달할 수 있기 때문이다. 문장의 길이가 길어지면 글의 박진감은 상대적으로 줄어들고, 나아가 상대방에게 자신의 주장에 대한 확고한 인상을 심어줄 수가 없다. 논증적 글쓰기는 주장과 이에 관한 논거를 가지고 상대방을 설득하는 행위이기 때문에, 주장에 대한 자신의 확실한 신념을 상대방에게 보여줄 필요가 있다. 미사어구를 동원하다 보면 문장은 자연히 길어질 수밖에 없고, 따라서 글의 박진감이나 긴장감이 사라지고 내용파악 또한 힘들어진다. 그만큼 논증적인 글로서의 매력이 반감되는 것이다.

끝으로 보다 좋은 글을 쓰기 위해서는 많이 읽고 많이 쓰는 것이 중요하다. 그러나 보다 더 중요한 것은 논증적으로 읽고 논증적으로 쓰는 행위이다. 일정한 단락이나 글에서 글쓴이가 주장하는 바와 이를 위한 논거가 무엇인지를 정확하게 파악하면서 읽는 것이 내용파악의 지름길이기 때문이다. 논증적으로 글을 쓰는 경우 역시 마찬가지이다. 상대방에게 보다 설득력 있게 자신의 주장을 펼 수 있기 때문이다. 이를 위해 주로 이용하는 논증은 앞 절에서 예를 든 AAA식을 사용한 1격의 삼단논법이다. 이 삼단논법은 논증적 글쓰기에 있어 즐겨 사용하는 기본 모델이다. 이 형식을 통해 글 속에서 생략되거나 숨겨진 전제나 결론을 찾아 논증구성의 바름 여부를 보다 쉽게 확인 할 수 있다.

논리와 비판적 읽기

권 의 섭

Ⅰ. 읽기 능력은 생각하고, 표현하는 능력과 분리된 활동이 아니다.

'읽고', '생각하고', '말과 글로 표현하기' 중 어떤 교육을 제일 먼저 해야 할까? 일반적으로 많은 사람들은 읽기 교육을 가장 먼저 시행해야 한다고 생각한다. 배움의 첫발을 내디딘 사람들은 먼저 다른 사람의 글이나 생각을 그리고 내 앞의 현실을 제대로 읽어냄으로써 많은 것을 배우게 되며, 결과적으로 스스로 올바른 것을 생각할 수 있는 능력을 키울 수 있다고 보기 때문이다. 다시 말해 제대로 읽는 능력을 키움으로써 풍부한 배움과 생각 능력을 가져올 수 있다는 것이다. 게다가 읽기 능력을 통해 키워진 생각능력은 자연스럽게 표현능력의 신장으로 연결된다고 본다. 우리가 제대로 표현할 수 없는 것은 표현기법의 미숙에서도 원인이 있지만 더 근본적으로 표현해야 할 그 무엇, 즉 내용이 결핍되기 때문이다. 제대로 된 읽기 행위를 통해 가져온 풍부하고, 깊은 생각은 억지 표현이 아닌 자신감 있는 좋은 표현행위를 가능하게 한다. 아무리 글쓰기를 평소에 하기 싫어하던 사람도 유럽 여행을 하고 나서 자신의 느낌과 생각을 글을 적게 한다면 쉽게 글을 적을 것이다. 표현에 담을 수 있는 생각과 느낌을 키우지 않고서 좋은 표현을 기대할 수 없다. 이 점에서 표현능력은 내용 생성능력으로서의 읽기 능력과 밀접하게 연관이 있다.

그러나 조금만 깊이 생각해 본다면 읽기, 생각하기, 표현하기 능력의 우선순위를 정하고, 이 세 가지 행위 자체를 엄격히 구분한다는 자체가 무리가 있다는 사실을 알게 된다. 왜냐하면 이미 이 세 가지 능력은 각각 다른 능력을 신장시키며, 다른 활동에 깊숙이 영향력을 행사하기 때문이다. 달리말해 각각의 능력은 서로 다른 능력에 깊게 의존하는 면이 있는 것이다. 사실 제대로 읽는다는 것 자체가 그냥 수동적으로 읽는 것이 아니라 생각하면서 읽는 행위로서 얼마나 잘 읽느냐는 얼마나 깊이 있게 생각하면서 읽느냐는 문제이기도 하다. 따라서 생각하는 능력이 독서하는 능력을 결정짓고, 더 나아가 표현하는 능력을 결정짓는 것이다. 또 언어적으로 표현하는 능력의 향상은 우리의 생각하는 능력을 키워주는 중요한 요인이 될 수 있다. 언어적 표현 능력은 단순히 생각을 담아내는 형식적 활동만이 아니라 다른 생각을 생성하고, 생각을 깊이 있게 구체화할 수 있도록 도와준다. 우리는 글을 적는 동안 기존의 불명료한 생각들이 명료화되며, 심지어 새로운 생각을 하게 되는 경험을 자주하는 이유도 여기에 있다. 언어가 사고를 불러오는 힘을 발휘한다는 사실을 통해 우리는 언어 사용능력의 소중함을 확인할 수 있다. 결과적으로 우리는 읽고, 생각하고, 표현하기 능력은 통합적으로 교육시켜야 할 필요가 있다는 사실을 확인하게 된다.

II. 비판적 읽기란 무엇인가?

읽는 행위에 대한 다양한 이해가 있어왔다. 전통적으로 읽는 행위는 저자의 생각을 있는 그대로 가져오는 수동적 행위로 이해되었다. 책은 저자의 생각을 고스란히 담고 있는 것으로, 저자의 생각을 선입견 없이 그대로 받아들이는 행위가 바로 읽기 행위로 이해한 것이다. 수도에서 나오는 물을 먹기 위해서는 입을 갖다 되는 것으로 충분하듯이 독서행위 역시 책의 내용을 있는 그대로 받아들이는 수동적 행위로 이해한 것이다. 그러나 이런 이해는 독서행위가 지닌 능동적 측면을 반영하지 못한다는 문제가 있다. 독서행위는 마치 선생님이 꼭꼭 숨겨놓은 보물을 찾기 위한 행위이자, 더 적극적으로는 자신과 저자의 깊은 대화라는 성격을 지니고 있다.

또한 독서행위를 통해 읽어내고자 하는 책의 의미라는 것도 그것을 이해하는 방식에서 많은 변화가 있어왔다. 과거에는 책은 단일한 저자의 의도를 담고 있는 것으로 책을 읽는다는 것은 저자의 생각을 있는 그대로 수용하는 행위로 이해해 왔다. 그러나 오늘날 많은 사람들은 책은 저자의 생각만을 담고 있다고 생각하지 않는다. 이미 책 속에는 저자의 생각뿐 아니라 저자가 몸담고 있었던 사회의 논리가 저자도 의식하지 못한 채 책 속에 표현되고 있는 것이다. 결과적으로 책 속에는 저자도 의식하지 못한 새로운 주장을 담고 있으며, 심지어 저자 자신의 명시적 주장과 모순되는 내용도 담겨져 있는 것이다. 달리 말해 책의 저자는 단일한 저자가 아닐 수 있다. 그럴 경우 책은 이미 다양한 목소리를 담고 있는 것이자, 독자가 그 책에 어떤 관점으로 접근하느냐에 따라 그 의미가 다양할 수 있는 그래서 고정된 의미를 찾을 수 없는 것이다. 책의 의미는 고정된 것이 아니라 다양할 수 있다는 것은 독서행위가 단순히 주어진 의미만을 발견하는 것에 끝나지 않고 창조적 구성을 통해 새로운 의미를 풍부하게 가져오는 능동적 행위가 되어야 한다는 것을 말해준다.

따라서 책을 올바르게 읽는다는 것은 책속에서 저자의 목소리와 그 외의 다양한 목소리와 대화함으로써 책의 새로운 의미를 구성해가는 창조적 활동을 끝으로 최종적으로 완성된다고 볼 수 있다. 그런데 의미의 새로운 창조도 정확한 읽기에 토대를 두었을 때 그것은 자의적 해석이 되지 않을 수 있다. 그런 점에서 참된 읽기는 정확한 읽기와 그에 대한 올바른 평가를 기반으로 한 창조적 읽기라고 말할 수 있는 것이다. 우리는 이러한 읽기 전체 과정, 즉 올바르게 이해하고, 평가하고, 창조적으로 새로운 의미를 구성하는 행위 모두를 합쳐 비판적 읽기 행위로 이해할 필요가 있다. 지금까지 비판적 읽기를 우리가 거쳐야 할 읽기 단계 중 하나의 단계, 즉 비판하면서 읽는 행위로 좁혀 이해한 측면이 있지만, 우리가 지금 여기서 강조하는 비판적 읽기는 읽기 단계의 각 단계를 성공적으로 완수했을 때 가능한 것이다.

Ⅲ. 논술에 있어 읽기의 중요성

읽기와 쓰기는 밀접히 연관된 활동이다. 제대로 읽는 능력이 없다면 제대로 쓰는 것도 불가능하다. 비판적으로 읽는다는 것은 상대방의 글쓰는 논리적 과정을 확인, 평가한다는 점에서 자신의 글 쓰는 능력을 키워준다. 논술 공부에 있어 독서능력, 읽기능력 배양이 강조되는 이유도 바로 여기에 있다. 그래서 많은 대학들은 대입논술고사에 있어 읽기 능력을 제시문 분석이나 요약 그리고 제시문 비교나 공통주제 찾기라는 방식으로 직접적으로 테스트하려고 한다. 비록 명시적으로 읽기능력을 테스트하지 않더라도 읽기 능력이 제대로 갖추어지지 않으면 문제 자체를 풀 수 없게 되어 있다. 대학논술 문제를 제대로 풀기 위해서 제시문 읽기 능력이 얼마만큼 중요한지는 아래의 출제 문제 유형을 본다면 더욱 분명해진다.

1) 다음 제시문은 인간 행동을 유발하는 동기에 관한 두 가지 관점이다. 이 중 하나의 관점을 선택하고① 그 관점을 지지하는 이유를 예를 들어 설명하시오.② 그리고 본인이 선택한 관점에 의거하여 효율적으로 아동을 교육하기 위한 교사의 역할③을 논하시오. (2006년 춘천교대 정시)

2) 다음 제시문 [A], [B], [C], [D]에는 그 주제와 내용 속에 사람의 행동과 심성에 대한 덕목이 나타나 있다. 각 글에서 하나씩 네 덕목을 찾아 제시하고,① 이를 [A]-[B]-[C]-[D]의 순으로 연결·통합시켜② 현대를 살아가는 이상적인 인간형에 대하여 논술③하시오. (2006년 경희대 수시 1학기)

3) '불안'의 관한 제시문의 공통주제를 찾아 분석하고 사회 문화 현상에 적용해 논술(2006 연세대학교)

4) 제시문에 나타난 주장의 공통점. 차이점을 기술하고 제시문의 입장을 실현시킬 수 있는 구체적 방안에 대해 논술(2006 한국외국어대)

5) 제시문 (가), (나), (다)는 현대 사회에 나타난 소비현상과 관련된 글이다. 각각의 제시문에 함축된 내용을 반영하여 소비현상에 영향을 미치는 요인을 설명하고 현대 사회의 소비의 특성에 대하여 논술하시오. (2003 고려대학교)

6) 제시문에 주어진 삶의 방식을 비교. 분석하고 의의와 문제점에 대해 자신의 견해를 논술(2006 건국대, 서울)

7) '질서'에 관한 제시문 4개를 읽고 공통 주제와 제시문 간의 연관 관계, 주제에 관한 자신의 생각 등을 논술 (2006 고려대학교)

8) 두 제시문에 비유적으로 표현된 내용을 해석하고 이를 바탕으로 지문에 제시된 주장의 반론을 논리적으로 서술 (2006 부산대학교)

9) 사례 A B C의 현실 사회에서 문제가 되는 세 가지 경쟁의 성격을 설명하고 이를 바탕으로 경쟁의 공정성과 경쟁 결과의 정당성에 대해서 논술.(2006 서울대학교)

요즘 많은 대학은 논제를 명시하는 것이 아니라 다양한 제시문 속에서 찾기를 요구한다는 점에서 제시문 읽기능력이야 말로 논술의 당락을 결정짓는 중요한 요인이다. 비록 논제가 명시적으로 제시된 경우라도 제시문 읽기는 논제를 분명하게 하고, 대학의 출제의도를 파악하게끔 도와준다는 점에서 중요하다. 게다가 제시문을 올바르게 읽어내는 것은 논제를 어떤 방향으로 적어야 할 것인지, 어떤 범위 내에서 어떤 관점에 주목해서 써내려갈지를 결정해준다는 점에서 강조할 필요가 있다. 논제를 파악하지 못하든가, 논제를 파악했더라도 논제에서 벗어난 사오정과 같은 글쓰기를 하는 이유도 사실은 이 제시문 읽기를 제대로 하지 못했기 때문이라고 볼 수 있다.

이런 점에서 제시문은 논술을 어렵게 하는 제한조건이 아니라 논술 문제의 출제의도와 글 쓸 방향과 내용을 제공해준다는 점에서 논술의 나침반이라고 말할 수 있다. 그래서 논술 문제는 답이 없는 문제이면서 동시에 답이 있다고 말하는 것이다. 이미 논제와 제시문 속에 어떤 범위 내에서 어떤 내용을 쓰기를 요구하고 있기 때문이다. 논술 문제는 자기의 생각을 요구하지만 그것은 출제자가 원하는 문제에 대한 자기 생각이라는 사실을 명심해야 한다.

일반적으로 출제자들이 다양한 제시문을 여러 개 가져오는 이유는 읽기 능력을 테스트하기 위한 목적도 있지만 채점의 객관성을 위해 글의 범위를 제한할 필요가 있기 때문이다. 다양한 제시문 속에는 주어진 논제와 관련한 상반된 입장이나, 논제를 해결함에 있어 참조해야 할 필수 관점들을 담고 있다. 심지어 출제자가 의도한 논제의 주제문을 제시문 속에 배치할 수도 있는 것이다. 이런 이유 때문에 제시문 속에 답이 숨어 있다고 말하는 것이다.

우선 제시문을 정확히 읽어내기 위해서는 논제 자체를 정확히 읽어낼 필요가 있다. 문제를 읽고, 그것이 몇 가지 과제를 요구하는지 정확히 파악할 필요가 있다. 논제를 정확히 파악해야지만 제시문이 어떤 목적과 의도에서 제시되었는지, 주어진 제시문을 어떤 관점에서 읽어낼지를 분명히 할 수 있기 때문이다. 논술에서 제시문 읽기는 막연하게 읽어서는 안 되고, 반드시 논제와 연관해서 제시문을 읽어내야만 한다. 그리고 나서 제시문과 제시문간의 비교, 대조를 통해 그들 간의 관계가 어떠하며, 왜 출제자가 이 제시문을 다른 제시문과 함께 제출했는지 그 목적을 비판적으로 물어보아야 한다. 이런 방식을 통한 제시문에 대한 정확한 이해는 역으로 논제 자체를 더욱 분명하게 만들어주기도 한다.

그럼에도 오늘날 논술시험에서 제시문 읽기가 더욱 힘들어지는 것은 제시문 수가 많아질 뿐만 아니라 제시문이 다양한 영역에서 가져와지고 있기 때문이다. 제시문은 비문학적 글뿐만 아니라 소설, 시, 만화, 영화대본, 그림, 도표, 그래프 등 다양한 유형에서 가져와지고 있다. 이런 점 때문에 제시문간의 관계를 파악하거나 비언어적 제시문을 언어적 내용으로 바꾸는 훈련을 평소에 할 필요가 있다.

Ⅳ. 비판적 읽기와 질문의 중요성

책을 제대로 읽어내기 위해서는 막연히 읽는 것이 아니라 비판적으로 읽어낼 필요가 있다. 비판적으로 읽어낸다는 것은 필요한 다양한 질문들을 텍스트에 던지면서 읽어내는 것을 말한다. 던지는 질문이 얼마나 깊고 다양하냐에 따라 텍스트는 우리에게 다르게 읽혀질 것이 분명하다. 우리가 텍스트를 비판적으로 읽어내기 위해서는 다음과 같은 몇 가지 읽기 질문을 유형별로 나누어 던져볼 필요가 있다. 그것은 1)축어적 읽기 질문, 2) 추론적 읽기 질문, 3) 평가적 읽기 질문, 4) 창의적 읽기 질문이 있다. 이 네 자기 질문을 텍스트에 던지면서 읽을 때 우리는 비로소 텍스트를 비판적으로 읽었다고 말할 수 있다. (최선경, "비판적 읽기 교육을 위한 질문 구성", 새국어교육 제69호, 논문집 참조)

1. 축어적 읽기 질문…… 명시적으로 드러난 글의 내용과 구조를 파악하기 위해 던지는 질문이다.

< 질문 예시>: 이 글은 어떤 내용인가? / 글쓴이가 말하고자 하는 핵심적인 주장은 무엇인가 ? / 이 글의 구성은 어떠한가? / 이 글의 핵심어는 무엇인가?/ 글쓴이의 주장과 이를 뒷받침하는 이유, 근거는 각각 무엇인가?

2. 추론적 읽기 질문……텍스트에 명시되지 않은 채 암묵적으로 숨어 있는 것을 찾기 위한 질문들이다.

< 질문 예시>: 글쓴이가 이 글에서 암묵적으로 주장하고 있는 것은 무엇인가. / 글쓴이의 주장으로부터 이끌어져 나올 수 있는 주장은 무엇인가? / 글쓴이는 어떤 관점을 지니고 있는 가?/ 이 글은 어떤 역사, 사회, 문화적 맥락 안에서 생산되었는가?

3. 평가적 읽기 질문……텍스트의 내용이나 형식의 정당성을 평가하기 위해 던지는 질문들이다. 축어적 읽기와 추론적 읽기를 통해 파악된 것들이 정당한 것인지를 평가하기 위해 던지는 질문이다.

<질문 예시>: 글쓴이의 주장은 사실인가? /글쓴이가 주장의 근거로 든 내용은 적합한가?/ 글쓴이가 주장의 근거로 든 내용에 논리적 모순은 없는가?/ 글쓴이의 주장은 중요하며 가치 있는 것인가? / 글쓴이의 관점은 폭넓은가?

4. 창의적 읽기 질문……글쓴이의 아이디어를 재조직하거나 확장하기 위해 던지는 질문이다.

<질문 예시>: 글쓴이의 주장을 따를 경우 어떤 문제들이 생겨나겠는가? / 글쓴이의 관점과 다른 관점은 어떤 것이 가능하겠는가? / 글쓴이의 문제 해결 방식이 타당하지 않다면 이 문제에 대한 다른 대안이나 바람직한 해결방안은 무엇인가? / 글쓴이의 생각들 중에서 성격이 다른 문제 혹은 오늘날의 문제에까지 확장시켜 볼 만한 것은 어떤 것이 있는가? / 이 글과 관련해서 생각해 볼 수 있는 또 다른 문제들은 어떤 것들이 있는가?

V. 읽기 능력과 사고력

읽기 능력과 글 쓰는 능력은 저절로 나오지 않는다. 그것은 좋은 생각을 해야 나온다. 좋은 생각은 인간과 세상에 대한 관심과 사랑에서 만들어진다. 그리고 좋은 생각은 몇 가지 사유태도를 통해 가능하다. 이에 대해 생각해보자.

1. 열린 마음으로 생각하기

무슨 일이든 의미와 평가가 여러 가지 존재할 수 있다는 가능성을 인정한다. 고정관념에 얽매이지 않는다. 자기중심적 사고나 아집을 버린다. 편견과 흑백논리에서 벗어난다. 자신의 주장은 특정한 관점에 기초한 해석일 수 있으며, 다른 해석이 가능할 수도 있다는 사실을 인정한다. 자신의 생각에 한계가 있을 수 있고, 다른 사람의 생각을 통해 자신의 한계가 교정될 수 있다는 사실을 인정한다.

2. 논리적으로 생각하기

논리적 사유는 모순을 거부하며 일관성을 지향하는 사유를 말한다. 다시 말해 모순된 신념이나 모순된 지향적 태도를 동시에 가진다거나 혹은 자신의 신념과 지향적 태도에 모순된 말과 행동을 하지 않는다. 말과 말, 생각과 생각, 행동과 행동, 생각과 행동을 모순되지 않게 하는 논리적 사유 능력은 사실 윤리적 삶을 위한 필수조건이다. 모순적 신념과 지향성을 가지고, 또한 논리적 일관성을 유지하지 못하면서 윤리적 실천을 한다는 것은 사실 불가능하다. 따라서 논리 공부는 단순히 지적 확장에 필요한 원칙과 방법에 관한 연구로 끝나지 않고 윤리적 삶을 강화시켜 준다.

3. 비판적으로 생각하기

'왜 그런가?'에 대해 묻고 또 묻는다. 뒤집어 생각하기, 더 많이 생각하기를 한다. 비판적이라는 것은 누가 이야기했든 관계없이 타당한 이유와 근거가 없으면 그것을 수용하지 않으려는 태도를 말한다. 비판적 생각을 하기 위해서는 질문하는 습관을 길러야 한다. 질문하는 것은 이유와 근거를 묻는 행위로서 그 자체 비판적 태도를 요구하기 때문이다.

4. 창의적으로 생각하기

창의력은 가치 있는 새로운 생각을 산출할 수 있는 능력을 말한다. 창의성을 위해서는 기존의 관점에 얽매이지 않고 새로운 관점에서 사태를 바라볼 수 있어야 한다. 나아가 새로운 관점이 함축하고 있는 논리적 연쇄과정을 끝까지 밀고 나갈 수 있어야 한다. 이런 창의성을 위해 요구되는 조건으로 우선 상상력을 들 수 있다. 상상력은 기존의 관점과 다른 가능한 다양한 관점을 가져와 준다는 점에서 창의력과 밀접히 연관되어 있다. 다시 말해 상상력은 창의적 사유의 필수조건이라고 말할 수 있는 것이다. 그런데 상상력은 논리와 비판적 사유에 의해 뒷받침되지 않을 때 단순한 허상과 망상으로 끝나 버릴 수 있다. 비판적 사유와 논리를 기반으로 한 상상력만이 생산적 가치를 창출할 수 있는 창의성으로 승화될 수 있다. 비판적 사유와 논리에 기초하지 않은 채 허상과 비논리에 매몰된 상상력은 창의성의 원동력이 아니라 망상만을 잉태할 따름이다.

5. 관계적으로 생각하기

논제와 관련된 여러 사항을 상호 연관성 속에서 파악해 나간다. 모든 것은 관계의 결과물이듯 모든 것의 의미도 다른 것과의 관계 속에서 다양하게 그 의미가 변화된다. 생명체가 먹이사슬로 연결되어 있듯이 신념들도 많은 다른 신념들과 관계 맺고 있다. 그 신념들 간의 관계를 헤아리는 방식으로 주어진 신념에 대한 깊은 이해를 도모할 수 있다. 또한 평가하고자 하는 신념과 대립되는 신념을 관계적으로 비교함으로서도 더 깊은 이해에 도달할 수 있다. 얼마만큼 다양한 관계 속에서 읽고, 평가하느냐에 따라 생각의 정확성과 풍성함이 결정될 것이다.

6. 현실적으로 생각하기

철학적 주제나 고전의 주제를 <지금-이곳>에 적용시켜 본다. 우리가 고전을 통해 읽어내고자 원하는 것은 바로 현재 우리의 삶에 의미 있는 잣대를 가져오기 위해서이다. 특정한 신념의 정당성 여부는 그 신념의 논리적 정합성 여부에 의해서만 결정될 수 없는 것이다. 아무리 그 주장이 논리적이라 하더라도 그것이 현실적이지 못하다면 수용하기 힘이 든다. 현실적으로 생각함으로써 시의성과 현실성 있는 대안을 추구할 수 있게 된다.

7. 탈이분법적으로 생각하기

우리의 일상적 사유는 이분법적 구별 짓기에 익숙하다. 선과 악, 건강과 질병, 옳음과 그름, 아름다움과 추함이라는 방식으로 사태를 구분 이해한다. 단순히 구분하는 것에 끝나는 것이 아니라 하나를 절대화하고 다른 것을 부정적이자 억압해야 할 것으로 이해한다. 그런데 이분법적 경계라는 것이 많은 경우 절대적인 것이 아니라 사회적, 문화적 요인에 의해 임의적으로 구분한 것들이다. 그리고 변화된 현실에 맞게 새롭게 구분할 필요가 있는 것이다. 따라서 비판적으로 읽고 사유하기 위해서는 기존의 이분법적 사유의 구분지음을 가능하게 한 숨은 신념을 이해하고 그 신념을 비판하는 방식으로 이분법적 사유에 도전하는 것이 필요하다. 기존의 이분법적 사유에서 고정관념, 선입견을 발견하게 된다면 새로운 구분 지움을 사유할 수 있을 것이며, 궁극적으로 구분짓는 행위를 절대화하는 잘못에서 벗어날 수 있을 것이다.

VI 비판적 읽기를 도와주는 작업들

1. 단어의 뜻 정확하게 파악하기

책을 잘 읽기위해서는 단어를 정확하게 이해할 필요가 있다. 단어의 의미라는 것이 하나인 것이 아니라 다양하며, 그 중 사용된 단어의 의미는 맥락에 따라 결정되기 때문이다. 자칫 방심하면 엉뚱한 의미나 핵심에 비껴난 의미만을 찾아내는 방식으로 읽기에 실패하거나 오독할 수 있다. 따라서 평소에 단어의 다양한 의미를 익히고, 그것이 사용되는 다양한 맥락을 사전을 통해 확인하는 습관을 통해 정확한 어휘사용 능력을 키워야 한다.

단어의 뜻에는 사전에 소개되어 있는 기본 의미인 '개념적 의미'와 문장 속에서 실제로 쓰이는 뜻인 '문맥적 의미', 그리고 사람들의 느낌과 연상을 불러일으키는 '함축적 의미' 등 세 가지가 있다. 따라서 문장속에 단어가 어떤 의미로 사용되었는지 주의해서 읽을 필요가 있다. 아래의 예문을 보자.

① 날씨가 추워지면 이슬이 내린다.

② 인간의 목숨이란 풀잎 끝의 이슬이다.
③ 영희의 눈에는 이슬이 맺혀 있다.

①의 이슬은 다른 의미 없이 본래적 의미인 개념적 이해로 해석하면 되며, ②의 이슬은 개념적 의미가 아닌 허망함을 의미하는 맥락적 의미로 읽어야 하며, ③의 이슬은 눈물과 슬픔을 의미한다는 점에서 맥락적 의미이자 함축적 의미를 지니고 있다고 볼 수 있다. 사실을 밝히거나 이치를 따져 주장을 내세우는 글에는 개념적 의미가 중요하고, 정서와 상상을 바탕으로 하여 쓰는 문학적인 글에서는 함축적 의미가 중요하다.

2. 문단의 구성 요건과 전개방식 파악하기

논증적 글에 있어 문단의 구성 요소와 전개 방식을 정확히 이해하면 글의 근본 뼈대를 염두에 둔 읽기가 가능하게 된다. 원칙적으로 한 문단은 소주제문과 뒷받침문장으로 구성되어 있다. 주제문이 글 전체의 핵심주장이라면 소주제문은 한 단락에서 핵심적으로 주장하는 것이며, 뒷받침문장은 이 소주제문을 설득력 있게 주장하고 부각시키기 위해 가져온 문장들이다. 따라서 한 문단 안에 두 개의 소주제문이 있어서는 안 된다. 하나의 소주제문을 부각, 강조하기 위해 나머지 문장들이 여럿이 모여 한 문단이 형성되는 것이다. 따라서 한 문단을 정확히 이해한다는 것은 소주제문과 뒷받침 문장으로 정확히 정형화 시킬 수 있어야 한다는 것을 의미한다.

그런데 이 소주제문이 문단의 어디에 위치해 있느냐에 따라 글은 두괄식, 미괄식, 양괄식 등으로 나눌 수 있다. '두괄식'은 소주제문이

앞에, '미괄식'은 뒤에, '양괄식'은 앞과 뒤에 반복적으로 나타나는데, 일반적으로 한 문단의 소주제문은 앞이나 뒤에 놓여 있는 경우가 많은 실정이다. 따라서 한 문단을 읽을 때 처음 문장과 제일 마지막 문장 속에서 소주제문을 먼저 파악하고, 그 소주제문과의 관계 속에서 다른 문장들을 이해하는 방법이 효율적으로 논증적 뼈대를 구성해나가는 읽기를 가능하게 해 준다.

그리고 문단을 전개하는 방식과 관련하여 원인-결과의 방식, 부연설명의 방식, 상세화의 방식, 주장-근거제시의 방식 등이 있을 수 있는데, 이것에 대한 정확한 이해도 글의 뼈대를 읽어내는데 도움을 줄 수 있다. 그리고 접속어를 의미 있게 주목하는 것도 문장의 전개가 어떻게 변화되는가에 대한 이해를 도와준다.

3. 기초적 주장과 논증을 요구하는 주장의 구분

그 정당성을 위해 논증을 필요로 하지 않는 주장을 '기초적 주장'이라고 한다. 일반적으로 논증 아닌 다른 근거에 의해 정당화되는 기초적 주장들은 그 근거의 성질에 따라 다음 몇 가지 종류로 분류될 수 있다. 가)관찰에 의한 주장, 나) 전문가의 주장 (해당 분야에 종사하는 전문가들 사이에 이견이 없는 것들이어야 한다), 다) 직관적 주장(깊이 생각하거나 배우거나 경험하지 않고도 '마음의 눈'을 통해서 즉각적으로 참되다는 것을 알 수 있는 주장. 예> "오늘은 비가 오거나 오지 않는다" " 만일 그가 아버지라면, 그는 자식이 있다."), 라) 상식(옳다는 증거가 있는 반면, 옳지 않다는 증거는 없으며, 자각이 있고 합리적인 사람들이 옳다고 하는 일반적 동의가 있는, 일반성에 관한 주장들이 여기에 속한다. 예> "추석에 고속도로가 붐빈다") 마) 이미 참인 것으로 밝혀진

사실에 의해 정당화된 주장 라) 자명한 주장

그런데 이 기초적 주장과 논증을 요구하는 주장간의 구분은 글을 적을 때 염두에 둘 필요가 있다. 일반적으로 자기에게 자명하다고 생각해서 그것이 마치 기초적 주장인 것처럼 정당화를 하지 않거나, 자신이 정당화하고자 하는 것이 사실은 논증이 필요 없는 기초적 주장인데도 불구하고 그 주장이 왜 옳은지를 구태의연하게 정당화하는 글을 쓰는 잘못도 모두 이 두 개의 구분을 하지 못함으로 초래한 잘못이다. 그리고 특정한 주장을 기초적 주장으로 전제하고 논증을 하지 않는 것을 통해 상대방의 특정한 숨은 신념과 믿음을 확인할 수 있다는 점에서 저자가 기초적 주장으로 생각하고 있는 것이 과연 무엇이며, 그것이 진정 기초적 주장일 수 있는지 평가하면서 읽을 필요가 있다. 기초적 주장과 아닌 것의 구별은 구별하는 자의 가치관이나 저자가 몸담고 있는 사회, 문화적 요인에 의해 결정될 수 있으며, 따라서 논쟁의 여지가 있는 것이다. 어제의 진리가 그래서 정당화할 필요가 없었던 주장이 오늘날에는 더 이상 기초적 주장이 아닌 논증의 형태로 정당화가 되어야 할 논쟁적 주장으로 받아들여질 수 있다. 따라서 저자가 논증하지 않는 채 기초적 주장으로 생각한 것이 과연 어떤 상황과 조건에서는 기초적 주장이 될 수 없는지를 평가하는 방식으로 비판적 읽기를 감행하여야 한다.

4. 숨은 신념 찾아내기

글이 명시적으로 드러낸 전제와 결론을 읽어내는 것이 축어적 읽기라면, 숨은 전제, 결론을 읽는 것은 비판적 읽기 과정 중 추론적 읽기에 해당된다. 논증적 글을 제대로 평가하기 위해서는 숨은 전제, 결론도 명시적으로 드러내어 평가할 필요가 있다. 일반적으로 숨은 신념을 저자가 명시적으로 표현하지 않는 것은 그것이 너무나 자명한 사실이라서 그것을 나타내는 것이 오히려 구태의연한 표현이나 설명이 될 수 있다고 보았기 때문이다. 그러나 저자가 자명하다고 해서 표현하지 않은 숨은 전제 자체가 그 정당성과 확실성에 있어 논란이 될 수 있고, 그렇기 때문에 그것을 논란 삼는 방식으로 상대방의 논증을 비판적으로 읽어낼 필요가 있다. 특히 어떤 경우에는 드러내지 않는 전제가 공격받기 쉬운 전제라는 사실을 알고 의도적으로 표현하지 않는 경우도 있다는 점에서 상대방의 숨은 신념까지 찾아내서 상대방의 논증을 비판할 수 있어야 한다.

그런데 숨은 신념 찾기는 숨은 전제, 결론 찾기로 나타날 수도 있지만, 명시적으로 드러난 주장의 함축이나 그와 연관된 또 다른 신념을 찾아내는 방식으로 진행될 수 있다. 생명체들이 먹이사슬의 형태로 연결되어 있듯이 신념들 간에도 이 신념을 인정하면 필연적으로, 아니면 상당히 밀접하게 또 다른 신념을 지지하거나 반박하게 된다. 이런 신념들 간의 관계를 염두에 둘 때 명시적으로 밝혀진 주장이 암묵적으로 전제하고 있는 또 다른 신념들이나 예상되는 결론을 평가하는 방식으로 제시된 주장을 깊이 있게 비판할 수 있다.

5. 정의하는 방식에 주목하고, 핵심 정의에 시비걸기

단어에 대한 정의는 하나만 있는 것이 아니라 다양한 방식의 정의가 가능하다. 동일한 단어일지라도 정의의 유형에 따라 그 정의 방식이 너무나 다양할 수 있고, 누가 정의하느냐에 따라 서로 상이하게 정의할 수 있는 것이다. 단어를 어떻게 정의하는가를 이해하고, 그것을 평가하는 작업을 통해 더 정확하고, 비판적인 읽기가 가능하다. 일반적으로 정의는 단어의 애매성과 모호성을 줄이고, 그 뜻을 명확히 하기 위해 하는 것이지만 정의 방식 자체가 이미 특정한 숨은 신념을 전제한 정의로서 오히려 논란의 여지를 발생시킬 수 있다.

단어에 대한 정의는 크게 '약정적 정의', '사전적 정의', '개량적 정의', '이론적 정의', '설득적 정의'가 있다. '약정적 정의'는 기존의 개념을 통해서는 자신이 표현하고자하는 바를 제대로 담아내기에 어려울 때, 새로운 개념을 도입하고 앞으로 그 개념을 특정한 의미를 표현하는 기호로 삼겠다는 제안이나 통고, 그리고 요청의 형식을 띠고 있는 정의의 방식이다. '사전적 정의'는 개념의 의미를 밝힐 때 그 개념이 일반적으로 사용되는 방식, 즉 사전적 의미를 밝혀줌으로써 자신이 사용하고자 하는 개념의 뜻을 분명히 하는 정의방식을 말한다. '개량적 정의'는 뜻하는 기존의 의미가 이미 주어져 있지만, 주어진 의미의 모호성을 없애기 위해 본래의 의미를 변형시켜 새롭게(개량적으로) 정의하는 방식을 말한다. '이론적 정의'는 약정적 정의, 개량적 정의와 같이 단순히 개념의 애매성과 모호성을 없애기 위한 목적으로 제기되는 정의가 아니라, 주어진 개념이 지시하는 대상이나 사태를 이론적으로 파악하고, 그 내용을 밝히려는 의도아래 제기하는 정의를 말한다. '설득적 정의'는 언어의 표현적 기능을 적극적으로 활용함으로써 다른 사람의 감정이나 태도에 영향력을 미치려는 의도를 담고 있는 정의의 방식을 말한다. 다시 말해 사태를 정확히 지시하려는 목적이 아니라 상대방을 설득시키기 위한 의도아래 언어의 표현적 기능을 사용하는 정의 방식이다.

이와 같은 다양한 정의의 유형 중 의미 있게 주목해야 할 정의로는 '개량적 정의'와 '설득적 정의'를 들 수 있다. 우선 개량적 정의는 살인이라는 사전적 정의가 있지만 그 정의만으로는 특정한 상황에서 문제가 되는 행위가 살인인지 아닌지 결정할 수 없을 때 사전적 정의에 추가해 새로운 구체적 의미를 밝히는 정의이다. 그런데 이 개량적 정의를 통해 추가되는 새로운 내용 중에 정의하는 자의 특정한 신념이 전제되고 있다는 점에서 개량적 정의는 비판적 평가의 대상이 될 수 있다. 그리고 개량적 정의보다 더 논쟁의 여지가 있고, 그래서 비판적으로 주목해야 할 정의가 설득적 정의이다. 설득적 정의는 애당초 상대방의 태도와 감정의 변화를 초래하려는 의도를 지닌 정의로서 정의의 객관성에 있어 가장 논란이 될 수 있는 정의이다. 그런데 그것이 설득적 정의인데도 사전적 정의인양 무비판적으로 받아들이는 잘못을 많은 사람들이 저지른다.

설득적 정의에 해당하는 대표적 예로서 '악마의 사전'과 '엉뚱이 사전'에서 찾아볼 수 있는 정의를 들 수 있다. 악마의 시선과 엉뚱한 관점에서 정의를 내리게 될 때 사전적 정의와는 완전히 다른 정의를 내리게 되는데, 이 정의가 전형적인 설득적 정의에 해당한다. 전화기를 악마를 웃게 한 발명품, 넥타이를 남성 권위유지의 최후의 보루, 적을 나를 위대하게 하는 진정한 친구로 정의하는 방식과 같은 것이다. 처음에는 그 정의가 설득적 정의였지만 그것이 보편화됨으로써 사전적 정의가 될 수 있다. 이런 점에서 사전적 정의 역시 설득적 정의와 마찬가지로 특정한 관점과 숨은 신념을 당연시 여긴 가운데 내려진 정의로써 충분히 비판적으로 평가할 수 있는 것이다.

우리가 정의의 방식을 비판적으로 평가할 것을 강조하는 것은 많은 경우 윤리적 논쟁은 핵심개념을 서로 상이하게 정의내리는 가운데 발생하기 때문이다. 인간을 어떻게 정의내리냐에 따라 태아가 인간이고 아닌가가 결정되며, 결과적으로 낙태에 대한 입장이 달라질 수 있다. 죽음을 어떻게 정의 내리는가에 따라 뇌사상태에 있는 사람을 안락사

시키는 것이 살인이 될 수도 있고 그렇지 않을 수도 있는 것이다. 외설과 성추행을 어떻게 정의 내리는가에 따라 동일한 행위가 법적 처벌을 받을 수도 있고 아닐 수도 있는 것이다. 이와 같이 많은 논쟁이 정의를 어떻게 내리는가에 따라 결정되며, 그 정의라는 것이 특정한 신념을 전제하고 있다는 사실을 통해 우리는 정의에 대한 비판적 읽기의 중요성을 잘 이해할 수 있다.

정의를 비판적으로 평가내림에 있어 중요한 잣대가 될 수 있는 것은 올바른 정의를 내림에 있어 염두에 두어야 할 몇 가지 규칙이다. 그것을 소개하자면 다음과 같다.

첫째, 정의는 정의되는 대상의 본질적 속성을 담아야 한다고 말한다. 우체부를 가장 많이 걸어 다니는 사람으로 정의내리는 것이 잘못된 정의인 이유가 우체부의 본질적 속성을 잘 담고 있지 않기 때문이다. 여기서 본질적 속성이란 그 대상이 다른 대상과 다르게 바로 그 대상이게끔 하는 대상의 근본적 성질을 말하는 것이다.

둘째, 정의는 애매모호하거나 비유적 표현을 사용해서는 안 된다. 여기서 '애매하다'는 것은 두 가지 이상의 의미가 있음에도 그것이 어떤 의미로 사용되었는지 알 수 없을 때, 모호하다는 것은 그 표현에 의해 지시되는 대상의 범위가 불확실 할 때 발생하는 것이다. 예를 들어 아무 맥락 없이 사용한 '밤', '눈', '다리'와 같은 표현이 애매한 표현이고, '대머리', '미인'과 같은 표현이 모호한 표현이라고 할 수 있다. 정의의 목적이 의미를 명료화시키는 것이라는 사실을 염두에 둔다면 그 뜻을 상징적, 비유적으로 표현하거나, 애매모호하게 표현해서는 안 된다. 특히 자신의 약점을 드러내지 않기 위해 애매모호한 표현을 사용하는 경우가 많다는 점에서 애매모호한 표현에 비판적 주목을 할 필요가 있다.

셋째, 정의는 너무 넓거나 너무 좁은 정의가 되어서는 안 된다. 정의를 너무 넓게 해서는 안 된다는 것은 노처녀를 혼자 사는 여자로 넓게 정의내림으로써 혼자 사는 젊은 여대생도 노처녀가 되는 잘못을 저질러서는 안 된다는 것이다. 정의를 너무 좁게 해서는 안 된다는 것은 도둑을 물건을 훔치는 행위라고 좁게 정의내림으로써 엄연히 돈을 훔친 도둑을 도둑에서 배제하는 잘못을 저질러서는 안 된다는 것이다. 정의를 너무 넓게, 좁게 함으로써 그 개념에 엄연히 지시되는 대상을 생략하거나, 지시될 수 없는 것을 지시하게 되는 잘못을 저지르게 되는 것이다. 정의의 좁음과 넓음의 여지도 정의내리는 자의 가치관에 따라 달라질 수 있다는 점에서 비판적으로 주목해야 할 사항이다.

Ⅶ. 논증 읽기와 평가

글을 정확히 이해한다는 것은 그 글에서 제기되는 논증을 잘 이해하고 평가하는 것이라고 말할 수 있다. 논증은 몇 개의 진술들이 근거와 결론의 형태로 이루어져 있다. 입증-부담의 원칙에 입각한 책임 있는 주장은 논증적 주장의 성격을 띠며, 논술은 논증적 글쓰기에 다름 아니다. 올바른 논증을 구성하고 평가하기 위해서는 논증의 논리적 구조와 논증적 절차에 대한 바른 이해가 필요하다.

논증(논술)은 먼저 결론과 그것을 뒷받침하는 전제로 구성되어 있다. 논증의 전제와 결론은 원칙적으로 참, 거짓을 주장하는 '진술(명제)'의 형태를 지녀야 한다. 참, 거짓을 가릴 수 없는 의문문, 감탄문은 전제와 결론으로 가져올 수 없다. 훌륭한 논증을 위한 몇 가지 기준은 다음과 같다. (1) 승인할 수 있는 전제여야 한다. (2) 전제는 결론과 논리적 연관성이 있어야 한다. (3) 충분한 근거에 의해 뒷받침되어야 한다. 이

세 가지 기준은 논증을 구성할 때나, 아니면 상대방의 논증을 평가함에 있어 항상 유념해야 할 원칙이다

전제로서 주어진 진술의 참, 거짓을 확인할 수 있는 방법은 크게 기존의 진리체계와의 논리적 연관성(정합성)을 통해 확인하는 방법과, 구체적 경험사실과의 일치여부를 통해 확인하는 방법이 있다. 훌륭한 논증의 전제는 참일 뿐만 아니라 승인할만한 전제여야 한다. 비록 참인 전제지만 상대가 승인할 수 없는 전제라면 상대를 설득시키고, 자신의 주장을 정당화 하려는 논술의 목적을 실현할 수 없다. 옳은 전제일 뿐만 아니라 승인할 만한 전제의 요구는 진술의 명료성과 평이성 그리고 상대를 염두에 둔 전제의 설정을 요구하는 것이다. 그런데 승인할 만한 전제는 또한 결론과 연관성이 있어야 한다. 아무리 옳고 승인할 만한 전제지만 결론과 연관성이 없다면 그 진술의 집합은 논증이 아니다. 훌륭한 논증은 결론과 관계된 풍부한 참인 전제에 의해 뒷받침되어야 한다.

훌륭한 논증의 기준에 입각해 논증을 평가함에 앞서, 우선 주어진 글(생각)에 대한 정확한 재구성이 먼저 선행되어야 한다. 다시 말해 주어진 자신의 글이나 상대의 글(생각)은 전제와 결론의 형태로 논증적으로 재구성되어야 한다. 특히 상대방의 주장을 재구성함에 있어서는 "자비의 원칙"에 입각해 최선의 논증이 구성될 수 있도록 배려해야 한다. "자비의 원칙"이란 비록 화자의 주장이 형식상으로는 타당하지 못한 논증의 형태를 지니고 있더라고, 숨은 전제와 화자의 본래적 의도를 충실히 반영하는 방향으로 상대의 논증을 강화시킨 가운데 평가해야 한다는 원칙이다. "자비의 원칙"을 염두에 두지 않으면, 상대방의 본래적 의도를 왜곡할 수 있고, 원래 상대방이 의도하지 않은 논증을 통해 상대방을 그릇되게 비판하는 "허수아비 오류 논증"이라는 잘못을

저지를 수 있다. 상대방 주장에 대한 평가는 논증적 재구성을 통한 정확한 이해에 기초해야 한다. 이런 원칙은 논술문제 유형 중 특정한 주장을 제시해주고 그 주장을 평가하라는 요구에 대처함에 있어 항상 염두에 두어야 할 것들이다.

논증을 재구성하고 평가하는 방법은 윤리적 논쟁에 대한 자신의 입장을 전개함에 있어서도 기본적인 "논의의 틀과 방향"을 제공할 수 있다. 구체적으로 임신중절과 관련된 윤리적 논쟁에 대한 논의 분석을 통해, 주장을 평가함에 있어 거쳐야 할 중요한 "논증적 절차"를 확인해 보자. 만약 우리가 임신중절을 반대하는 논증을 평가해야 한다면, 다음과 같은 절차를 거쳐야 한다. 먼저 주장을 논증의 형태로 재구성하기 위해 전제와 결론을 확인해야 한다. 특히 상대방의 많은 진술들 중에서 전제와 결론을 찾는 것이 용이하지 않을 경우가 많다. 왜냐하면 어떤 경우에는 중요한 전제가 진술되지 않은 채 숨어 있을 경우도 있으며, 결론 자체가 생략된 채 맥락으로 이해해야 할 경우가 있기 때문이다. 논증의 재구성은 숨은 전제와 결론을 정확히 지적하고, 언급된 진술들을 명료화시키는 작업을 거쳐야 한다. 이러한 과정을 통해 임신중절을 반대하는 보수주의의 입장은 다음과 같이 재구성할 수 있다.

1) 전제: 무고한 인간존재를 죽이는 것은 무조건 그릇된 일이다.
2) 전제: 태아는 무고한 인간존재이다.
3) 결론: 따라서 태아를 죽이는 것은 무조건 그릇된 일이다.
더 나아가 임신중절 법에 의해 금지해야 한다.

이렇게 재구성된 논증은 허수아비논증이 되지 않기 위해, 상대에게 물을 수 있다면 확인의 절차를 가져야 한다. 만약 상대가 동의한다면,

논증평가 기준에 입각해 각각의 전제가 승인할 수 있는가? 전제의 승인이 반드시 결론에로 나아가는가?(전제와 결론의 논리적 연관성)를 확인하고, 그러한 확인과정에서 많은 논의를 가져올 수 있어야 한다. 다시 말해 "태아가 무고한 인간존재이다"라는 전제와 "무고한 인간존재를 죽이는 것은 무조건 그릇되다"라는 전제를 과연 승인할 수 있는가? 또한 이러한 전제를 승인한다 하더라도, 무조건 태아를 죽이는 것은 그릇되며, 더 나아가 법에 의해 처벌해야 된다는 주장에로 나아가야만 되는가? 혹시 태아가 무고한 인간존재이고 임신중절이 비도덕적인 행위지만 여러 가지 이유에서 개인의 선택에 맡겨 두어야 하고, 따라서 법에 의해 금지해서는 안 되는 이유가 있지 않을까? 이러한 물음을 통해 전제와 결론간의 논리적 연관성이 확인되어야 한다. 이러한 논증평가의 절차는 특정한 논증을 지지하는 사람과 논증을 반박하려는 사람 모두 거쳐야 할 비판적 과정이다.

논증 평가를 위해서는 진술의 승인여부와 진술과 진술간의 논리적 연관성을 확인하여야 한다. 이를 위한 선행적 작업은 진술의 의미를 명료화하고, 더 나아가 진술 속에 함축되어 있는 숨은 가정을 확인, 평가하는 것이다. 진술의 의미를 명료화하는 작업은 진술이 함축하고 있는 또 다른 주장을 밝혀주며, 결과적으로 진술의 평가를 더 정확하고, 용이하게 해준다. 더 나아가 다른 진술간의 논리적 연관성 파악도 더 쉽게 만들어 준다. 진술을 명료화시키기 위해서는 진술을 구성하는 단어의 의미를 정의를 통해 명료화 시켜야 한다. 이런 작업은 불필요한 논쟁과 명료한 사고의 장애요소가 되는 언어의 애매, 모호한 성격을 제거할 수 있게 해 줄 것이다.

Ⅷ. 평가의 내적기준과 외적기준

1. 평가의 내적기준

글을 내적기준에 의해 읽고 평가한다는 것은 평가의 척도를 외부에서 가져오는 것이 아니라 글 자체의 논리적 형식이나 올바른 글이 지녀야 할 기본적인 문법이나 규칙들을 염두에 두고서만 글을 평가하는 것을 말한다. 여기에는 문단이 지녀야 할 기본 조건이나 글 전체의 구성방식을 염두에 둔 평가까지 포함한다. 구체적으로 말하자면, 주장과 주장 간의 내용적 모순은 없는지, 특정한 주장에서 그런 결론적 주장이 논리적으로 도출될 수 있는지, 그리고 문장이나 문단 더 나아가 글 전체가 기본적인 형식적 조건은 충족시키고 있는지, 주제를 전개시켜나가고 글을 구성하는 방식에 있어서 어떤 문제는 없는지 등을 평가하는 것이 내적기준에 입각한 글의 평가라고 말할 수 있다.

대표적으로 올바른 문단이 지켜야 할 규칙에 입각한 평가가 전형적인 내적 기준에 의한 평가이다. 일반적으로 올바른 문단이 충족시켜야 할 조건으로 '통일성', '완결성', '일관성'(긴밀성)등을 언급한다. 이 기준은 한 문단을 정확히 읽는데 참조해야 할 사항이면서, 문단의 내적 평가의 기준이기도 하다. '통일성'은 한 문단을 오직 하나의 소주제문을 뒷받침하는 방식으로 작성했을 때 성취할 수 있다. 만약 소주제문과 아무 관련이 없는 문장이나 소주제문이 두 개라면 그 문단에서 우리는 통일성을 찾을 수 없다. 통일성을 훼손하는 문장은 첨삭에 있어 '삭제'라는 방식을 통해 교정한다. 그리고 '완결성'을 갖춘 문단이란 하나의 소주제문이 충분하게 뒷받침되었을 때 성취된다. 뒷받침문장이 부족할 때 비록 많은 문장들이 소주제문과 관련되어 있다고 하더라도 그 문단은 완결성이 부족한 문제를 지닌다. 첨삭에 있어 완결성이 부족한 글은 '부가'라는 방식으로 교정한다. 일관성(긴밀성)은 문장 간의 자연스런 연결성을 강조하는 것이다. 통일성과 완결성을 갖추지 못하면 문단의 일관성(긴밀성)이 자연히 실현되지 않지만, 통일성과 완결성을 성취했음에도 문단의 일관성에 있어 문제가 발생할 수 있다. 일관성을 유지하기 위해 일반적으로 '연결사의 사용', '지시사의 사용', '앞 단어의 반복'과 같은 방법이 주로 사용된다.

2. 평가의 외적기준

외적 기준에 따라 글을 평가한다는 것은 올바른 글이 지켜야 할 내적 규칙에 따라 검사하는 것이 아니라 글의 '내용 자체'를 외적 기준에 입각해 평가하는 것을 말한다. 그런 점에서 이 평가는 형식적인 차원에서의 평가가 아닌 글 자체의 내용적 평가라고 할 수 있다. 내용적 평가를 위해서는 우선 평가받는 주장이 사실주장이냐 가치주장이냐를 정확히 구별할 필요가 있다. 그 주장이 어떤 유형의 주장이냐에 따라 평가하는 척도와 기준을 다르게 가져올 필요가 있기 때문이다. 사실주장일 때, 그리고 그 사실주장이 개별 판단의 형태를 띠는지 아니면 보편판단의 형태를 띠고 있는지에 따라 평가하는 방식이 달라져야 한다. 가치판단과 달리 사실판단은 일반적으로 사실의 확인을 통해 그 주장의 참, 거짓 여부를 가릴 수 있다. 그러나 사실판단이라 하더라도 그것이 보편판단, 즉 모든 것은 ---이다와 같은 형식을 취할 때는 칼.포퍼가 지적한 바처럼 개별적 사실경험에 기초해 보편판단의 그 참됨을 확정, 검증할 수 없다. 보편판단은 긍정하는 경험적 사례가 얼마나 많은지, 혹시

부정적 사례가 있지나 않는지를 통해 참일 개연성만을 평가할 수밖에 없다.

그에 반해 가치판단은 사실판단과 달라 경험적 사실에 호소해서 그 정당성을 확보하기가 힘이 든다는 점에서 다른 여러 가지 척도를 가져와 가치판단의 수용성 여부를 검사할 수 있어야 한다. 아래의 몇 가지 방법은 전형적으로 가치판단의 수용성 여부를 검사하는 방법이다.

먼저 '정합성 검사'라는 방법을 활용할 수 있다. 이것은 주어진 가치판단이 기존의 지식체계, 진리체계나 이미 알려진 참과 논리적으로 정합적인지 아닌지를 확인함으로써 가치주장의 수용성 여부를 검사하고자 하는 방법이다. 물론 기존의 지식체계와 논리적으로 모순되지 않고 정합적이라는 사실이 주어진 주장의 참됨을 필연적으로 결정짓는 것은 아니지만, 정합적이지 않는 것보다는 더 참일 개연성이 높은 것은 사실이다. 특정한 주장이 기존의 지식체계와 정합적이지 못하다면 더 자세하고 깊은 정당화의 논증이 요구된다. 갑이 남녀 간의 동등한 임금체계를 적용하는 회사의 사칙이 옳다는 사실을 더 상위의 신념, 즉 인간은 평등하게 고려해야 한다는 원리에 정합적이라는 것을 통해 정당화할 수 있을 때, 이 검사 방법 역시 정합성 검사의 한 예이다.

'새로운 사례검사'란 새로운 사례에도 가치판단이 적용될 수 있는지 여부를 통해 가치판단의 반박여부를 확인하는 방법이다. 물론 새로운 사례에 의해서 가치판단이 지지된다고 해서 그것이 곧 가치판단의 참이 검증되었다고 볼 수 없다. 엄격히 말하자면 참의 개연성이 많아졌다고 말하는 것이 옳을 것이다. 그러나 새로운 사례에 의해 그 정당성이 의심된다면 그 가치판단은 부정적 사례를 없애는 방식으로 수정되거나 아니면 폐기되어야 한다. 구체적인 경험적 사례는 이론의 참을 검증함에는 한계가 있을 수 있지만, 반증하는 일에서는 결정적일 수 있다.

갑이 낙태를 하는 것은 옳지 않은 것이니 무조건 해서는 안 된다는 가치판단을 했을 때, 을이 강간에 의한 임신일 경우에도 낙태는 무조건 옳지 않으니 해서는 안 된다는 말이냐고 반박할 수 있는데, 이 경우 을은 갑의 가치판단에 대해 새로운 사례검사를 시도하고 있다. 즉 갑의 가치판단에 의해 설명될 수 없는 새로운 사례를 을이 보여줌으로써 갑의 가치판단의 문제점을 지적하고 있는 것이다. 이와 같이 가치주장을 평가하기 위해서는 그 주장에 적용될 수 없는 다양한 사례를 찾는 노력이 요구된다.

'보편적 결과검사'란 가치판단 속에 기술되어 있는 행동을 모든 사람들이 취했을 때 일어나는 결과를 받아들일 수 있는지를 알아보는 검사이다. 어떤 가치판단이 최소한 그 정당성을 인정받으려면 그 가치판단이 지지하는 행위를 모든 사람들이 행했을 때 그 결과를 수용할 수 있어야 한다. 만약 그 행위를 수용할 수 없다면 그 행위를 지지하는 가치판단은 수용할 수가 없는 것이다. 갑이 대학을 들어가기 위해 컨닝이 도움이 되니 컨닝은 허용될 수 있다고 말했을 때, 을이 모든 사람들이 컨닝을 한다면 어떤 일이 벌어지겠냐고 물음으로써 그는 보편적 결과검사를 시행할 수 있다.

'역할교환 검사'란 가치판단에 의해 가장 영향을 받거나 또는 가장 역으로 영향을 받는 사람의 입장에다 자신을 대치시키고 나서, 그 때에도 가치판단을 받아들일 수 있는지를 검토해 보는 것이다. 사람들은 일반적으로 자기의 입장과 상황에서 사태를 바라보려는 의식적, 무의식적 태도를 취하기 쉽다는 점에서, 내가 다른 사람의 입장과 상황에 처해 주장의 수용성 여부를 물어보는 것은 주장의 객관적 평가를 함에 있어 반드시 거쳐야 할 과정이다. 역지사지의 마음으로 보았을 때 문제가 되는 가치판단의 수용성 여부가 분명해질 수 있다.

'동기론적 윤리설', '의무론적 윤리설'에 기초한 검사방법은 가치판단이 지지하는 행위가 동기론적, 의무론적 윤리설이 내세우는 조건을 충족시킬 수 있는지 여부를 평가하는 것을 말한다. 동기론적 윤리설, 의무론적 윤리설은 행위를 평가함에 있어 결과가 아닌 행위한 자의 동기가 어떤지, 그리고 그 행위가 우리가 마땅히 따라야 할 의무에 일치된 행위인지 여부를 중요하게 평가하고자 한다. 행위의 결과가 아무리 좋다하더라도 그 행위의 동기가 의무에 대한 존중감에 기초하고 의무에 일치하는 행위가 아니라면 도덕적 행위라고 말할 수 없다는 것이다. 대표적으로 칸트의 윤리학적 입장이 여기에 해당된다. 칸트는 우리가 따라야 할 의무는 정언명법의 형태로 명령된다고 보는데, 그가 강조하는 대표적인 정언명법으로 사람을 수단으로 사용하지 말고 목적으로 삼고, 자신의 준칙이 보편적 규칙이 될 수 있는 것이어야 한다는 것을 들고 있다. 이 정언명법은 행위를 평가하는 최소한의 형식적 기준으로 이를 위반했을 때 그것은 도덕적 행위가 될 수 없는 것이다. 많은 경우 의무론, 동기론적 윤리설은 상황에 따라 변화할 수 없는 절대적인 "권리", "의무"라는 개념을 강조하는 방식으로 윤리적 갈등을 해결하려고 한다. 이러한 접근 방식이 지니는 문제는 우리가 판단의 기준으로 삼아야 할 "권리", "의무"에 대한 이해가 시대, 문화에 따라 개인의 가치관의 따라 논쟁이 될 수 있다는 점이다. 그러나 이 의무, 동기론적 윤리설은 우리가 행위를 선택하고, 평가하고자 할 때 중요하게 고려해야 할 사항을 언급해준다는 점에서 그 의의를 찾을 수 있다.

'결과주의 윤리설'에 기초한 검사방법은 가치판단이 지지하는 행위가 초래할 결과를 고려함으로써 그 가치판단의 정당성여부를 확인하려는 검사방법이다. 결과주의 윤리설은 결과를 모르고서는 가치판단이 지지하는 행위가 도덕적인지 여부를 알 수가 없다는 입장이다. 그런데 어떤 결과를 중요하게 고려하느냐에 따라 나의 이익 결과만을 고려하는 '이기주의 윤리설', 타인의 이익 결과만을 고려하는 '이타주의 윤리설', 그 행위에 영향 받는 나를 포함한 모든 사람들의 이익결과를 고려한 '공리주의 윤리설' 등으로 나눌 수 있다. 따라서 우리는 나의 이익, 타인의 이익, 모든 사람의 이익을 고려하는 방식으로 주장의 수용성 여부를 가늠해 볼 수 있어야 한다. 그러나 결과주의 윤리설은 결과를 정확히 측정해야 하는 문제, 결과만을 중요하게 고려함으로써 우리의 신중한 도덕적 신념에 위배되는 결정을 하게 되는 문제 등을 남긴다. 그러나 가치판단을 평가함에 있어 결과주의 윤리설은 반드시 고려해야 할 하나의 관점을 우리에게 소개해 준다는 점에서 큰 의의를 둘 수 있다.

IX. 읽기 능력 향상에 도움이 될 활동들

1. 요약하기

단순히 분량만을 줄여서는 안 된다. 글에서 중요한 부분과 그렇지 않은 부분을 가려내어 그 중 중심적인 내용을 연결하여 주제를 효과적으로 나타낼 수 있어야 정확한 요약이 된다. 그렇다고 해서 긴 글의 중요 부분을 골라 그냥 잇기만 해서는 제대로 된 요약이라고 할 수 없다. 왜냐하면 요약문은 완전한 독립성을 가진 또 다른 한 편의 글이 되어야 하기 때문이다.

그러므로 요약하기에서는 학생들의 두 가지 능력을 평가한다. 1) 중요한 부분과 그렇지 않은 부분을 추려 내는 능력 (기초적인 독해 능력/

중심 생각 찾기 능력 /) 2) 하나의 주어진 자료를 바탕으로 간략한 한 편의 글을 완성하는 능력이다.

2. 요약 규칙

1) 삭제의 방법 예>"빨간 모자를 쓴 소녀가 걸어간다."---->소녀가 걸어간다.
2) 선택의 방법 예>(1) 그는 영화관에 갔다. (2) 그는 표를 구입했다. (3) 그는 자기 자리에 앉았다. (4) 그는 영화를 보았다. ----> 그는 영화를 보았다. (한 상황에 따르는 자명한 행위들은 미루어 짐작할 수 있는 것들이므로 생략해도 된다.)
3) 상위어로의 대체 예> (1) 그는 기타를 잘 친다. (2) 그는 난초를 기른다. (3) 그는 여행을 자주한다. ----> 그는 다양한 취미를 가지고 있다.
4) 구성화, 통합화 예> (1)우리는 한 마을에서 태어났다. (2) 우리는 항상 단짝으로 붙어 다녔다. (3) 그는 내가 힘들어 할 때는 언제나 나를 위로해 주었다. (4) 그는 5학년 때, 전학을 갔다. (5) 나는 그 이후로 그의 소식을 알 수 없다. ----> 나는 그를 그리워한다.

3. 중심 내용 파악하는데 도움이 될 활동

- 문단의 구성 원리를 알자
- 중심 내용의 위치를 알자(중심 문장 찾기)
- 중심 문장 찾아 밑줄 긋기
- 표지어(signal word)에 주의를 기울이도록 하자. 예를 들어, 비교하

면, 이와 같이, 요약하면, 가장 중요한 말 등과 같이 단서가 될 만한 내용에 주의하며 읽도록 하는 것이 좋다. 요약하며나, 가장 중요한 말과 같은 말이 나오면 그 다음 내용이 중심 내용이 될 가능성이 높음을 알자. 그리고 예를 들어, 한 예로와 같은 말 다음에 나오는 내용은 중심 내용이 될 수 없다는 점을 인식하자.

- 글 구조도를 만들어 보자. 흔히 문단 나누기 지도를 하는 것처럼 글의 짜임을 그림으로 나타내 보는 활동을 많이 해 보자. 이때 시간 순서로 되어 있는 글, 비교 대조로 된 글, 원인과 결과, 문제와 해결 형태로 된 글 등이 있을 텐데, 그 조직 패턴에 따라 그림의 형태를 달리하도록 하자. 구조도를 만들면 글의 전체적인 조직 방식을 이해함으로써 글을 전체적으로 이해하는 데 도움이 된다. 그리고 다음에 글을 읽을 때에도 글의 전체적인 조직 방식을 고려하며 읽게 되는데, 이것을 알게 되면 일반적으로 읽을 글의 내용을 좀 더 많이 회상, 기억하게 되고, 글의 줄거리와 주제를 좀 더 잘 이해하게 된다.
- 몇몇 단어를 제시하고 그것의 중심 내용을 파악하는 활동, 아니면 반대로 범주로 주고 그 범주에 속하는 단어를 열거해 보는 활동, 여러 가지를 열거해 놓고 관련 없는 것을 찾아보는 활동 등을 해 본다. 이런 활동을 통해 학생들은 중심 내용이 무엇인지를 어느 정도 파악할 수 있다.
- 시각화 활동을 많이 하자(손 그리기 활동 / 중심 생각 수레바퀴).

토론과 글쓰기

문 성 화

1. 토의와 토론

토의(discussion)는 어떤 문제에 대한 협의나 합의를 전제로 해당 문제에 대해 의견을 내고 검토하는 과정을 말한다. 오늘날에는 평화적인 문제 해결과 민주적인 문제 해결을 위해서 토의의 중요성이 매우 부각되고 있다. 이에 반해 토론(debate)은 어떤 문제의 해결 과정이 찬성과 반대의 의견으로 나누어 질 수가 있어서 의견이 대립하는 가운데 서로의 의견에 대해 비평과 비판을 거치는 가운데 결론을 도출해 나가는 과정을 말한다.

예를 들어, 다음과 같은 논점 가운데 어떤 것이 각각 토론과 토의 주제로 적합할까?

> 1. 이번 국회의원 선거에서 ○○○씨가 공천되었다. 선거 전략을 어떻게 수립하는 게 좋을까?
> 2. 이번 국회의원 선거에서 △△△지역구에 ○○○씨를 공천하는데 대해서 어떻게 생각합니까?

1번 주제는 국회의원 선거에서 ○○○씨의 공천에 대해 찬성한다거나 반대한다는 내용의 주제가 아니다. 물론 구체적인 사안에 대해서는 찬반 의견이 대두될 수도 있다. 그러나 그 때도 가장 좋은 선거 전략을 수립하기 위해서 관계자들이 모여 의견을 주고받는 과정에 해당되고, 그에 따른 결과를 협의에 의해서 도출하는 것이 일반적이므로 토의 주제에 해당된다. 선거 전략으로는 여러 가지가 제시될 수 있고, 그 가운데 채택해야할 것은 무엇이고 채택된 전략을 구체적으로 어떻게 실행에 옮길 것인가에 대해 의견이 분분할 수가 있지만, 최종적으로 협의된 사항을 도출하는 데에는 큰 문제가 발생하지 않는다. 그 까닭은 토의에서는 참가자들이 묵시적으로 자신의 생각만을 고집하지 않고 동일한 결론에 이르고자 하는 생각을 가지고 임하기 때문이다. 따라서 선거 전략은 가장 중점을 두어야 할 사항부터 비중이 낮다고 할 수 있는 순서로 수립될 것이다.

하지만 토론은 끝내 결론에 이르지 못할 수도 있다. 위의 예 2번처럼 묻는 경우, ○○○씨의 공천에 대해 찬성하는 사람과 반대하는 사람으로 나뉘어 질 수 있다. 물론 실제의 심사에서는 어떤 결론이 도출될지 모른다. 찬성측이 찬성에 대한 몇 가지 근거(이유)를 제시하여 반대측을 설득할 수도 있을 것이고 반대측이 더욱 논리적으로 설득력 있는 논변(근거)을 전개해서 ○○○씨를 낙마시킬 수도 있다. 하지만 끝내 합의에 실패할 경우에는 전혀 다른 제3의 인물이 공천될 수도 있다. 바로 이 때문에 대안 없는 비판에 근거를 둔 토론은 끝내 결론을 도출하지 못할 수도 있다.

그렇다면 토론에는 반드시 어떤 결론이 내려져야 하는 것일까? 다시 말해서 토론의 결과는 반드시 승부의 세계처럼 승패가 있어야 하는 것일까? 대답은 "그럴 수도 있고 그렇지 않을 수도 있다"이다. "그럴 수도 있다"의 경우는 토론 대회가 좋은 예가 된다. 토론 대회에서는 목소리가 크다고 이기는 것도 아니고 자신의 주장에 심정적으로 동조하는 사람이 많다고 해서 이기는 것이 아니다. 그 까닭은 토론 대회가 논리 게임이기 때문이다. 논리 게임은 특정한 주제에 대해 오류가 없는 전제(근거)를 통해서 필연적으로 도출되는 결론을 주장함으로써 상대편의 주장을 비판하고 자기편의 주장을 관철시키는 게임이다. 여기서는 각각의 주장이 상반될지라도 모두의 주장이 논리적 오류가 없고 참인 전제로부터 참인 결론에 이른 것일 수가 있다. 그러므로 비록 토론 대회라고 할지라도 "어떻게 하면 상대를 이길 수 있을 까?"라는 생각만 하기 보다는, 궁극적으로 합리적 해결책을 찾는 것이 가장 중요하기 때문에, 상대의 의견과 주장에 오류와 모순이 없고 타당할 때에는 수용하는 태도를 보이는 것이 바람직하다. 이 점이 토론의 가장 중요한 목적이다.

2. 토론의 기초와 기능

1) 토론의 기초 - 듣기와 말하기

토론의 목적은 상대와 대결하기 위한 것도 아니고 상대에게 감정적으로 승리하기 위한 것도 아니다. 토론은 무엇보다 주제에 대해 생각과 주장이 다른 상대가 없으면 불가능하다. 다시 말하면 토론에 임하는 사람들은 상대의 주장을 경청하는 자세를 반드시 가져야 한다. 토론은 말하기로 진행되는 데, 서로가 서로의 주장을 경청하지 않으면 토론은 애초에 불가능하기 때문이다. 상대의 주장을 경청한다는 말은 효과적으로 듣는다는 말이며, 효과적으로 듣는다는 말은 상대의 주장이 내용적・논리적으로 충분히 타당한지를 가려서 듣는다는 말이며, 만일 내용적・논리적으로 모순과 오류를 포함하고 있을 경우에는 그것을 지적해줌으로써 상대의 생각을 바로 잡아줄 수도 있고 자신의 주장을 펼칠 수도 있다. 이것이 토론에 임하는 올바른 자세이며. 이 때 상호 의사소통(communication)이 가능해진다.

비록 특정한 주제에 대해 서로 다른 주장을 하는 가운데 결론, 즉 해결책이나 합의점을 찾으려고 하는 것이 토론이라고 할지라도, 토론도 엄연히 의사소통의 한 과정이다. 그러나 엄밀하게 말하면 참된 의사소통이란 그렇게 쉬운 게 아니다. 의사소통을 위해서는 최소한 세 가지가 갖추어져야 하는데 말을 하는 사람과 듣는 사람 그리고 의사소통의 수단이 그것이다. 소피스트 가운데 한 사람인 고르기아스(Gorgias)는 "이 세상에는 아무것도 존재하지 않는다. 존재한다고 하더라도 인식할 수 없다. 인식한다고 하더라도 전달할 수 없다."고 말했다. 여기서 우리는 마지막 주장을 숙고해 볼 필요가 있다.

"인식한다고 하더라도 전달 할 수 없다."는 말은 참된 의사소통이 불가능하다는 말이다. 예를 들어, 내가 누군가에게 '책'이라고 말한다고 해서 화자(話者)인 내가 생각하는 책과 청자(聽者)인 다른 사람이 책이 같으리라는 보장은 전혀 없다. 설령 내가 직접 어떤 책을 보여주면서 '이 책'이라고 구체적으로 말할지라도, '이 책'의 어떤 내용 또는 어떤 부분을 염두에 두고 말하는지도 분명하지가 않다. 따라서 완전한 전달이란 사실상 불가능한 것이 된다. 이렇게 보면 우리는 참된 의사소통이 얼마나 어려운지를 충분히 짐작할 수가 있다.

더구나 토론에 임하는 자세는 처음부터 자신도 모르게 대립적 의식을 가지기 쉽기 때문에, 동일한 말일지라도 상대의 의견이나 주장을 곡해(曲解)해서 들을 가능성이 매우 크다. 이 말은 곧 '잘 못 듣는 것'이다. 듣기를 제대로 하지 못하면 자칫 '말꼬투리 잡기'라는 오류를 범할 수가 있으며, 논리적 논박이 아니라 감정적 대립으로 흐를 가능성이 크다. 물론 상대가 얼마든지 말실수를 할 수 있다. 토론에서 상대의 말실수를 지적하는 것은 잘못이 아니지만, 그 실수가 자신의 주장을 정당화시켜주지는 않는다. 다시 말해서, 상대의 입장이나 관점을 존중해 주는 마음을 가지고 상대가 말실수를 했을 때는 질문을 통해서 바로 잡는 것이 토론의 바람직한 자세라는 말이다. 그러기 위해서는 "남의 말을 귀 기울여 잘 듣되, 그 내용을 비판적으로 수용할 수 있어야 한다. 말하는 내용이 주제에 합당한가, 논리적으로 타당한가, 진실성이 있는가, 실현가능한 것인가, 그보다 더 좋은 의견은 없는가 등을 따져 가며 들어야 한다는 것이다."[1] 이러한 자세가 바로 '제대로 듣기'이다. 토론에 임하는 서로가 상대의 말에 귀를 기울이고 정확하게 이해할 때 상대의 의도를 정확하게 파악하게 될 것이며, 이의 결과로써 토론의 본래 목적인 합리적인 결론이 도출될 것이다. 다시 한번 강조해 두어야 할 점은 토론이란 승패를 결정짓는 게임이 아니라는 사실이다.

결국 잘 듣는다는 것은 잘 말한다는 것과 직결된다. 토론에 임하면서 상대의 말을 듣지도 않은 채 오직 자신의 주장만을 펼친다면 그것은 이미 토론이 아니다. 이러한 자세는 상명하복(上命下服)의 명령체계에서나 통용될 일이다. 사람들은 흔히 "침묵은 금이다. 입을 다물면 최소한 2등은 한다."고 말한다. 대부분의 사적인 자리에서는 그러한 경우가 많다. 사적인 만남은 서로의 친밀도가 높은 경우가 많고, 그렇지 않을지라도 더 가까워지기 위해서 말, 즉 대화를 많이 나누는 경우가 많다. 사적인 자리에서 대화가 없다는 것은 대체로 친밀도를 높이고 싶은

---

1) 전영우 지음, 『토론을 잘 하는 법』, 거름 2003, 53 쪽.

마음이 없다는 반증이기도 하기 때문에, 사람들은 적어도 함께 있을 때에는 말을 많이 하는 편이다. 하지만 말이 많으면 실수를 범할 가능성도 그 만큼 커지는 법이다. 그 만큼 친밀도가 높기 때문에 서로에 대한 긴장이 풀어지고, 긴장이 풀어지면 실수를 할 가능성도 높아지기 때문에 사적인 자리에서는 될 수 있는 한 말이 적은 게 낫다.

하지만 토론은 공적인 자리이며, 공적인 자리는 감정에 이끌리기보다는 참여한 모든 사람들이 최대한 이성적이고 합리적으로 모든 것을 처리하려고 한다. 공적인 모임에서 어떤 주제가 주어졌을 때 침묵한다면, 그 사람은 결국 자신의 주장은 전혀 펼치지 못한 채 남들이 결정한 대로 따라 갈 수밖에 없을 것이다. 말하자면 공적인 모임에서는 어떤 주제가 주어졌을 때 구성원들이 그 주제에 대해 최대한 합리적으로 접근하고자 노력하며, 그런 경우에도 자신의 주장을 펼치지 못한다면 그 사람은 토론에서 완전히 배제되는 것과 마찬가지라는 말이다. 따라서 그런 사람의 주장이나 의견이 반영될 리는 만무할 것이다.

그러면 어떻게 말해야 할 것인가? 토론은 말하기이며 토론이 시작되기 이전에 주제가 먼저 주어진다. 즉, 토론에 임하는 사람들은 토론의 주제를 미리 알게 된다는 말이다. 그렇기 때문에 토론에서 자신의 생각을 말로써 (잘) 표현하기 위해서는 사전에 말할 내용을 준비하고 계획을 세워야 한다. 말할 내용이란 주제에 대한 자신의 분명한 입장을 말하는데, 먼저 (찬반 토론의 경우에는) 주어진 주제에 대해 자신은 찬성의 입장인지 반대의 입장인지를 결정해야 한다. 입장이 결정되었다면 무엇을 주장할 것인지를 정리하고 주장을 뒷받침해줄 근거를 정리한다. 토론에서는 반론과 질문, 재반론 등이 계속될 것이기 때문에, 그때마다 답변 또는 재반론을 할 수 있도록 자료를 준비해야 한다. 주장이 정리되고 근거가 확보되었다면, 토론에 참여했을 때 (자신과 대립되는 의견을 가진 사람이 누구인지를 미리 알 수 있을 경우) 누구에게 무엇을 어떻게 말할 것인가를 생각하고 계획을 수립한다.

2) 토론의 기능

인간은 사회적 동물이다. 가끔 타인과의 관계를 끊고 혼자서 살아가는 사람도 있지만, 사회생활을 하려면 기본적으로 다른 사람들과 대화를 나누어야 하고, 다른 사람들과 함께 어떤 일을 추진하려면 의견이 맞지 않아서 서로 충돌하는 일도 생긴다. 그 뿐만 아니라 현대 사회는 인터넷이라는 On-Line 상의 만남의 장을 Off-Line으로 확장시키기도 하기 때문에 많은 만남이 이루어지고 있으며, 이러한 만남들 속에는 토론의 문화가 꽃피기도 한다. 그리고 활발한 토론문화는 건전한 민주사회를 이끌기도 한다. 토론은 이성과 합리성 그리고 논리성에 바탕을 둔 말하기이기 때문에, 건전한 토론문화는 참여자들로 하여금 건전한 정신과 건전한 비판의식을 갖게 해주며, 더 나아가서는 합리적인 표현능력을 길러주기도 한다. 말하자면 토론은 단순히 발표력만을 길러주는 것이 아니라 우리 사회를 민주적이고 합리적이며 상식이 통하는 사회로 만들어주는 기능을 수행한다.

대부분의 사람은 리더가 되고 싶어 한다. 우리나라 학생들은 초등학교 시절에 이미 학급의 회장이 학급의 리더라는 사실을 경험하며 자란다. 한번쯤 리더를 경험했거나 아니면 비록 직접 경험은 해보지 않았더라도 리더의 모습을 보면서 자라온 사람들이라면 누구나 자신이 현재 속한 사회에서 평범한 구성원으로 남기 보다는 리더가 되고 싶은 마음을 가지고 있을 것이다. 이처럼 리더가 되고 싶은 사람은 많은 토론을 경험하는 것이 좋다. 자신이 속한 집단에서 어떤 난제(難題)가 발생했을 때 모두가 토론에 참여한 가운데에서 자신이 합리적인 의견을 개진하여 문제를 해결한다면, 그러한 경험만으로도 그에게는 커다란 리더십이 생기는 것이다. 한번의 경험은 또 다른 경험을 가능하게 하며, 그러한 경험이 축적되면 그는 훌륭한 리더가 될 것이다. 문제해결 능력이 탁월한 사람은 자연스럽게 리더가 될 수 있다.

또한 토론에 적극 참여하다보면 자신의 언어 표현 능력도 덩달아 향상된다는 것을 누구나 느끼게 될 것이다. 이와 관련하여 그러한 사람이 자연스럽게 준비하는 것은 자신의 생각을 합리적으로 펼치기 위하여 많은 자료를 준비하고 분석하여 체계를 세우는 일이 된다. 따라서 자료를 조사하고 분석하는 비판적 사고능력이 길러지는 것도 토론의 기능에 속한다고 할 수 있다. 그 뿐만 아니라 더욱 철저하게 토론에 대비하려는 마음이 들 때면 다방면에 걸친 연구—이 자체가 이미 다양한 공부이다—를 수행하게 될 것이고, 자신과 대립될 수 있는 상대편의 주장을 미리 추측하여 대비함과 더불어 상대편이라면 자신의 주장을 어떻게 받아들일까를 고려하다보면 상대의 입장을 충분히 헤아릴 수 있는 능력도 길러지게 된다. 결국 토론은 단순한 경쟁이 아니라 합리적이고 비판적이지만 구성원 모두가 함께 공동의 목표를 향해 나아가도록 하는 긍정적 요소를 갖추고 있기 때문에 민주적 사회의 발전을 위해서는 반드시 필요한 문화이다.

3. 토론의 실제

1) 논제 정하기

인간은 일상생활에서 수많은 경험을 한다. 그리고 자신의 경험이나 생각에 대해주변 사람들과 이야기를 나누며 살아간다. 그 가운데 때로는 장점과 단점이 너무나 뚜렷하게 대비되어서 쉽게 결론을 내리지 못하는 사안이 주제가 되기도 한다. 하지만 반드시 해결해야만 하는 것이라면 토론을 통해서 최대한 합리적인 결정을 내리는 것이 좋다. 이렇게 보면 토론을 통해 해결해야할 주제가 곧 논제(proposition)가 된다. 따라서 토론에서는 논제가 따로 정해져 있는 것이 아니며, 토론 학습을 위해서는 아래의 몇 가지 기준에 따라서 논제를 정할 수가 있다.

① 논제를 어떻게 정할 것인가?

1. 찬성과 반대가 뚜렷하게 대비되는 문제: 쟁점의 명료성
2. 현실에서 많이 논란되고 있는 문제: 쟁점의 현실성
3. 개인의 문제가 아닌 사회적인 문제: 쟁점의 객관성

토론을 위한 논제를 정할 때에는 토론 참여자들이 분명한 의견을 표현하기에 좋은 주제를 선택한다. 토론은 언쟁을 벌이려는 것이 아니라 논쟁을 통해서 최선의 결론을 이끌어내는 것이다. 그러기 위해서는 우선 특정한 사안에 대한 사람들의 생각이 찬성과 반대로 분명하게 나누어지는 문제가 좋다. 특히 토론을 연습하는 과정이라면 더욱 그러하다. 예를 들어, "*낙태는 허용되어야 한다.*"는 주제는—물론 "성폭행에 의한 것은 예외로 한다." 등을 전제할 수 있다—제3의 중립적인 입장을 가지는 사람들이 거의 없을 정도로 찬성과 반대가 분명하기 때문에 논제로 적합하다고 할 수 있다.

다음으로는, 현실에서 끊임없이 논란되고 있는 문제가 토론의 주제로 적합하다. 반드시 해결되어야 하는 문제이지만 해결책이 제시되지 못하고 있는 문제는 사람들의 관심 속에 있게 마련이며, 약간의 생각이라도 하며 살아가는 사람들이라면 그러한 문제에 대한 자신의 입장을 가지고 있을 것이다. 하지만 내용과 형식의 좋고 나쁨을 떠나서 어떤 식으로든지 이미 결정된 사안이라면 사람들의 관심을 벗어난 상태이기 때문에 토론 주제로는 적합하지 않다. 예를 들어, *"새만금 간척 사업, 계속할 것인가 중단할 것인가?"*와 같은 주제는 지금은 사람들의 관심 밖 사안이 되어버렸다.

마지막으로, 이와 비슷한 기준으로 적용될 수 있는 것으로써 쟁점의 객관성을 들 수 있다. 지극히 개인적이고 주관적인 내용을 포함하고 있는 문제들은 객관성을 보장하지 못하기 때문에 공적인 참여의 장인 토론의 장에서는 배제되어야 한다. 이러한 문제들은 개인적인 상담을 통해서 해결되는 것이 바람직하며, 따라서 토론의 주제는 개인적인 문제가 아닌, 해결을 요구하는 공적인 성격을 띤 문제가 적합하다. 예를 들면, *"대통령과 국회의원도 정년이 있어야 하는가?"*라는 주제는 그들이 국민의 손에 의해 직접 선출되는 자들이기 때문에 매우 객관적인 쟁점을 갖는다고 할 수 있다.

② 어떤 유형의 논제가 좋은가?

우리 사회에는 수많은 문제가 존재하고, 이로 인해 갈등이 끊임없이 분출되고 있지만 해결책이 요원한 것이 너무나 많이 있다. 예를 들면, 당장 요즈음 문제가 되고 있는 '사형제도'나 '한반도 대운하 사업' 또는 '태안 앞바다 기름 유출 사고 책임' 등은 모두가 결렬한 논쟁을 불러일으키고 있는 사안들이다. 사형제도는 존폐의 문제로 다시 뜨겁게 달아오르고 있고, 한반도 대운하 사업은 아직 시행은 되지 않고 있지만 대통령 선거 공약으로 인해 경제성과 환경·문화재 등에 커다란 영향을 준다는 점에서 찬반양론이 분분하며, 태안 앞바다 기름 유출 사고는 책임의 공방이 법정에 가서나 가려질 전망이다. 이러한 모든 것은 토론의 주제가 되는 논제로서 아주 적합한 것들이다.

다시 한번 살펴보면, 사형제도 존폐의 문제—'낙태 허용'이나 '안락사 허용' 등의 문제도 마찬가지로—는 우리 사회에 극악무도한 흉악범에 대해서 는 최고의 형벌인 사형선고와 더불어 사형집행으로 다스려야 한다고 주장하는 쪽과 만일 그렇게 된다면 만에 하나 억울한 죽음이 나오지 말라는 법이 없을 뿐만 아니라—우리의 현대사에서 실제로 그러한 일이 있었다—사형 집행관 또한 인간이라는 점에서 인간이 인간을 죽이는—비록 법의 명령에 의한 것일지라도 이 또한 살인이라고 한다면—결과이기 때문에 사형제도는 폐지되어야 한다고 주장하는 쪽이 서로 팽팽하게 맞서고 있다. 즉, 사형수도 한 사람의 인간으로서 인권을 존중해주어야 한다는 측면과 사형수는 이미 인간이기를 포기한 존재이기 때문에 인권을 논할 가치가 없다는 측면이다. 이처럼 어떤 가치가 더 중요한가를 논할 수 있는 문제는 논제의 유형으로 아주 적합하다. 이 같은 유형을 우리는 '*도덕적·윤리적 가치를 다루는 논제유형*'이라고 할 수 있다.

또한 이미 법원에서 판결을 내린 사안이긴 하지만, 우리 사회에서 끊임없는 논란을 불러일으킨 '천성산 터널' 건설문제, '새만금 간척사업' 등은 찬반양론이 너무나 팽팽해서 대법원에 가서야 법적으로 해결된 문제들이었다. 물론 법적인 해결과 윤리적인 해결이 다르긴 하지만, 우리는 사회의 전반적인 갈등을 윤리적으로 해결할 수 없을 때는 법에 의존할 수밖에 없는 실정이다. 윤리적인 해결이란 해당 사업의 세부 내용을 경제적·(환경)윤리적 등으로 상세하게 연구하고 고려하여 최대한 선(善)의 방향으로 해결책을 찾고자 하는 것이다. 그러기 위해서 사람들은 토론을 하는 것이며, 이러한 경우에는 사업의 경제적 측면을 중시하는 사람들도 있을 것이고 (환경)윤리적 측면이 더 중요하다고 주장하는 사람들도 있게 마련이다. 그리고 우리 사회에서 현재도 여전히 논란의 중심에 있는 '대북 (햇볕)정책', '한반도 대운하 건설' 문제 등은 반드시 해결되어야 할 정책들이다. 만일 특정한 정책을 아무런 사회적 합의도 없이 물리력을 동원하여 수립하려 한다면 그 사회는 큰 혼란과 갈등에 빠져들 것이기 때문에 토론을 통한 합리적인 해결책—물론 이때도 윤리적인 측면은 도외시될 수 있다—을 모색하는 것이 가장 바람직하다. 따라서 사회 구성원들로 하여금 대립과 갈등에 빠지게 하는 사업이나 정책 등은 좋은 토론거리이며, 이와 같은 *'정부의 정책 또는 사업을 다루는 논제유형'*은 토론의 논제로 적합한 유형이다.

얼마 전 서해안 태안 앞바다에 12,547kℓ의 기름이 유출되는 사고가 발생하여 지금도 그 책임을 둘러싼 공방은 끝이 난 상황이 아니다. 이 문제 역시 위에서 다룬 '사형제도 존폐 문제'처럼 법정에 가서야 잘·잘못이 제대로 가려질 전망이지만—따라서 잘못을 인정하고 하지 않고는 가치의 문제로도 볼 수 있다—중요한 문제는 사실관계를 정확하게 밝히는 일이다. 이러한 문제를 해결하려면 객관적이고 과학적인 조사와 수사가 필수적이다. 하지만 '태안 앞바다 기름 유출 사고'에 따른 주민들의 피해는 객관적이고 과학적으로 밝히기가 매우 어렵다. 바다를 생활의 터전으로 삼고 살아가는 어민들은 당연히 직접적인 피해자에 해당되지만 예를 들어, 횟집이나 음식점 또는 숙박업을 하며 살아가는 사람들은 적어도 직접적인 피해자라고 하기에는 근거가 미약한 것도 사실이다. 그렇다고 그들이 피해자가 아니라고 할 수도 없다. 왜냐하면 어떤 지역이든지 외지에서 찾아오는 사람들이 있게 마련이고, 그들은 먹을 것과 잠자리를 해결하기 위하여 음식점과 숙박업소를 찾을게 당연한데, 기름으로 인해 오염된 지역이라는 인식이 퍼지면서 외지에서 찾는 이들이 없어지면서 그들의 생계는 막막해졌기 때문이다. 따라서 이러한 문제에 대한 가장 합리적인 해결책을 찾기 위해서는 가장 신뢰할 수 있는 객관적인 증거와 자료를 근거로 제시함으로써 피해액을 산출하는 방법이 될 것이다. 이때 제시될 수 있는 증거나 자료로는 예를 들면, 평상시의 한달 수입을 증명할 수 있는 국세청 자료—피해 당사자들이 평소에 정직하게 국세청에 신고를 했다면 전혀 문제되지 않을 것이다—와 오염 피해 이후의 수입 자료 등이 될 것이다. 우리는 과거의 역사 속에서 진실이 왜곡된 이와 유사한 사실관계를 많이 찾아 볼 수 있다. "우리가 배워온 '1492년 콜럼버스의 신대륙 발견'은 진정으로 신대륙 발견이 맞는가?", "1960년 5월 16일 일단의 군인들이 일으킨 사건은 쿠데타인가 혁명인가?" 또는 쉬운 예로 "술은 건강에 해로운가?" 등의 사실은 계속해서 논란되고 있는 문제들이다. 우리는 이러한 논제를 '*사실(관계)을 다루는 논제유형*'이라고 할 수 있다.

이제 토론에 적합한 논제의 유형을 다음과 같이 간단하게 정리할 수 있다.

1. 도덕적·윤리적 가치를 다루는 논제유형
2. 정부의 정책 또는 사업을 다루는 논제유형
3. 사실(관계)을 다루는 논제유형

2) 논제를 어떻게 분석할 것인가?

이제 토론을 위한 논제가 정해졌다면 논제를 분석해야 한다. 논제를 분석하는 일은 특정 논제를 둘러싼 토론을 행하는 원인을 찾는 일이다.

1. 논제에 표현된 용어의 정확한 정의와 적용 범위 규정 2. 논제의 현실적 배경과 중요성 등 파악 3. 논제가 다루고자 하는 문제의 본질 파악

토론을 행하는 이유는 가장 합리적인 합의점이나 해결책 등을 결과로써 도출하기 위해서이다. 모든 결과는 원인이 있게 마련이기 때문에 토론에 임하는 사람이 논제를 제대로 분석한다면 그로부터 해결책도 찾을 수 있을 것이며, 자신의 주장이 결론으로 채택된다면 자신이 분석하여 제시한 논거는 결론에 대한 논리적 원인이 되는 것이다. 즉, 논제 분석과 도출된 결론 사이에는 논리적 인과관계가 성립한다는 말이다. 이를 위해 몇 가지 고려되어야 할 사항은 다음과 같다.

우선 논제에서 사용된 용어를 정확하게 정의해야 한다. 예를 들어, 우리 사회에서 여전히 명확한 결론을 도출하지 못하고 있는 "양심적 병역 거부는 인정되어야 하는가?"와 같은 논제는 언뜻 토론거리로 좋아 보이지만 사실은 그렇지 않다. 그 까닭은 '양심적'이라는 용어가 누구나 공감할 수 있게 정확하게 정의되기 어렵다는 점 때문이다. 따라서 이 논제의 해결책은 '양심적'이라는 용어를 어떻게 정의하는가에 달려 있다고 해도 과언이 아니다. 가치에 관련된 논제가 아무리 토론의 논제로 적합할지라도 논제에 사용된 용어가 '추상적'이고 '관념적'이면 그 토론은 출발부터 매끄럽게 진행되지 못한다. 따라서 이러한 논제는 병역 거부라는 행위와 관련된 '양심'을 먼저 정의하지 않으면 안 되며, '양심적 병역 거부'를 인정하느냐 하지 않느냐는 그 다음에 해결해야 할 문제이다.

우리가 일상적으로 '양심'이라는 말을 많이 사용하긴 하지만 용어가

가지고 있는 추상성으로 인해 정확하게 정의내리기 힘들지라도, 적어도 위의 논제에 국한해서는 "양심의 범위나 의미를 여기까지 적용하자"는 합의가 토론을 통해 도출되었다면, "그에 따른 병역 거부를 인정해야 하는가?"의 문제는 그 다음 토론거리이다. 이때는 우리 국민 가운데 남자라면 모두가 반드시 져야할 의무인 '병역의무'의 본질과 목적, 현실적 중요성이나 병역 거부의 다른 실태 그리고 (양심적 병역 거부라고 주장하는) 병역 거부 자들의 현실적인 생활과 삶 등을 토론 참여자들이 정확하게 파악하고 있어야 한다—물론 이러한 사항은 논제를 분석한 이후에 해야 할 일일 수도 있다. 만일 이러한 분석이 없이 토론에 임한다면, 그런 사람은 논제의 문제점을 파악하지 못하고 있는 것과 마찬가지이며, 문제점을 모른다면 당연히 해결책을 제시하지 못하게 될 것이다.

논제에서 표현되고 있는 용어의 정확한 적용범위를 살피는 것도 논제를 분석할 때 필요한 점이다. 예를 들면, "낙태는 허용되어야 하는가?"라는 논제는 낙태의 적용 범위와 그에 따른 허용 여부를 토론 시작 이전에 미리 정해놓지 않으면 토론이 진행되는 도중에 그로 인한 혼란이 일어날 수 있다. 물론 모든 임신에 대해서도 이 논제를 적용할 수는 있지만, 그렇게 되면 성폭행에 의한 임신 또는 미성년자의 임신 등 너무나 많은 문제를 다루어야 할 것이기 때문에 토론 자체가 아예 불가능해질 수도 있다. 그렇기 때문에 '낙태'라는 큰 범주를 다루더라도 세부적으로는 범위를 좁혀서 가령 "성폭행에 의한 임신은 예외로 한다."는 등의 규정으로 제한을 하면 훨씬 원활한 토론을 진행할 수 있다.

3) 논점을 어떻게 정리할 것인가?

논제를 분석했다면 다음으로는 토론을 통해 드러날 논점을 분석하고 정리해야 한다. 이것은 논술을 하기 위하여 논제를 분석했다면, 그 다음으로 개요를 작성하는 것과 마찬가지 작업이다. 앞에서도 말했지만 논제는 찬반양론으로 분명하게 나뉠 수 있는 것이 좋으며, 이에 따라서 자신이 어느 한쪽 주장을 하게 되면 반드시 반대편의 주장도 있게 마련이기 때문에 그러한 점까지도 예상하여 논점을 정리하고 분류해야 한다. 그러나 처음부터 모든 순서에 맞게 정리하고 분류할 필요는 없다. 이때도 논술의 개요를 작성할 때처럼 Brainstorming이 필요하다.

Brainstorming의 목적은 논제와 관련하여 생각할 수 있는 다양한 견해를 모으는 데 있다. 이 과정에서는 다음과 같은 순서를 따를 필요가 있다. 첫째, 처음부터 완벽을 기할 생각을 버리고 논제를 분석하면서 정리된 내용과 관련지을 수 있는 것이라면 무엇이든 적어두도록 하자. 둘째, 이렇게 모아진 다양한 견해나 아이디어, 여러 관점들을 논제의 분석과 관련하여 중요성의 정도에 따라 순서대로 분류하고 필요 없는 내용은 삭제한다. 셋째, 중요성의 정도에 따라 분류하라는 말이 곧바로 논리성을 갖는다는 말은 아니기 때문에, 이제 마지막으로 논리적으로 분석하고 정리하는 작업을 해야 한다. 논술에서도 주장을 두괄식 형식으로 먼저 펼치면 자신의 생각을 처음부터 분명하게 전달할 수 있어서 좋듯이, 토론에서는 처음부터 논제에 대한 찬성 또는 반대의 견해가 분명한 상태에서 출발하기 때문에 논리적 순서는 주장을 먼저하고 뒤이어 주장을 뒷받침하는 근거, 즉 논거를 제시하는 순서로 한다. (이 부분은 '토론 개요 · 전략서 작성' 부분에 가서 좀더 상세하게 설명하도록 하겠다.)

4) 토론 개요·전략서 작성

토론 개요 · 전략서 (작성자:)		
1	논 제	
2	입론 (자신 또는 자기 팀의 주장)	
	주장근거 1	
	주장근거 2	
	주장근거 3	
3	예상되는 질문과 반론 1	
	예상되는 질문과 반론 2	
4	예상 질문과 반론에 대한 예상 답변과 대비책	
5	상대팀의 주장	
	상대팀의 주장근거 1	
	상대팀의 주장근거 2	
	상대팀의 주장근거 3	

6	상대팀 주장의 문제점	
	상대팀 주장에 대한 반론과 근거	

지금까지 논제를 분석하고 논점을 정리한 것은 토론을 위한 기본적인 요건을 살펴보고 준비하는 단계였다. 이를 바탕으로 이제는 토론 개요서 또는 전략서를 작성해봄으로써 본격적으로 토론을 준비하는 과정으로 들어가도록 하자.

① 자료 수집과 조사, 연구하기

논제의 유형에 따라 수집해야할 자료나 조사, 연구방법이 조금씩은 다르겠지만, 기본적으로는 같다고 해야 한다. 위에서 우리는 논제의 유형을 각각 '*도덕적 · 윤리적 가치를 다루는 논제유형*'과 '*정부의 정책 또는 사업을 다루는 논제유형*' 그리고 '*사실(관계)을 다루는 논제유형*'으로 나누어 보았다. 어떤 유형의 논제일지라도 그리고 논제에 따라 찬성하거나 반대를 하지라도 각각의 유형과 주장에 따른 실례는 과거의 역사와 현실에서 얼마든지 찾을 수 있다. 실례는 주장을 뒷받침해주는 근거가 되며 근거는 많으면 많을수록 좋다. 특히 증거를 위해서 제출되는 근거라면 반드시 증명되어야 한다. 그러기 위해서는 객관적이고 과학적으로 증명된 자료를 근거로써 수집해야 한다. 하지만 수집한 근거가 토론의 논제와 비슷한 경우에 사용되었을지라도 이전의 사례가 현재의 경우와 100% 동일할 수는 없으므로, 수집된 자료를 토론을 위하여 반드시 조사하고 연구해야 할 것이다.

예를 들면, 특정한 도덕적 · 윤리적 규범이 언제 어디서나 절대적으로 적용되어야 한다는 점에 모두가 동의할지라도 현실에서는 언제나 예외적인 경우가 발생하기 때문에, 이러한 경우에 대한 조사와 연구가 토론에 앞서서 반드시 선행되어야 한다. 정부의 정책을 다루는 논제일 경우에는 두말할 나위가 없다. '한반도 대운하 건설'을 예로 들어보면, 운하가 많은 나라에 건설되어 있다고 해서 다른 나라의 경우와 우리나라의 조건이 같을 수가 없기 때문에, 다른 나라의 사례가 우리나라에 동일하게 적용되어서는 안 된다. 그렇다면 가정과 추정을 전제로 수많은 조사와 연구가 선행되지 않은 채 토론에 임한다면, 그로부터 얻은 결론은 대재앙을 가져올 것이 불을 보듯 뻔하다. 왜냐하면 '한반도 대운하'는 건설되고 난 후에는 이미 돌이킬 수 없게 되기 때문이다.

'사실관계를 다루는 논제유형'도 마찬가지이다. 일어난 사건에 대한 참과 거짓의 문제는 사람의 목숨을 좌우할 수 있는 극단적인 경우도 있기 때문에 잘못된 자료를 바탕으로 거짓이 참으로 둔갑하여 결론을 내려버린다면 이 역시 돌이킬 수가 없어진다. 그러므로 토론에 임하는 사람들은 역사적 사명감을 가지고, 자신의 주장이 세상을 뒤집을 수 있다는 점을 명심하고 객관적이고 과학적이며 누구나가 공감할 수 있는 자료를 준비하여 증거로써 사용해야 한다. 그렇다고 하더라도 실험이나 조사, 관찰에 의한 연구는 귀납적 방법에 의존할 수밖에 없기 때문에, 그로부터 추론된 결과는 결코 100%를 보장하는 것이 아니라 최대한의 가능성을 인정하더라도 오류의 가능성도 함께 존재한다는 점을 전제해야 한다.

② 논증형식으로 구성하기와 표현력

토론을 위한 모든 자료의 준비가 끝났으면 이제 개요 · 전략서를 작성할 차례이다. 토론은 대개 "찬성 팀의 입론→반대 팀의 질문 또는 반론→반대 팀의 입론→찬성 팀의 질문 또는 반론"의 순서로 진행되며, 이후에는 사회자가 양 팀에 질문과 반론 답변과 재반론 등의 시간을 적절하게 배분하면서 결론을 이끌어내면서 마무리하게 된다. 입론을 찬성 팀이 먼저하는 까닭은 논제에 대해 반대의견이 없으면 굳이 토론을 해야 할 까닭이 없기 때문이다. 따라서 논제에 대해 긍정하는 팀이 먼저 입론을 하되 처음부터 모든 것을 설명하고 근거를 제시할 필요는 없다.

입론은 각 팀에서 주장하는 내용을 간략하면서도 명쾌하게 정리하여 발표하도록 하며, 주장을 뒷받침할 근거를 논리적 순서(시간적, 공간적 순서로 또는 원인과 결과의 순서로)에 따라 발표한다. 이와 동시에 준비해두어야 할 것은 상대 팀에서 제기할 가능성이 있는 질문이나 반론을 미리 예상한 답변과 대비책이다. 이것은 토론에 임하면서 상대 팀이 주장할 내용과 근거를 충분히 예상할 수 있기 때문에 그리 어려운 일이 아니다. 그렇다면 상대 팀의 주장을 예상하고 그에 대한 질문이나 반론도 준비할 수 있을 것이다. (☞ 이에 따른 개요 · 전략서 작성의 순서는 위의 표를 참고할 것)

토론이 진행되는 동안에는 많은 질문이 쏟아질 것이고 답변과 반론, 재반론이 오고갈 것이다. 이 과정에서는 피해야할 많은 오류가 등장할 수 있다. 오류는 어느 팀의 누구든지 범할 수 있는 것인데, 토론 도중에는 설령 오류를 곧 인정하고 바로 잡는다고 할지라도 중대한 실수를 범하는 것이기 때문에 처음부터 오류를 범하지 않도록 조심해야 한다. 다음은 토론이나 논술을 할 때 종종 범하기 쉬운 오류들이다. 토론과 논술에 임하는 사람들은 잘 익혀서 오류를 범하지 않도록 해야 할 것이다.

* 믿음에 호소: 일반적인 믿음을 인용함으로써 주장을 정당화하려는 오류의 가능성

☞ 모든 사람이 (많은 사람이, 대부분의 사회가, 남들이, 다수가) OO는 참이라고 생각하기 때문에 OO는 참이다. ← 다수결 원리의 문제점

☞ 문신을 한 사람은 모두가 폭력적이다.

☞ 의대에 진학하는 것이 철학과에 진학하는 것보다 더 낫다.

* 믿음의 결과에 호소: 믿음이나 불신의 결과에 호소함으로써 어떤 주장을 증명하려는 오류의 가능성

☞ 만일 우리가 OO를 참이라고 믿지 않으면 나쁜 결과가 발생할 것이기 때문에, OO를 수용해야 한다. (합리적이다. 신용할 만하다. 괜찮다.)

☞ 신은 분명히 존재한다. 왜냐하면 만일 우리 모두가 신이 존재하지 않는다고 믿는다면, 우리는 선행을 해야 할 이유가 없질 것이고, 그렇게 되면 세상은 완전히 지옥이 될 것이기 때문이다.

☞ 나는 대구에는 지난 번 인도네시아에서와 같은 진도의 지진이 일어날 것이라고 전혀 생각하지 않는다. 만일 우리가 그렇게 믿지 않는다면, 대구시민은 정상적인 생활을 누릴 수 없을 것이다.

* 허수아비 공격하기: 어떤 의견이나 주장을 왜곡하거나, 과장하거나, 오해하여 해석하고 공격하여, 그 주장이 반박되었다고 주장하는 것, 즉, 상대방의 논지를 제대로 파악하지 못한 채 그 허수아비를 공격하는 것.

☞ 너는 우리나라의 핵발전소가 폐기되어야 한다고 말한다. 나는 그 의견을 수용할 수 없다. 나는 도대체 네가 우리나라를 암흑 상태로 만들려는 이유를 이해할 수 없다.

☞ 개발반대 → 원시시대로의 회귀

* 거짓 딜레마: 전제 X와 Y 둘 가운데 하나는 참인데, Y가 참이 아니므로 X는 참이다. (실제로는 X와 Y 둘 다 거짓일수 있는 상황에서 말할 경우) ← 흑백논리, 여러 가능성 가운데 두 가지를 선택하여 그 중에서도 하나만을 강요하는 경우

☞ 짚신장수 아들과 나막신장수 아들을 둔 어머니의 낙관적 또는 비관적 관점

☞ 니가 죽든지 내가 죽든지

☞ 임금을 인상해 주겠습니까? 나를 해고 하겠습니까?

* 인신공격: 우리는 종종 어떤 사람을 우리가 좋아하지 않는 다는 이유로 그 사람이 하는 주장을 수용하기를 거부한다.

☞ 너는 거짓말쟁이(무식하기, 보수주의자, 부자가 되기 위하여)이기 때문에, 너의 논증을 받아들일 수 없다.

☞ 너는 "삶은 가치가 없다."고 하는 그 사람의 말을 절대로 믿어서는 안 돼! 그렇지 않다면 그는 왜 90세인 지금도 여전히 살아 있겠어?

* 협박술: 위협에 호소하는 경우

☞ 이라크에 파병하지 않으면 미군은 우리나라에 철수할 것이다.

☞ 공익광고: 안전벨트를 착용하지 않으면, 사고에서 살아남을 확률은 절반으로 줄어듭니다. ← 이것은 진술의 명료성과 신뢰의 측면에서 살펴보아야 한다.

☞ 평화의 댐을 건설하지 않으면 서울은 물바다가 될 것이다.

* 설득적 비교

☞ 결혼? 독신으로 살아도 문제는 없다. 그러나 할거라면 제대로 해야 한다. I am Duo.

☞ 그녀의 피부는 백옥 같다. ↔ 그녀는 마치 창백한 시체 같다.
☞ 돼지고기와 소고기 ↔ 남의 시체

* 완곡어법: 동일한 내용에 대한 표현의 차이
☞ 납세자의 세금 인상 ↔ 정부의 세입 증대

* 풍자
☞ 누군가가 당신에게 "그가 진실을 말하고 있느냐"고 물을 때, 당신이 "예, 지금은 요"라고 대답한다면?
☞ 당신의 추천서에 "그는 지금까지는 별 문제가 없었습니다."라고 쓰여 있다면?

* 복합질문
☞ 당신은 항상 그렇게 도박을 즐겼습니까?
☞ 이제는 네 친구를 때리지 않겠지?

* 고정관념: 어떤 집단 구성원들의 성격이나 특징을 너무 단순하게 일반화하는 오류
☞ '공산주의자들은, 우익들은, 좌빨들은, 양반들은, 기독교인들은…하다.', '여자가 말이야…', '그게 바로 철학의 병폐야'

* 말끝 흐리기
☞ 다음과 같은 광고가 있다고 하자.
[설문에 응한 200명의 국회의원들 가운데 150명은 모 대선 후보자가 원할 경우 신당 창당을 긍정적으로 평가했다.] 이 주장에는 말끝을

흐리는 부분이 두 군데 있다. 첫째 [설문에 응한]이라는 표현, 둘째 [모 대선 후보자가 함께 할 경우]라는 표현 → 이에 따라 다음과 같은 설문을 분석해 보자. [만일 당신은 모 대선 후보자가 당신과 함께하기를 원한다면, 신당 창당에 참여 하시겠습니까?

☞ 말끝을 흐리게 하는 낱말과 표현들: 혹시 어쩌면, 가능한 등; '…은 논의의 여지가 있다.', '…은 이유 있는 주장이다.', '누군가가 말했듯이…', '정통한 소식통에 따르면…', '모 연구결과에 따르면…'

* 피장파장의 오류

☞ 나는 너의 주장을 거부한다. 왜냐하면 네 스스로 자신의 주장이 거짓이라고 생각하는 것처럼 행동하기 때문이다.

☞ 저한테는 정직하라고 하시면서 아빠는 왜 맨 날 거짓말하세요?

☞ 날 더러 담배를 끊으라고? 의사인 너도 담배를 피우잖아!

5) 토론의 실행과 창의적 문제 해결

① 정책 토론식 모형

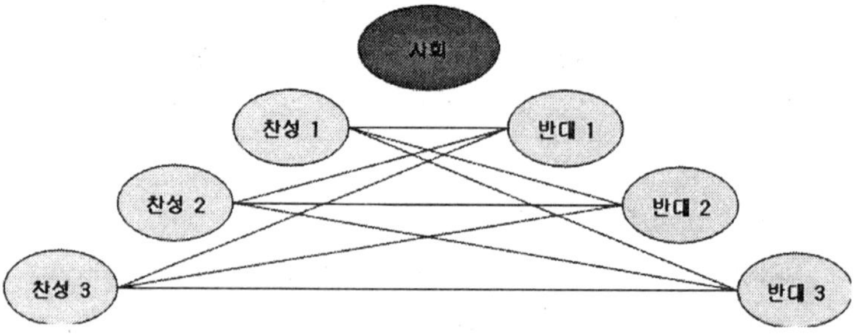

이제 토론을 직접 실행하는 단계에 접어들었다. 우리 사회에서 가장 논란이 되고 있고 따라서 반드시 활발하고 공정한 토론이 필요한 분야가 정부를 비롯하여 어떤 집단이 시행하고자 하는 정책이나 사업의 시행을 위한 문제이다. 이 토론을 위해서는 논제에 대해 찬성하는 측과 반대하는 측의 패널을 균형 있게 초청하여 처음부터 최대한 객관성을 보장하는 가운데 토론을 진행해야 한다. 사회자는 토론 중에 어느 한 쪽의 일방적인 주장과 반론을 적절히 조정하면서, 반론과 질문이 제기될 때에는 반드시 상대편에게 답변이나 재반론의 기회를 부여함으로써 방청객과 참여자들로 하여금 객관적인 평가를 내리도록 해야 한다. 이런 토론에서는 처음부터 끝까지 찬성과 반대의 주장이 평행선을 달리는 가운데 결국에는 아무런 결론도 내리지 못하고 시간만 낭비한 결과가 되기 쉽다. 그렇기 때문에 사회자는 토론 참여자들이 간과하는 사실의 객관성이나 논리적 오류, 잘못된 논거와 증거 등을 지적함으로써 해결책이나 대안을 모색하도록 유도해야 한다.

뿐만 아니라 토론 참여자들도 자신들의 주장에 모순이 없고 정당하다고 할지라도 상대편의 주장 또한 타당할 수가 있으므로, 자신들의 주장만을 고집하려는 자세를 버리고 모두가 공감할 수 있는 최선의 결론을 내리는 데에 힘을 모을 생각을 가지고 토론에 임해야 한다. 논제에 따라 다르겠지만 토론 자체가 찬반양론의 평행선을 달리도록 하는 "낙태는 허용되어야 하는가?"와 같은 논제—낙태를 둘러싼 일반적인 예외 조건은 제외하고—는 토론 참여자들이 '낙태'라는 결과에만 매달릴 때에는 해결책을 찾기가 어렵다. 모든 결과는 어떤 원인에 의해서 비롯된다. '낙태'라는 결과는 그 이전에 '임신'이라는 원인이 있기 때문에 문제가 되는 것이다. 그렇다면 문제의 해결은 결과가 아니라 원인을 어떻게 제거하느냐에 달려있다. 그런데 '임신'이라는 원인은 인간 사회에서 제거될 수도 없고 제거되어서도 안 되는 원인이다. 그렇다면 임신을 결과로써 야기하는 또 다른 원인을 찾아서 제거해야 한다. 그것은 성(sex)이다. '성'은 임신의 원인이다. 하지만 '성'도 임신과 마찬가지로 인류를 지탱해줄 가장 기본이 되는 요소이기 때문에 없어서는 안 된다. 우리는 또 다시 성의 원인을 찾지 않으면 안 된다. '성'의 원인은 바로 '사랑'이다. 우리는 '낙태'라는 결과에서 궁극적 원인을 찾아 간 끝에 '사랑'이 근본적인 원인임을 알아냈다. 다시 말해서 "낙태는 허용되어야 하는가?"라는 논제에 대한 해결책은 '사랑'에 달려있다는 말이다.

미혼이건 기혼이건 단순히 '사랑하기 때문에' 또는 '사랑한다면'이라는 전제만으로는 sex가 정당화 될 수는 없다는 점을 교육시켜야 한다. 어른이고 어린 아이이고를 떠나서 '사랑'이라는 단어의 문제가 아니라 '참된 사랑'이란 어떤 것인지를 가르쳐야 한다. 부모가, 교사가, 사회지도층이 모두 나서서 모범을 보여야 한다. 모두가 이기적인 생각을 버리고, sex의 결과가 임신과 낙태로 이어질 수 있다는 점을 가르치고, 모두가 참된 사랑을 알게 될 때 제대로의 성교육이 이루어진다는 것을 가르쳐야 한다. 이렇게 본다면 "낙태는 허용되어야 하는가?"와 같은 논제도 얼마든지 법제화의 문제에 따른 정책 논제라고 할 수 있으며, 따라서 위와 같은 해결책을 제시하기 위하여 토론 참석자들은 의견을 모아야 할 것이다. 이러한 토론을 위한 순서를 그려보면 다음과 같다.

토론 A형 - 조별 토론		
순서	찬 성 측	반 대 측
1	입론: 주장과 근거 제시	
2		입론: 주장과 근거 제시
3		찬성측 주장에 대한 반론과 질문
4	반대측 주장에 대한 반론과 질문	
5	반대측 반론과 질문에 대한 답변과 재반론	
6		찬성측 반론과 질문, 재반론에 대한 답변
7	방청객과의 자유 토론	

토론 B형 - 조별 토론		
순서	찬 성 측	반 대 측
1	입론: 주장과 근거 제시	
2		찬성측 주장에 대한 반론
3		입론: 주장과 근거 제시
4	반대측 주장에 대한 반론	
5		재반론: 찬성측 반론에 대한 재반론
6	재반론: 반대측 반론에 대한 재반론	
7		결 론
8	결 론	

② 개별 토론식 모형

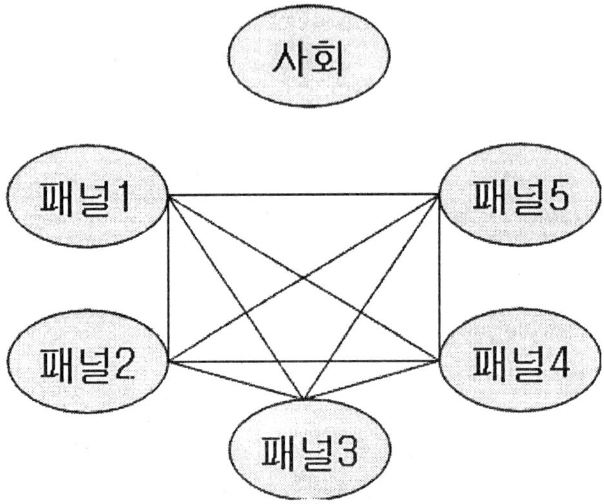

개별 토론식 모형은 조별 토론과 개별 토론, 즉 난상 토론의 혼합형이다. 이 모형은 토론을 진행함에 있어서 처음부터 찬성과 반대의 팀으로 나누지 않은 상태에서 시작하기에 적합하다. 특히 학교에서 토론을 진행한다면 수업 도중에 미리 제시된 논제에 대해 또는 즉흥적으로 선정한 논제에 대해 희망하는 토론 참여자를 선발하여 진행하기에 적합하다. 예를 들면, "자신이 판단하기에 가장 심각한 환경 문제를 제시하고, 그 실태에 대해 조사하여 발표해 보자."(『고등학교 사회 · 문화』, 중앙교육진흥연구소 2004, 228 쪽)와 같은 주제는 특별히 해결책이나 대안을 제시하라고 요구하지 않기 때문에 모든 학생들이 참여할 수 있는 주제이다. 하지만 모든 학생이 참여한다면 분위기가 산만해 질 수 있을 것이며 시간적인 제약이 따를 때에는 이와 같은 모형이 토론하기에 적합하다. 따라서 소수의 인원만 지정하여 토론을 진행하고 사회자는 토론 참여자 모두에게 발언의 기회를 골고루 부여하기에 적합하다.

토론 C형 - 조별 토론과 개별 토론의 혼합형		
순서	찬성측	반대측
1	입론: 주장과 근거 제시	
2		찬성측 주장에 대한 반론과 질문
3	반대측 반론과 질문에 대한 답변	
4		입론: 주장과 근거 제시
5	반대측 주장에 대한 반론과 질문	
6		찬성측 반론과 질문에 대한 답변
7	순서 반복	순서 반복
8	방청객과의 자유 토론	
9	결론	결론

③ 난상 토론식 모형

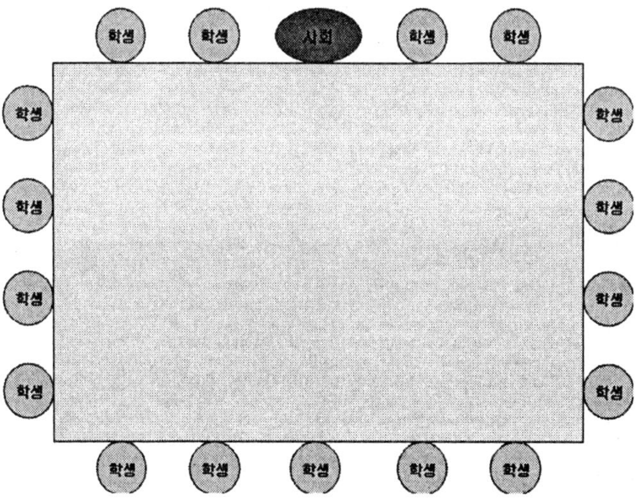

난상토론(爛上討論)은 토론을 위한 팀을 구성하거나 몇몇 토론자를 선정하여 특정 주제에 대해 토론하는 것이 아니라 구성원 모두가 토론에 참여하는 것을 말한다. 따라서 토론이라기보다는 토의에 가깝다고 할 수 있다. 학교나 회사에서 "소풍을 어디로 갈 것인가?" 또는 "신제품 개발을 위한 아이디어 회의" 등을 위해서는 난상토론이 적합하다.

구성원 모두가 주제에 대해 충분히 의견을 발표하고 대화를 하는 가운데 난상토론이 목적한 결론을 도출하게 된다. 예를 들면, "정당이 민주적으로 운영되기 위해서 필요한 것들을 생각해 보자."(『고등학교 정치』, 법문사 2006, 90 쪽)와 같은 주제에 대해서는 참여자들이 다양한 의견을 발표할 수 있을 것이다. 사회자는 다양한 의견 가운데 내용이 비슷한 것들을 묶어서 첨삭을 해야 하고, 최종적으로 몇 가지의견을 간추려서 전체의 생각을 물어야 한다. 이런 경우에 결론을 얻기 위해서는 흔히 다수결의 방법을 사용하기도 한다. 하지만 이때 조심해야할 것은 다수가 어떤 의견에 대해서 찬성한다고 하더라도 그것이 도덕적으로 반드시 선(善)이라는 보장은 없다는 점이다. 구성원 다수의 이익에 관계된 사항이라면 타인이나 타 집단에 피해가 되더라도 다수결로 결정해버리는 실례를 우리는 너무나 많이 보아왔다. 그렇기 때문에 난상토론에서는 사회자의 역할이 매우 중요할 수밖에 없다.

6) 토론 평가하기

대입 논술고사이건 법학적성시험(LEET)이건 관계없이 모든 논술고사에서는 주제에 대한 '정확한 이해력'과 '논리적 사고력' 그리고 '정확한 표현력'과 '창의적 문제 해결 능력'을 평가의 기준으로 삼는다. 토론에 대한 평가도 이와 다르지 않다. 다만 토론은 글쓰기가 아니라 말하기, 즉 발표하기라는 점에서는 논술과 다르다. 따라서 토론을 평가할 때는 당연히 상대편 의견을 얼마나 어떤 태도로 잘 듣고 있는가 하는 '듣기'가 평가항목에 추가되어야 한다.

먼저 토론 참여자의 이해력을 평가해야 한다. 이것은 논제에 대해서, 논제와 관련된 지식과 정보를 정확하게 파악하고 있는지 어떤지를 살피는 것이다. 패널들이 논제에 대해서 정확하게 이해하지 못한 채 토론에 참여하면 토론은 원래의 목적과는 전혀 다른 방향으로 흘러가버리고 말 것이기 때문이다.

두 번째, 논제에 대한 주장과 주장을 뒷받침하는 논거가 논리정연하고 분명한지 어떤지를 살펴야 한다. 또한 논거를 위해 사용되는 사례 또는 (통계)자료 등이 객관적이고 정확한 것인지 어떤지도 살펴야 한다. 연역적 방법에 따른다면 전제가 참이라면 결론도 반드시 참이어야 하는데, 전제와 결론의 논리적 관계가 바르지 못하면 거짓을 참이라고 주장하는 잘못을 범할 수도 있다. 마찬가지로 거짓된 자료를 사용하여 토론에 임한다면, 그로부터 도출되는 결론도 거짓일 수밖에 없다. 그렇기 때문에 주장과 논거의 관계뿐만 아니라 논거, 즉 전제들 상호간에도 논리성이 있는지 어떤지를 평가해야 한다.

세 번째, 언어적 표현력도 평가의 대상이다. 토론은 감정싸움이 아니라 냉철한 이성과 판단력으로 가지고 현안의 문제점을 해결하기 위해 마련된 건설적인 공론의 장(場)이다. 사적인 자리에서는 개인적 친분에 따라 다소 거친 표현들이 용납될 수 있겠지만, 공적인 자리에서는 상대를 존중하는 자세로 임해야 한다. 뿐만 아니라 자신만이 아는 전문적인 용어를 사용하거나, 논제와는 관련이 없는 표현을 남발하는 것 그리고 계속해서 반복적인 표현을 사용하는 것도 평가의 대상이다.

네 번째, 어떤 토론이든지 처음부터 끝까지 찬성과 반대 의견이 평행선을 달리기만 한다면, 그런 토론은 애초에 시작하지 않은 것만 못할 수도 있다. 그렇기 때문에 토론에 참여하는 사람들은 서로 상대편의 주장을 미리 예상하여 반론을 펼 것을 준비함과 동시에, 토론이 진행됨에 따라 상대의 주장에도 타당성과 합리성이 있을 수 있다는 점을 인정하는 자세를 가져야 한다. 토론을 생산적으로 마무리하기 위해서는 제기된 문제점을 해결해야 하는데, 창의적 해결책은 바로 이와 같은 자세에서 나온다. 모든 토론이 합리적이고 객관적인 해결책을 찾는데 있다면, 창의적 해결책을 제시하는 쪽이 가장 많은 점수를 받을 것이다. 그만큼 이 항목이 중요하다는 말이다.

마지막으로, 토론의 시작부터 과정을 포함하여 마무리 할 때까지 전 과정에 공통적으로 해당되는 사항은 듣는 자세이다. 토론은 일방적인 의견 발표의 장이 아니라 토론 참여자들 서로가 자신들의 주장을 논거를 바탕으로 주고받는 대화의 마당이다. 그렇기 때문에 상대의 의견을 경청하지 않은 채 오직 자신만의 주장을 내세운다면 그건 토론이 아니다. 토론이란 단순한 말하기가 아니라 잘 듣는 가운데 질문이나 반론을 펴면서 답변을 듣고 재반론을 함으로써 창의적인 결론을 얻어야 하기 때문에, 토론규칙을 잘 지키고 잘 듣는 태도가 매우 중요하다. 지금까지의 항목을 표로 만들어 보면 다음과 같다.

<table>
<tr><td colspan="4">토 론 평 가 표</td></tr>
<tr><td>토론 주제</td><td colspan="3"></td></tr>
<tr><td>토론 일시</td><td colspan="3">년 월 일 (시 분 ~ 시 분)</td></tr>
<tr><td>사 회 자</td><td></td><td>평가자</td><td></td></tr>
</table>

토 론 자	찬성팀	
	반대팀	

	평가기준	찬성팀	반대팀
1	주제를 명확하게 이해하고 있는가?	점수: 5 4 3 2 1	점수: 5 4 3 2 1
2	주장이 논리정연하고 논거는 분명한가?	점수: 5 4 3 2 1	점수: 5 4 3 2 1
3	표현이 정확하고 전달이 잘 되는가?	점수: 5 4 3 2 1	점수: 5 4 3 2 1
4	문제점에 대한 창의적 해결책을 제시하는가?	점수: 5 4 3 2 1	점수: 5 4 3 2 1
5	토론규칙을 잘 지키고 듣는 태도가 좋은가?	점수: 5 4 3 2 1	점수: 5 4 3 2 1
6	총 점	점	점

종 합 평 가		
	찬 성 팀	반 대 팀
핵 심 주 장		
주 장 근 거		
상대팀 주장에 대한 핵심 비판		
결 론		

4. 토론의 활용 — 토론과 논리적 글쓰기

지금까지 우리는 토론의 모든 것에 대해 살펴보았다. 토론은—준비해야 하는 모든 자료를 제외하고 보면—자신의 생각을 언어를 통해서 말로 표현하는 행위이다. 말은 음성을 통해서 전달되며 현장성을 잘 살릴 수 있지만 시간과 공간의 제약이 뒤따른다. 그리고 말하는 사람과 듣는 사람이 직접 연결되기 때문에 어법이나 표현상의 문제와 말하는 자세도 중요하다. 그런데 토론한 내용을 문자로 기록해보면 어떨까?

말은 대화의 상대자를 직접 마주 대하면서 행하는 사상전달의 방법이므로 '언어의 직접적인 기능'이라면, 글은 기록으로 남겨지는 '매개체'이므로 이미 '언어의 간접적 기능'에 속한다. '대화의 상황'이 '말의 상황'

이라면, '글의 상황'은 '글을 쓰는 목적'이다.[2] 그런데 여기서는 토론 자체가 이미 말의 상황이고 대화의 상황이다. 하지만 올바른 토론은—앞에서 살펴보았듯이—논제에 대한 정확한 이해를 바탕으로 논리적으로 타당하고 언어적으로 올바른 표현으로 창의적인 결론을 이끌어내고자 하는데 목적을 두고 있기 때문에, 토론의 전 과정을 글로 표현하기만 하면 논리적인 글쓰기가 된다.

그러나 토론과 논리적 글쓰기에는 커다란 차이가 있다. 글이란 문자로 기록되기 때문에 간접적이며 시간과 공간상의 제약이 없다—물론 정해진 시간 내에 글을 완성해야 한다면 문제는 달라질 것이다. 또한 현장성을 살리기 어렵다는 점, 글을 쓰는 사람과 독자가 간접적으로 연결된다는 점도 토론과는 다른 점이다. 이런 점들이 의미하는 바는 글쓰기가 말하기보다 더 어렵다는 것이다. 말을 하는 것은 현장에서 행동과 표정 등을 통해서 상대를 설득할 수도 있지만, 글을 쓰는 사람으로서는 독자가 누구인지 모른 채 쓰기 시작한다.

더구나 글은 말과 생각이 정리되어 나오는 것이고 말은 생각이 정리되어 나오는 것이다. 즉, 순서상으로 보면 생각이 맨 먼저이고 다음이 말이며 마지막이 글이라는 말이다. 글은 그만큼 더 정리되기 때문에 말보다 더 논리적일 수 있다. "생각을 글로 표현한다는 것은, 어떤 식으로든지 자신의 생각을 타인에게 전달할 목적을 가지고 있다. (자기 자신만을 위한 일기(日記)라 할지라도 시간이 경과하고 난 다음에 다시 읽어보면, 그것은 지난날의 자신의 생각이 오늘날의 자신에게 전달되는 것이다.) 타인에게 자신의 생각을 직접 전달 할 때는 말, 즉 구어체(口語體)의 형식을 빌지만, 글은 이미 간접적인 것이므로 문어체(文語體)의 형식을 따라야 한다."[3]

---

2) 박동규, 『글쓰기를 두려워 말라』, 서울 (문학사상사) 1998 (8쇄), 참조

그러므로 토론의 내용을 논리적 글쓰기와 연결할 때는 논술문을 토론, 즉 대화의 상황처럼 착각하지 말아야 한다. 물론 토론의 주제는 논술을 위한 좋은 논제가 되며, 각각의 주장과 주장을 뒷받침하는 논거는 논술에서 제시문과 같은 역할을 한다. 또한 토론의 주제에서 제기될 수 있는 문제들은 세부 논제와 다를 바 없다. 이것을 표로 정리해보면 다음과 같다.

토 론	논리적 글쓰기
토론 주제	논 제
세부 주제	문제 1, 2, 3……
주장과 논거	제시문 1, 2, 3……

그렇다고 해서 모든 토론 주제가 논술문의 논제로서 적합하다는 말은 아니다. 그 까닭은 토의가 아닌 토론의 주제는, 그 유형의 종류를 막론하고, 서로 대립되는 의견들 가운데 하나를 선택하거나, 아니면 서로 양보와 타협을 통해 절충안을 결론으로 이끌어 내어야 하는 것들도 많기 때문이다. 이것은 토론에서는 토론의 주제가 주어지고 사회자가 있기는 하지만, 사회자가 심판관의 역할을 하는 것도 아니며, 그렇다고 해서 주제를 던진 사람의 의도에 따라서 토론이 진행되거나 결론을 도출하는 것도 아니기 때문이다. 그 반면 시험의 종류와 상관없이, 논술의 논제에는 제시문과 더불어 출제자의 의도가 담겨있기 때문에 논술

3) 문성화, 「논술과 논리교육」, 『철학과 논술』 제1호, 계명대학교 논리윤리교육센터 2007. 6, 214 쪽.

문 작성자는 반드시 논제를 분석하고 제시문을 읽을 때 출제자의 의도를 파악해야만 한다.

이를 바탕으로 해서 보면, 토론의 결과를 논술문으로 옮기기 위해서는 첫째, 토론의 주제에 담겨 있는 각각의 단어의 의미와 문장 전체의 의미를 정확하게 파악하고 이해하여 서론을 작성해야 한다. 둘째, 찬반 양론의 대립이 불가피할 수밖에 없는 토론의 특성을 미리 생각하여, 각각의 주장을 장점으로 수용하고 그에 대한 근거를 논거로 활용하여 각 주장을 요약한다. 셋째, 제대로 준비한 토론 참여자라면 상대편의 주장과 그 근거를 미리 예측할 것이기 때문에 반박 가능성을 염두에 두고 반박 자료도 미리 준비해 둘 것이다. 즉, 상대편의 주장들은 모두가 자기편의 입장에서는 단점이 될 것이므로 논술자는 이 내용도 요약하여 본론을 구성한다. 마지막으로 결론에서는 토론의 결론이 절충안이 되었건, 타협안이 되었건, 제3의 창의적인 대안이건, 아니면 아무런 결론이 없이 대립으로만 마무리가 되었건 간에 논술자는 비판적 관점에서 각각의 주장과 근거를 평가하여 글쓰기를 마무리 하도록 한다.

논증적 글쓰기를 위한 구성 및 개요 짜기

이 기 훈

1. 일반적인 논증문 작성법

논증문은 아주 짧을 수도 있지만 일반적으로는 비교적 장문의 글을 작성하여 자신의 주장이 논리적으로 타당함을 증명하는 글이다. 그런데 장문의 글을 쓰다보면 종종 앞뒤의 논리가 맞지 않는 경우가 많다. 즉 일관성이 없다는 것이다. 또한 자신의 주장을 감정적으로 하는 경우가 많은데, 감정적으로 쓴 글은 객관성이 없음은 물론 횡설수설하는 경우도 있고, 심지어는 막무가내식 밀어붙이기 글을 쓰기도 한다. 이렇게 되는 원인은 대부분 글의 '골격'이 세워지지 않아서이다. 이 골격을 세움에 있어서 각 요소별로 들어가야 할 내용을 세우는 것은 구성 짜기이고, 전체 글의 틀을 세우는 것은 개요 짜기이다. 그럼 먼저 논증문 작성 절차에 대해 세부적으로 살펴보자.

① 논증 주제에 대한 파악

↓

② 자신의 입장 확정

↓

③ 논지 설정

↓

④ 논거 마련

↓

⑤ 구성 내용 짜기

↓

⑥ 개요 짜기

↓

⑦ 가능한 반론의 반박 검토

↓

⑧ 논증문 작성

↓

⑨ 최종 검토

↓

⑩ 제 출

10개의 단계나 되는 많은 절차가 논증문 작성에 필요한 것 같지만, 기본적으로는 주제를 파악하고 자신의 입장과 논지를 세우며, 개요를 짜서 글을 쓰는 일련의 과정이다. 작성의 절차는 이 보다 더 자세히 할 수도 있고, 또 축약할 수도 있다.

아래의 요소는 논증문이 갖추어야 될 요소들이다. 이러한 요소들은 그냥 이해하고 있으면 된다. 그리고 논증문을 작성할 때 반영을 하면 되는 것이다. 유의할 점은 위에서 말한 세부 절차나 논증문이 갖추어야 될 요소들은 하루아침에 충족되는 것이 아니라는 것이다. 글을 자주 써 보고 훈련하는 과정에서 갖추어질 수 있는 것이다.

① 논증문의 주체성
② 주제의 명료성
③ 구성의 체계성
④ 전개의 논리성
⑤ 논거의 정확성
⑥ 표현의 정확성
⑦ 내용의 참신성
⑧ 사례의 구체성

2. 논지 설정

학술적 글쓰기는 기본적으로 두 가지 형태를 가지는데, 하나는 **'논쟁적 글쓰기'**이고, 다른 하나는 **'논리적 글쓰기'**이다. 평가형 글쓰기, 분석적 글쓰기, 해결방안을 담는 대안적 글쓰기 등도 대부분 논쟁적 글쓰기와 논리적 글쓰기에 포함된다. 이 두 가지 형태의 글을 다시 하나로 묶는다면 **'논증적 글쓰기'**라고 할 수 있다. 학술적 글쓰기는 모두 논증적 글쓰기라 할 수 있다. 논증적 글쓰기는 대부분 추리, 연역, 귀납, 연상 등으로 쓰여진다. 그러나 가끔은 자신의 감성적 경향(주관적 성향이나 영감)에 따라 쓰여지기도 하는데, 논거만 탄탄하다면 이 또한 논증적 글쓰기라 할 수 있다. 그러나 앞서 지적했듯 감성적 글쓰기는 자제해야 한다.

써야 할 주제를 파악하고, 또 주제에 대한 자료 내용을 분석하였다면 대부분 자신이 쓸 방향이 자연스레 정해진다. 예를 들어 "테러와 체벌이 본질적으로 같은지 다른지 논술하시오"라는 주제를 써야 한다면 비록 분량상 짧은 생각이라도 곧장 '같다' 또는 '다르다'라는 자신의 생각이 주제 파악과 동시에 나오게 된다. 다시 예를 들어 "현대사회에서 법 이외에 도덕이 어떤 역할을 하는가"라고 주제가 있다면 자신의 생각을 정리함과 동시에 어떠한 주장을 해야 한다. 이러한 것들이 바로 **'논지'**이다. 만약 이러한 생각이 곧장 떠오르지 않는다면 다시 주제를 정확히 파악하여 자료를 찾아 자신의 논지를 설정해야 한다.

우리는 여기서 논증적 글쓰기의 일반적인 첫 단계가 바로 '논지의 설정'에 있음을 알 수 있다. 논지란 주제를 파악하고 자료를 찾은 후 자신의 생각이 정리된 것을 지칭하는 것이다. 논지는 논증적 글쓰기에서 대부분 결론 부분에 들어가지만, 논증적 글쓰기서 논지가 가장 중요한 역할을 하는 것은 아니다. 왜냐하면 논증적 글쓰기에서 논지는 생각이 정리된 것이기는 하지만 아직 논리적 증명의 단계, 즉 논증을 거치지 않았기 때문이다. 그렇다해도 논지가 잘못 설정이 되면 논지를 뒷받침할 수 있는 논거가 잘 마련될 수 없으므로, 논지 설정에는 여러 주의할 점들이 있다.

※ 논지 설정에 유의할 사항들

앞서 논지는 결론에 해당하는 부분이라고 하였다. 결론에 반드시 들어가야 할 것은 주제 혹은 제목에서 요구되는 사항이다. 즉 **주제와 정확히 대응하는 논지를 설정해야 한다.** 이것이 논지 설정에 있어서 가장 중요한 사항이다. 논지가 아무리 훌륭하고 논거가 타당하더라도 주제와 대응되지 않는 논지는 이미 논증문 글쓰기에서 이미 벗어난 것이므로, 좋은 글이지만 좋은 논증문은 아니다.

주제와 정확히 대응하는 논지를 설정했다는 가정하에서 우선 논지를 분명하고 구체적으로 기술해야 한다. 분명하다는 것은 표현상 모호하거나 애매한 것이 없이 명료하다는 것이며, 구체적이라는 것은 어떠한 대안이나 문제의 해결점이 현실적 가능성을 많이 가지고 있다는 것이다.

분명하고 구체적이라는 것을 좀더 자세히 설명하자면 찬반형의 주제에 있어서 찬성과 반대만을 분명히 하는 것이 아니라 약한 찬성과 강한 찬성, 강한 반대와 약한 반대 등의 여러 입장이 있을 수 있다. 이러한 것들을 잘 선택하고 고려해야 한다. 또 대안을 제시해야 하거나 어떤 사회적 특정 문제를 해결하는 주제에 있어서는 자신의 해결점이나 대안이 지닐 수 있는 단점까지도 파악하여 논지 속에 포함시키고, 비록 자신의 논지 속에 단점이 있을지라도 현실적인 측면에서 가장 좋은 대안임을 설명해야 한다.

3. 논거 마련

논거란 논지를 설정한 후 논지를 지지하는 근거이다. 논증적 글쓰기가 가장 돋보이는 곳은 바로 이 논거를 마련하는 곳에서 나타난다. 사실 논지를 마련할 때 논거가 동시에 마련될 수도 있다. 즉 결론을 내릴 때 이미 결론을 내리게 된 까닭이나 자신의 생각이 벌써 들어 있다는 것이다. 따라서 **논지와 논거가 정확히 맞물릴수록 좋은 논증력을 가진 글이 된다.**

논지와 논거가 정확히 맞물리기 위한 방법으로는 앞서 말한 논지를 설정하는 방법과 같다. 첫째, 논지와 논거가 정확히 대응한다. 둘째, 논거가 논지를 실질적으로 뒷받침하여야 한다. 셋째, 논거 자체가 정당성과 객관성을 지니고 있어야 한다.

논지와 논거가 대응하면 글의 논리적 측면에서는 문제가 없는 글이다. 더욱이 논거 자체가 정당하다면 논지도 정당해질 수 있다. 논거에서 사람들이 설득당하면 당연히 논지도 설득이 된다. 그러므로 논거는 일반적으로 객관적 사실이거나 누구나 믿을만한 지식들을 동원하여 실질적으로 논지를 뒷받침하는 것이어야 한다.

4. 구성 짜기

논증문은 논지와 논거만으로도 글을 쓸 수 있다. 글쓰기의 전체의 틀을 짜는 개요 짜기는 일반적으로 서론, 본론, 결론에 준하여 짜지만, 구성 짜기는 사고의 순서대로 짜면 된다. 예를 들어 "과학이 인간을 행복하게 하는가"라는 것에 대하여 먼저 논지를 정할 수 있다. 논지는 대강 세 가지가 정도가 될 것인데, 첫째가 '그렇다', 둘째는 '아니다', 셋째는 '과학과 행복은 관련이 없다'는 것이다. 물론 상황에 따라 "조금 행복하게 한다"는 등의 논지도 세울 수 있다. 이에 대한 답으로 하나를 골라 구성 짜기를 해 보자.

【예시】

논지: 과학은 인간의 행복과는 관계가 없지만, 행복하다고 속일 수는 있다.

<논거>

① 과학의 발전을 긍정적으로 보면 인간에게 많은 편리함을 가져왔다.

② 편리함이 행복에 일부 속하기는 하지만 편리함은 도구적이고 행복함은 감성적이다.

③ 과학은 일반적으로 대상에 대한 객관적 탐구를 연구하는 것이다.
④ 행복은 주관적인 것으로써, 과학처럼 일정하게 측량가능한 것이 아니다.
⑤ 그 예로 과학과 경제가 발전한 나라가 행복지수가 결코 높지 않다.
⑥ 과학이 아무리 발전하여도 인간의 주관적 만족감인 행복을 대체하거나 높일 수 없다.
⑦ 단 과학은 약물과 같은 것으로 인간이 행복하다고 속일 수는 있을 것이다.

이 <예시>대로 적는다면 양괄식 문장이라고 할 수 있다. 또한 논리적 측면에서 살펴보면 연역적인 구성을 시도한 것이다. 구성을 짜면 이것에 근거하여 한 편의 논증문으로 쓸 수 있다. 그러나 '구성 짜기'와 '개요 짜기'는 차이점이 있다. 우선 구성이란 글 속에 들어가야 할 논증적 요소를 만드는 것이다. 이에 반해 개요는 글 전체에서 어떠한 부분에는 어느 말이 들어가야 할 것인가를 만드는 작업이다. 앞서도 말하였지만, 구성 짜기는 '사고의 순서'를 따른다. 하지만 개요 짜기는 사고의 순서를 따른 후 다시 논리성을 더 강화하여 이를 재배열하는 것이다. 구성 짜기의 경우 짧은 보고서(레포트 · 논술문 등)나 분량이 많지 않은 주관식 논술 시험(각 대학 시험 및 800자 미만의 논술 시험)에 적합하다. 하지만 이 경우에도 특히 유의해야 할 것은 문단의 구성을 어떻게 만드느냐 하는 것이다. 즉 구성의 체계가 있어야 하는 것이다.

분량이 적은 글은 개요 짜기 등의 형식에는 크게 얽매일 필요가 없다. 예를 들어 논술 시험(대입 논술에서 leet까지)에서 몇 개의 논제를 주되 하나의 논제가 요구하는 분량이 500자 미만이라면 서론과 결론은 필요가 없다. 이 때는 글의 내용에 치중을 하되, 자신의 견해를 과감히 그리고 핵심만 간결하게 제시해야 한다. 즉 짧은 요구의 글은 무조건 요구 과제를 수행하는 본론 중심으로 써야 한다. 하지만 짧은 글도 형식을 가질 수 있는데, 그것은 문단이다. 짧은 논술문에서는 적절한 문단 수를 유지해야 한다. 예를 들어 300자 요구 논술문에 문단을 굳이 나눌 필요가 없다. 하지만 500자 정도 된다면 2개 정도의 문단이 완결된 느낌과 산뜻한 느낌을 준다. 구성을 짜서 글을 씀에 있어서도 반드시 구성 요소들 간의 관계를 살핀 후 이것에 대한 문단 묶기를 해야 한다. 위의 <예시>를 보면 논지를 포함하여 8개의 문단을 모두 쓸 수 있기도 하다. 하지만 과학의 편리성을 설명한 ①과 ②를 한 문단으로 묶을 수 있고, 과학의 본질을 설명한 ③을 한 문단으로 할 수 있으며, 행복을 설명한 ④ ⑤ ⑥을 한 문단으로 묶을 수 있다. 당연히 논지인 결론이 한 문단으로 묶여져야 한다. 이러한 구성 짜기로도 충분히 한 편의 논증적 글쓰기를 할 수 있다. 그러나 분량이 조금 길거나 논리성을 더욱 치밀히 가져가려 한다면 구성 짜기의 내용을 개요 짜기의 형태로 바꾸는 것도 좋다.

5. 개요 짜기 실제

논증문에서 주제를 파악하고 이에 따른 자료를 찾았다면 곧장 글쓰기에 돌입해야 한다. 혹 이것이 논술인 경우에는 문제를 파악했다면 곧장 답안 구상을 하는 것이다. 논증문의 구상은 논지 확인에서부터 시작하지만 실질적 글쓰기는 구성 짜기나 개요 짜기부터이다. 특히 개요 짜기는 조금 긴 글에서는 반드시 필요하다. 학술적 글쓰기에서는 글의 논리적 구조가 매우 중요하다. 따라서 전략적인 글쓰기가 필수이다. 개요 짜기는 글의 윤곽을 미리 짜보는 설계도로서 글을 계획적이며 체계적으로 쓰기 위한 것이다. 특히 논문을 쓰는 경우 논문의 각 세부 제목을 잡는 것도 사실은 개요 짜기에 해당한다고 볼 수 있다.

○ 개요 짜기의 필요성

- 글을 총괄적으로 설계한다.
- 글쓰기를 할 때 논지나 주제에서 벗어나지 않게 한다.
- 글의 미진한 부분이나 중복된 부분을 미리 살펴볼 수 있다.
- 논리적 전개를 파악할 수 있다.
- 글 전체와 부분, 부분과 부분의 균형을 유지할 수 있다.
- 분량을 미리 가늠할 수 있다.

○ 개요 짜기의 원칙

- 개요 짜기의 순서는 구성 내용 짜기와 같이 사고의 순서대로 구상한다. 그리고 서술을 할 때 서론-본론-결론의 방식으로 재구성한다.
- 일반적으로 서론 쓰기가 가장 어려우므로 글쓰기의 구상 단계에서 서론의 내용이 될만한 것을 반드시 생각하라.
- 논지와 논거를 잘 활용해야 하는데, 우선 논지에 해당하는 자신의 입장을 정리하여 제시하며, 논거들은 논리적 측면에서 필요한 순서대로 배열하라.
- 논거 혹은 주제의 내용을 다시 두 가지 이상의 소주제로 나누어, 그것을 중·소 항목으로 구분하라.
- 문단 사이의 층위를 명확히 하라.
- 개요를 쓸 때 가능하다면 문장식 개요문을 써라. 구성 짜기를 할 때도 가능하면 문장으로 서술하는 것이 좋다.

- 개요에 살만 붙이면 하나의 논증문이 될 수 있도록 하라. 따라서 개요 작성에 많은 시간을 투입하고, 동시에 글자의 분량도 생각을 해야 하라.

개요를 정하는 일이 결코 쉬운 일은 아니다. 글의 전체적인 짜임새와 더불어 세부적인 항목도 다른 부분들과 유기적인 연관성을 가지도록 하면서 개요를 작성해야 한다. 문법과 어법 그리고 글의 평이성을 기본으로 하여, 주어진 논제 또는 주제에 대해서 '비판적으로 사고'한 것에 의해 '사고의 순서' 또는 '논리적인 순서'에 따라 개요를 작성하는 것이 바람직하다. 이렇게 개요를 작성하고 나면 글의 절반은 이미 완성한 셈이 된다. 왜냐하면 기초 작업을 마친 후에는—즉, 뼈대를 세운 후에는—살을 붙이는 작업만 남기 때문이다.

글의 특성, 종류에 따라 개요 작성에는 차이가 있겠지만, 논증문은 기본적으로 서론 - 본론 - 결론의 3단식이 있으나 주제에 따라 다양하게 변용하여 적용해야 한다.

반드시 기억해야 하는 것은 개요 짜기는 주제에 따라 해야 하며, 논술의 경우는 논제의 요구대로 해야 한다는 것이다.

【예시 개요 1 - 기본 3단식】

주제: 디지털 정보화가 인간 삶의 양식에 어떤 변화를 줄 것인가?

1. 서론

① 산업화의 시대까지만 해도 인간은 감성과 지성에 기초한 깊이 있는 삶을 추구하였다.

② 인간 삶의 양식은 사용되는 도구에 따라 변화하므로, 디지털 정보화 역시 인간 삶의 방식을 그 이전 보다 크게 바꿀 것이다.

2. 본론 1

① 인간 삶의 양식이 변화할 수 있는 토대로는 유비쿼터스를 예로 들 수 있다.

② 인간은 더 이상 사색이 아니라 감성적이고 직설적인 정보만을 받아들일 것이다.

3. 본론 2

① 컴퓨터의 가상 시뮬레이션이나 이미지는 오히려 인간을 감각을 위주로 한 원초적 욕망 속으로 밀어 넣을 것이다.

② 사람들은 오히려 가상적 이미지를 사기 위해 돈을 쓰려 할 것인데, 이는 삶의 의미를 퇴색하게 만들 위험을 안고 있다.

4. 결론

① 디지털 시대에 인간 삶의 방식은 감각적이고 이미지 위주로 변화할 수밖에 없다.

② 디지털 정보화의 시대에 살아갈 수밖에 없다면 정보를 지성적으로, 이미지를 감성적으로 재가공하는 것이 중요하다.

<예시 개요1>을 기본 3단식이라고 한 것은 대부분의 논증문의 개요 짜기가 서론-본론-결론으로 이루어지기 때문이다. 본론의 개수에 따라 4단, 5단 등으로 부르기도 하지만, 대부분의 개요짜기는 <예시 개요1>에 근거한다. 이 <예시 개요1>에서부터 여러 가지 개요 형식들, 예를 들어 요약식 개요, 논쟁식 개요, 찬반식 개요, 논리진행식 개요 등등이 나온다. 그리고 개요를 짜는 데 문장으로 짜면 문장식 개요, 메모를 하면 화제식 개요라 한다. 1000자 미만의 짧은 글은 화제식 개요를 짜도 괜찮으나, 될 수 있으면 문장식 개요 짜기를 연습해야 한다. 그럼 이러한 기본 개요 이외에 다른 개요들의 예를 살펴보자.

【예시 개요 2 - 항목 구분식, 인과식】

논제: 법치주의는 무엇이 문제인가?

서론: 법치주의의에 대한 개요

- 현대 대부분의 국가에서는 법치주의를 채택하고 있다.
- 법치주의는 사회를 법적 합리성으로 운영하며, 법으로 규제한다.
- 그러나 합법성이 곧 도덕성은 아니다.

본론: 법치국가의 문제점

1. 법만 지키면 된다
   - 사회적 구성원은 법을 준수하면 되지 굳이 도덕적일 필요는 없다.
   - 도덕적일 필요가 없기 때문에 사람들은 이기적으로 바뀐다.
   - 합법적이라면 법에 규정된 의무도 벗어날 수 있다.
2. 입법의 문제점
   - 입법 과정에서 이익 집단의 영향을 많이 받는다.
   - 거대 이익 집단은 법을 지키기 보다는 자신에게 유리한 법을 만들려 한다.
   - 입법의 합리성이 무너지면 곧 법의 합리성도 무너진다.

결론: 법과 도덕성의 확보

1. 법적 정당성 확보
   - 입법 과정에 문제점을 없애기 위해서는 시민들의 참여 및 감시가 필요하다.
   - 법의 집행에 있어서 공정성이 있어야 하며, 이 또한 시민들의 감시가 필요하다.
2. 법과 도덕성
   - 법적 정당성은 도덕적 정당성이라는 토대 위에서 만들어져야 한다.
   - 합법성이 합도덕성이 되려면 도덕과 법을 존중하는 시민정신이 요구된다.

【예시 개요 3 - 열거 및 분류】

논제 : 환경오염에 따른 위험으로는 어떤 것들이 있는가?

서론 : 환경오염에 따른 위험은 어디에나 있다.

본론 : 환경오염에 따르는 위험으로는 장기적인 것과 단기적인 것이 있다.

장기적인 위험
1. 해수면 상승에 따른 육지 침습
2. 지구온난화에 따른 생물종 멸종
3. 지구 자정 능력에 따른 빙하기의 재도래

단기적인 위험
1. 먹거리의 오염에 따른 피해
2. 소음 등으로 인한 생활 리듬 파괴
3. 공기 오염으로 인한 외출 불가

결론: 전세계적인 차원에서 환경오염원에 대한 감시와 환경오염을 시키지 않을 대체 에너지 및 기술을 찾아야 한다.

【예시 개요 4 - 비교 또는 대조, 찬성 또는 반대】

논제: 책을 읽을 것인가, 컴퓨터 게임을 할 것인가?

서론: 책을 읽는 것은 마음의 양식을 쌓는 것이고, 컴퓨터 게임을 하는 것은 놀이이다.

본론:

1. 독서의 장점 또는 단점
   1) 독서는 지식을 늘려 준다.
   2) 독서는 여러 가지에 대해 이해를 할 수 있게 한다.
   3) 독서는 지루할 수 있다.
2. 컴퓨터 게임의 장점 또는 단점
   1) 컴퓨터 게임은 흥미진지하다.
   2) 컴퓨터 게임은 현실에서 할 수 없는 것들을 할 수 있게 한다.
   3) 컴퓨터 게임에 빠지면 현실을 도외시할 수 있다.

결론: 지식과 이해를 넓힌다는 점에서 독서가 좋으나, 컴퓨터 게임 역시 절적하게만 이용한다면 삶에 활력이 될 수 있다.

개요 짜기의 형식들은 이 밖에도 여러 형식이 있으나, 기본적 형식만 익히고 있다면 주제와 논제에 따라 개요 짜기의 형식들도 바뀔 수 있다.

6. 구성 및 개요 짜기 연습

○ **글쓰기 주제 : 인류 문명이 어떠한 방식으로 '변화'하는 것은 옳은가?**

※ 여기서는 논술의 측면과 겸하기 위해 동일한 주제로 논제와 제시문도 제시하겠다.

【논제】

자연계의 순환 과정뿐만 아니라 인간이 행하는 모든 일에는 순차성과 질서가 있어야 한다. 반면에 급격한 변화는 많은 혼란과 무질서를 수반할 수밖에 없다. 제시문 (가)를 이용하여 우리 사는 세계의 혼란과 무질서의 원인을 찾고, 이를 극복할 수 있는 방법과 과정을 제시문 (나)와 (다)를 바탕으로 제시하고, 이것에서 도출된 결과에 의해서 제시문 (라)를 설명하시오.

【제시문】

(가)

정세는 시시각각으로 변한다. 한 시간 전까지도 골목길에 어슬렁거리던 사람들이 낮때가 가까워질 무렵엔 이미 피란 보퉁이를 꾸려 들고 아이들을 들쳐 업고 마을 앞 행길을 빠져 나가고 있었다. 미처 진지(陣地)를 구축할 겨를도 없이 앞산에선 대포를 걸어서 불을 뿜고 있고, 전선(前線)에서 물러나온 병정들인 듯 모자에 풀을 담뿍 꽂은 군인들이 한두 사람씩 산골을 타고 내려오는 것이 보인다. 그들의 맥 빠진 몰골로 하여 모든 것이 짐작이 가지만 북에서 수없이 밀려 내려오는 탱크는 이쪽 대포알이 아무리 명중(命中)하여도 움쩍도 않는다는 그들의 보고 온 이야기가 모든 사람의 가슴에 불안의 납덩이를 던져 주고 가는 것이다. 우리도 생각다 못하여 정용이 가는 편에 아이들을 붙여 보내고 아내도 겨울 백날이 지난 협아를 업고 나섰다. 아내는 떠나면서 부풀어오른 감정을 억제하고 강잉히 웃어 보여 주었다. 나도 웃으면서 아이들을 조심하라 일렀다.

가족들을 보내고 텅 빈 집 안에 홀로 남으니 비로소 긴장이 풀리고 몸과 마음이 모두 허탈(虛脫)한 것 같다. 내 방에 들어가 침대 위에 번듯이 누워서 두 팔을 깍지껴 베게삼으니 국제 정세랑 민족과 국가의 운명이랑 우리 집과 나 개인의 형편이랑 모든 것이 파노라마처럼 머릿속에 비치어 지나 하나도 종잡을 수 있는 결론을 끄집어 낼 수 없다. 포성(砲聲)이 지척에서 간단없이 울리어 온다. 어떡하면 이 동란의 와중을 헤엄쳐 나가서 살아날 수 있을까 생각해 보아도 별로 신통한 궁리가 돌지 않는다.

오늘 밤에 죽는 일이 있어도 숭없지 않게 깨끗이 죽어야겠다 마음에 다짐하였다.

- 고등학교 『국어』 -

(나)

고려 시대의 기술학에서 가장 뛰어난 것은 인쇄술의 발달이었다. 건국 초기부터 개경과 서경에 도서관을 설치하고 많은 책들을 수집 보관하였다. 그리하여 수만 권의 진기한 책들이 보관되었고 송에서도 구하여 갈 정도였다. 또한 각종 책의 수요가 증가하여 서적포에서 새로이 책을 인쇄하기도 하였다.

신라 때부터 발달한 목판 인쇄술은 고려 시대에 이르러 더욱 발달하였다. 고려대장경의 판목은 고려의 목판 인쇄술이 최고의 수준에 이르렀음을 입증해 주고 있다. 그러나 목판 인쇄술은 한 종류의 책을 다량으로 인쇄하는 데는 적합하지만 여러 가지의 책을 소량으로 인쇄하는 데는 활판 인쇄술보다 못하였다. 따라서 고려에서는 일찍부터 활판 인쇄술의 개발에 힘을 기울였으며 후기에는 금속 활자 인쇄술을 발명하였다.

고려 시대에 세계에서 최초로 금속 활자 인쇄술이 발명된 것은 목판 인쇄술의 발달, 청동 주조 기술의 발달, 인쇄에 적당한 잉크와 종이의 제조 등이 어루려진 결과였다. 12세기 말이나 13세기 초에는 이미 금속 활자 인쇄술이 발명되었으리라고 추측되며, 몽고와 전쟁 중이던 강화도 피난 시에는 금속 활자로 상정고금예문을 인쇄하였다(1234). 이는 서양에서 금속 활자 인쇄가 시작된 것보다 200여 년이나 앞서 이루어진 것이다. 그러나 이 책은 오늘날 전해지지 않고 있으며, 그 대신 청주 흥덕사에서 간행한 직지심체요절(1377)이 현존하는 세계최고의 금속 활자본으로 공인받고 있다.

- 고등학교 『국사』 -

(다)

장기간에 걸쳐서 서서히 변화하는 인간의 생물학적 특성과는 달리 인간 사회의 문화적 특성들은 빠르게 변화하고 있다. 이러한 문화 변동의 원인은 크게 새로운 문화 요소의 발명과 발견, 외부로부터의 새로운 문화 요소의 전파로 나눌 수 있다.

발명은 두 가지 형태로 나눌 수 있다. 하나는, 그 때까지 전혀 없었던 새로운 문화 요소나 원리를 만들어내는 1차적인 발명이고, 다른 하나는 이미 존재하거나 알려져 있는 문화 요소나 원리를 조합하거나 응용하여 새로운 문화 요소를 만들어 내는 2차적인 발명이다.

예를 들어, 증기 기관의 발명이 1차적인 발명이라면, 증기 기관을 이용한 기차의 발명은 2차적인 발명이라고 할 수 있다. 그런데 우리가 접할 수 있는 대부분의 발명은 2차적인 발명에 속한다.

문화는 동태적인 것이어서 항상 변한다. 그러나 변동의 속도와 성격은 모든 사회에서 똑같이 나타나는 것이 아니라 다양한 양상을 보인다.

우선 문화 변동은 문화의 내재적 변동과 문화 접변으로 구분할 수 있다. 문화의 내재적 변동은 하나의 문화 체계 내에서 새로운 문화 요소가 기존의 문화 요소들과 상호 작용하는 과정에서 나타나는 문화 변동이다. 이에 반해 문화 접변은 성격이 상이한 둘 이상의 문화 체계가 오랫동안 접촉하는 가운데 문화 요소가 다른 문화 체계에 전파됨으로써 나타나는 문화 변동이다.

이 경우 새로운 문화 요소가 전해지는 것으로 끝나는 것이 아니라, 그것을 받아들인 사회의 문화에 수용되어 이미 존재하던 문화 요소들과 상호 작용함으로써 문화 변동이 초래되는 것이다. 지리적으로 이웃하고 있어 긴밀한 접촉 관계를 유지하고 있는 지역에서는 많은 문화 요소들을 공유하는 하나의 문화권이 형성되기도 한다.

-고등학교 『사회 · 문화』-

(라)

핵분열 반응을 일으켜서 방출되는 에너지를 이용한다는 측면에서는 원자력 발전과 원자폭탄의 원리는 같다고 할 수 있다. 그러나 원자폭탄과 원자력 발전 사이에는 구조적인 차이가 있다.

원자폭탄은 핵분열이 잘 일어나는 92U235에 충돌하면 원자핵이 2개로 쪼개짐과 동시에 평균 2~3개의 중성자가 나온다. 이렇게 기하급수적으로 반응이 확산되는 핵분열 반응의 원리를 이용한 것이 원자폭탄이다. 이것은 그림 8-20과 같이 꽉 들어찬 성냥갑 속의 성냥에 불을 붙이면 그 안에 있는 성냥이 한꺼번에 타는 것과 마찬가지이다.

반면에 원자력 발전의 경우에는 에너지를 장기간 조금씩 발생시켜야 하므로 여기에 쓰이는 연료는 92U235이 겨우 2%에서 4% 정도밖에는 포함되어 있지 않으며, 나머지는 92U238이 차지하고 있다.

92U238은 핵분열 반응을 일으키지 않을 뿐만 아니라 중성자를 흡수하는 성질이 있다. 또 원자로 내에는 제어봉이라는 것이 있어 원자로 속에 있는 중성자가 항상 일정한 수치로 유지되도록 자동적으로 조절한다. 이것은 성냥개비를 한 줄로 늘여 놓아 불을 붙이면 한 개비씩 타는 것과 마찬가지이다.

원자력 발전소는 결코 원자 폭판처럼 폭발하지 않는다. 연료, 장치, 구조 등이 근본적으로 원자폭탄과는 다르기 때문이다.

- 고등학교 『물리 II』 -

1) 구성 짜기

주제는 "인류 문명이 어떠한 방식으로 '변화'하는 것이 옳은가?"이다. 이에 대한 글을 쓰기 위해서는 우선 자료를 찾아 봐야 하는데, 이 자료는 비록 고등학교 교과서이지만 위에서 제시한 【제시문】을 기본으로 한다고 하자. 우선 구성을 짜는데는 논지를 정해야 할 것이다. 이 주제에 대한 대답은 찬반이 아닌 해결과 대안을 제시해야 하는 것이므로 과거의 실례를 들어 미래를 변화 방식을 구성해야 할 것이다. 그렇다면 자료에 나타난 것을 근거로 할 때 문명의 변화 방식이 두 가지가 있다고 볼 수 있다. 하나는 문명의 '급속한 변화'이고 다른 하나는 '점진적인 변화'이다. 만약 논지를 '점진적으로 변화해야 한다'라고 정했다면 이에 대한 논거를 구성해야 구성이 된다.

<예시 구성 짜기>

논지: 인류 문명의 발전은 점진적인 변화의 길을 택해야 한다.

논거

① 인간 사회에서 전쟁과 같은 급속한 변화는 미래에 대한 예측을 불가능하게 할 뿐만 아니라 인류에 불안감을 가져다 준다. (【제시문】 (가)에 근거)
② 인간이 급속한 변화에 대처하지 못하면 자포자기의 상태가 되어 버릴 수 있다. (【제시문】 (가)에 근거)
③ 과거의 기술 발전을 보면 기술 발전은 항상 전제된 기술 아래에서 이루어졌다. (【제시문】 (나) (다)에 근거)
④ 1차적인 발명이라 할 수 있는 획기적인 기술의 발전은 가끔 있지만 사실 우리가 이용하는 과학 기술의 혜택은 모두 획기적인 기술의 발전 이후에 나온 2차적인 과학 기술이다. (【제시문】 (다)에 근거)
⑤ 문화의 변동에 있어서도 내재적인 발전이 있으며, 이는 항상 점진적이다.
⑥ 설령 서로 다른 문화가 충돌한다고 하더라도 하나의 문화가 다른 하나의 문화를 흡수하는 것이 아니라 융합되거나 제3의 문화가 나오는 경우가 있다.(【제시문】 (다)에 근거)
⑦ 물리학적 측면에서 보더라도 물리학적 급변은 엄청난 파괴와 재앙을 안겨

주지만 제어가능한 점진적 변화는 인류에게 혜택을 가져다 줄 수 있다. (【제시문】 (라)에 근거)

이것보다 더 자세히 하기 위해서는 '개요 짜기'를 하는 것이 좋다. 물론 개요 짜기는 앞서 말한대로 서론-본론-결론에 준해서 짠다. 다음은 이상에 근거한 개요 짜기 예시이다.

<예시 개요 짜기>

<서론> 문제 제기: 급격한 변화와 점진적 변화

- 자연계의 순환과 인간이 행하는 일은 일반적으로 순차성과 질서가 있다. (자연계의 순차성 예: 사계절의 순환, 자연계의 혼란: 지진, 자연재해)
- 만약 자연계와 인간에게 급격한 변화가 수반되면 혼란과 무질서에 빠질 수밖에 없다. (인간사회의 순차성: 법질서, 관습의 순종, 인간사회의 혼란: 쿠테타, 혁명, 전쟁)

<본론1> 혼란과 무질서의 야기 원인(제시문 가)

- 사회를 포함하여 인간에게 일어나는 일은 다양하다.
- 사회와 인간이 점차적으로 변화하고 진보를 할 때는 순리적 성격을 지닌다.
- 만약 사회와 인간에게 전쟁과 같은 급격한 변화가 닥친다면 순리적 요소는 사리지고 사회는 혼란과 무질서에 빠지게 된다.

<본론2> 혼란과 무질서의 극복 방안(제시문 나, 다)

- 혼란과 무질서의 원인은 급격한 변화에 있다.
- 혼란과 무질서를 극복하기 위해서는 점진적인 변화를 시도해야 한다. (예: 기술의 축적과 축적으로 인한 발전, 과학기술의 응용)
- 점진적인 변화는 세계에서 일상적으로 일어나지만 이를 파괴하려는 시도

도 있다.

- 순차성을 파괴하려는 시도는 자연계와 인간사회계로 나누어 볼 수 있다.
  ① 자연계는 예측할 수 있는 급격한 변화는 막아야 한다.
  ② 인간사회계는 도덕성의 확장과 시민사회의 연대성, 세계 각 국가 간의 충돌을 방지하는 국제적 협의체가 필요하다.

<결론> 원자폭탄과 원자력 발전소에 대한 설명(제시문 라)

- 원자 폭탄은 급격한 변화의 양상을 띠고 있으며, 원자력 발전소는 점진적인 변화의 양상을 띠고 있다.
- 사회적 혼란과 무질서를 야기하지 않게 하기 위해서는 점진적이고 순리적인 변화의 방식으로 원자력을 제어할 수 있어야 한다.
- 원자폭탄과 원자력 발전소가 각각 지닌 변화의 양상은 사회에도 적용될 수 있다.
- 그러므로 인류 문명 역시 점진적인 변화의 양상을 선택해야만 무질서와 충돌, 미래 불안 등의 요소를 피할 수 있다.

논증적인 글의 작성

김 형 찬

논술문이란 어떤 문제에 대해서 자신의 견해나 주장을 내세우고 이것을 합리적으로 논증하는 것이다. 다시 말하면 문제를 풀이하여 독자를 이해시키는 설명문과는 달리 논술문은 자신의 독자적인 견해를 밝혀 독자를 설득하기 위한 글이다. 따라서 논술문에서는 논리적 추론이 서술의 기본을 이룬다. 추론이란 하나 이상의 전제(근거)를 바탕으로 새로운 주장을 합리적으로 펼치는 논리적 사고 작용이다. 그러므로 잘 구성된 논술문에서는 이와 같은 논리적 사고과정이 충분하고 분명하게 드러나야 한다. 그러나 이러한 논리적 사고의 표현 방법은 비교적 많은 시간의 훈련을 필요로 하기 때문에 아래에서는 논리적인 요소를 배제하고 가장 기초적인 논술문의 형식을 소개하겠다. 우선 논술문 작성법 1에 대한 내용을 상기하면서 논지에 대해서부터 알아보자.

Ⅰ. 논지

소설이나 시를 제외한 대부분의 글에서 즉 수필이든 논술문이든 저자는 어떤 방법으로든지 반드시 글의 요점이 무엇인지를 독자가 알도록 해야 한다. 이와 같이 독자에게 요점을 분명하게 전달하기 위하여 저자가 꼭해야 할 일은 글 전체를 통해서 쓰려는 내용을 명백하고 간단하게 한 문장으로 쓰는 것이다. 일반적 글에서는 그 글의 앞부분에, 논술문에서는 서론의 앞부분이 좋은 장소이다. 이것을 **'논지'(Theme)**[1]라 한다. 즉 글 전체에서 가장 중요한 문장이 바로 논지이다. 이 논지는 논술문 전체의 요점이 되고 독자들이 저자가 쓰려는 중요한 요지들을 놓치지 않게 하는 길잡이가 된다. 이제 예를 통해 논지가 독자를 인도하는 과정을 살펴보자.

> 예 1>
>
> 머니로 머든 다 할 수 있고 행복한 삶을 살수도 있어
> 머니로 예뻐질 수도 있고 사랑도 쉽게 얻을 수 있어
>
> 앞의 인용문은 왁스가 부른 Money라는 노래의 가사 중 일부분이다. 후기 자본주의 시대라고 규정되는 오늘날 자본의 위력은 실로 대단한 것이어서 우리사회의 모든 것을 집어삼키고도 남음이 있다. 그래서 머니는 행복한 삶의 전제조건이 되고, 타고난 외모를 바꾸어 주기도 하며, 심지어 사랑을 얻는 훌륭한 도구가 되기도 한다. 다시 말하면 <u>현대 사회는 그야말로 자본이 모든 것을 결정하는 시대라 해도 과언이 아니다.</u>

이 글은 곧바로 주지단락이 오는 경우로 끝 문장에 있는 논지가 저자의 입장을 분명히 밝혀주고 있다. 현대자본주의 사회는 돈(자본)이 모든 가치를 결정하는 척도가 되고 있다는 것이다. 여기서 독자는 이 글이

1) 텍스트에 따라서는 주제문이라고 표기하는 경우도 있다.

어떻게 전개될 것인지를 짐작할 수 있다. 글쓴이는 여러 가지 증거와 논리를 통해 현대사회의 다양한 가치기준 중에서 자본이 가장 첨단의 척도라는 것을 증명할 것이다.

> 예 2>
>
> 재래시장에서 물건을 구입하는 것은 다투는 것을 싫어하는 사람에게는 매우 힘든 일이다. 재래시장의 기본적인 특징은 정찰제 보다 흥정에 의한 가격의 결절에 있다. 혹자는 이것이 사람 사는 맞을 느끼게 한다고 하지만 흥정의 과정에서 가지는 물리적 정신적 고통을 생각한다면, 전혀 다른 판단에 동의할 수 있을 것이다. 시간을 내어서 가까운 서문시장을 방문해 보자.

이 글에서 독자는 재래시장의 가게들이 손님들을 유쾌하게 하지 않는다는 글의 요점을 분명하게 알아차릴 수 있다. 나머지 부분은 분명 자신의 논지가 옳다는 것을 증명하는 내용이 올 것이다.

> 예 3>
>
> ① 철학이라고 하면 사람들은 보통 어려운 것, 골치 아픈 것, 나와는 관계없는 것이라고 생각하고 이에 대해서 멀리 생각합니다. 사춘기 때, 즉 인생에 대해서 고민을 할 때에는 인생이란 무엇인가, 산다는 것은 어떠한 의미가 있는가, 인생을 의미 있게 살기위해서는 어떻게 해야 하는가에 대해 깊이 생각해보기도 하고, 친구와 밤을 새워 토론을 하기도 하고, 이에 관한 책을 사서 탐독을 하기도 하지만 점차 생활을 해나가면서 생활에 빠져 버리고 난 뒤에는 이에 대한 심각한 고민을 그쳐 버립니다. 그리고는 인생의 의미라든지 철학이라든지 하는 것과는 전혀 관계가 없는 듯이 생활해 나갑니다.

② 그렇다면 우리가 인생에 대해서 고민을 할 때에는 철학과 가까이 있는 것이고, 그 후 생활에 빠져 버렸을 때는 철학과 멀리 있는 것일까요? 대부분의 사람들은 그렇게 생각합니다. 왜냐하면 대부분의 사람들이 철학에 대해서 잘못된 생각을 가지고 있기 때문입니다. 철학이라고 하면 심각하게 고민하는 것, 철학자하면 일은 하지 않고 땅도 보지 않고 하늘만 쳐다보며 사는 사람으로 생각하기 때문입니다. 물론 철학자 중에는 머리로만 생각하고 우리의 실제 생활과는 관계없이 하늘만 바라보면서 허공에서 무엇인가를 잡아보려고 허우적대는 사람도 있습니다. 그러나 철학은 이러한 것이 아닙니다. <u>철학은 우리의 일상생활과 밀접한 관련을 맺고 있고 우리의 생활은 철학과 끊임없이 관계를 맺어나갑니다.</u> 위리들 주변의 일상 생활로부터 철학을 떼어낼 수는 없는 것입니다.

이 글은 도입단락과 주지 단락으로 이루어진 좀 더 긴 글의 서론부분이다. 단락 ①서는 철학이 일상생활과 밀접한 관계가 있다는 내용을 끌어 오기위해 '생활에 빠져 철학에 무관심해지는 현실'을 다루고 있다. 그리고 단락 ②서 본격적인 논지인 '철학이 일상생활과 밀접한 관계를 맺고 있음'을 주장하고 있다.

★ 논지의 요소

1) 논지는 글쓴이의 주장이어야 한다.

다른 말로 한다면 쓰려는 내용에 대한 자신의 견해, 해석, 이해 같은 것이라 할 수 있다. 어떤 사실에 대한 설명, 즉 "세종대왕함은 2008년

12월 대한민국 해군에 인도되었다"는 논지가 될 수 없다. 이것을 다르게 해서 "세종대왕함은, 21세기 대양해군을 지양하는 대한민국해군이 10여년의 긴 준비 끝에 완성한 최신 함정으로 한반도 평화유지에 반드시 필요한 전력이다"라고 하면 좋은 논지가 될 수 있다. 또한 어떤 자료를 보고 요약하거나 그 내용 그대로 쓰는 것도 논지가 될 수 없다. 그것을 평가해서 자신의 의견을 나타내어야만 한다. 다시 말하면 논지는 명백한 사실이나 통설, 어떤 것의 설명이나 누구나 다 아는 내용 대신 논쟁이 될 만한 것이어야 한다. 아래의 예4)보다는 예5)와 같이 표현하는 것이 더 타당한 논지가 된다.

> 예 4>
> 좋은 스승은 훌륭한 제자를 만든다.
> 지나친 칼로리 섭취와 운동을 하지 않는 습관은 반드시 비만을 유도한다.
>
> 예 5>
> 훌륭한 제자는 좋은 스승과 민주적 교육제도 그리고 자신의 노력을 통해서 탄생한다.
> 비만을 예방하기 위해서는 적당한 열량섭취와 더불어 규칙인 운동을 해야 한다.

논지는 반드시 글 전체를 통해서 완결시키고 확정시켜야 할 글 쓰는 이의 주장이다. 그러므로 당신의 글이 김 아무개 교수의 실존철학 강의에 대한 흥미를 불러일으키려는 의도라면 "김 아무개 교수의 영화철학 강의는 월요일 오전 9시부터 12시까지이다"라는 논지를 만들지는 않을 것이다. 이것은 글 가운데 포함 될 수 있는 사실이지 논지는 될 수 없다.

목적을 달성하기 위해서는 자신의 견해를 주장해야 한다. 즉 "철학이 시대에 뒤쳐진 케케묵은 것이라고 생각되면 김 아무개 교수의 영화철학을 들어보라 - 그것은 당신이 이 세계와 당신의 삶을 새롭게 조망할 수 있는 눈을 제공할 것이다" 이것이 바로 논술문을 통해 발전시키고 증명해할 견해이다.

2) 좋은 논지는 범위가 제한되어서 한 가지 내용을 깊이 다루어야 한다.

여기서 글의 범위가 제한되어야 한다는 것은 글 쓰는 이가 주어진 분량 내에서 충분히 어떤 제목을 논할 수 있는 범위이다. 범위가 제한되지 않으면 내용은 모호하게 되거나 피상적으로 되어버리고 만다. 책 한권을 쓸 만한 범위와 1,600자 정도의 답안지용 범위는 다를 수밖에 없다.

> 예 6>
> 논술형식의 시험은 성적을 매긴다는 것 자체가 부조리하다.

위의 문장은 범위가 분명치 않아서 어떤 부조리를 논하려는지 알 수 없다. 이것을 몇 가지 세부적인 것으로 나누어보면

> 예 7>
> 논술형식의 시험은 성적을 평가하는데 효과적이지 않다.
> 논술형식의 시험은 학생들에게 공교육보다는 점수를 위한 사교육에 더 강조를 두게 한다
> 논술형식의 시험은 글쓰는 기교로만 사람을 평가하게 만든다.

위의 각 문장들은 각기 하나의 글을 위한 논지로 충분한 가능성을 지니고 있다. 만약 한편의 논술문에 예7)의 내용을 모두 포함 시키려한다면 피상적인 글이 되거나 충분히 논할 수 없게 된다. 따라서 글의 범위를 위의 예 중 어느 하나로 좁히면 더 좋은 글을 만들 수 있다. 만약 논지의 범위를 넓혀서 위의 주제들의 몇 가지를 포함시키려면 논지도 거기에 맞추어 분명한 문장이 되어야 한다.

3) 좋은 논지는 내용이 단일하다.

논지는 서로 관련이 없는 둘 또는 그 이상의 개념으로 이루어져서는 좋지 않다. 왜냐하면 이러한 경우는 글의 초점이 둘 이상이 되기 때문이다. 따라서 글 쓰는 이는 단지 한 가지만의 주제를 다루어야 한다. 예를 들어 지식을 글감으로 글을 쓸 경우 "아는 것이 힘이다"와 같이 논지를 정할 경우 내용이 단일하다. 또한 "아는 것이 병이다"로 논지를 정하더라도 단일 내용이다. 이렇게 논지의 내용이 단일할 때는 글 전체의 서술이 한 점으로 집중된다. 따라서 돋보기를 통한 빛이 한곳으로 모이는 것처럼 선명하고 강렬한 효과를 낸다. 그러나 두 가지 내용을 한 글에서 다루게 되면 초점은 그만큼 흐려지게 된다. "아는 것은 힘이요 병이다"와 같이 논지를 정해 놓으면 어느 한 쪽도 선명하게 부각되기 어렵다. 왜냐하면 글의 핵심과 초점이 두 갈래로 나누어지기 때문이다. 특히 이 경우 두 개념은 서로 상반되기 때문에 모순되는 주장을 한 문장에서 하고 있는 것이다. 다음은 논지가 막연하여 글의 초점이 흐려지는 예)이다.

예 11>

한글 창제의 동기는 여러 가지로 생각해 볼 수 있다. 훈민장음이라는 이름 그대로 백성을 가르치는 글, 곧 백성을 교화시키기 위한 목적으로 만들어진 글이라 할 수 있다. 또 '훈민정음'의 첫머리에서 보면, "어리석은 백성이 글을 몰라 곤란을 겪는 것을 딱하게 여겨 쉬운 글을 만들었다"고 했다. 이를 보면 세종대왕의 애민 정신이 그 바탕에 깔려 있다고 할 수 있다. 한편 일설에 의하면 동국정운을 짓기 위한 기초 작업으로 한글을 지었다고도 한다.

즉 예11)는 내용이 여러 가지로 흩어져 있기 때문에 글의 핵심이 흐릴 수밖에 없는 상황이다. 아래의 예12)은 논지가 단일하고 한정된 개념으로 되어 내용이 선명하게 드러나는 예이다.

예 12>

한글 창제의 가장 중요한 동기는 세종대왕의 애민 사상에 있다. 그는 한글의 창제 당시에 "훈민정음"이라 이름 지었는데 그 뜻은 '백성을 가르치는 바른 소리'이다. 이는 그가 백성을 위하여 그 글을 지었음을 뚜렷이 말해주고 있다. 더구나 "훈민정음"의 맨 첫머리를 보면, 이와 같은 애민 사상을 확인할 수 있다. 그는 "우리 나라말이 중국과 달라 한자로써는 서로 의사소통이 잘 되지 아니하므로, 우매한 백성의 딱한 사정을 보아서 쉬운 글을 만든다"고 명백히 밝히고 있다. 이로보아 한글을 창제한 동기는 무엇보다도 세종대왕의 백성을 사랑하는 정신이 가장 큰 동기임을 의심할 여지가 없다.

이 예12)은 명확하고 한정된 논지를 향하여 모든 서술이 집중될 수 있어 글의 요지가 분명하게 드러나고 있다.

그런데 논지가 두 개의 개념으로 표현되더라도 둘 다 밀접한 관계가 있는 것이면 단일 주제와 같이 볼 수 있다. 예를 들어 "유엔의 조직은 근본적으로 약하게 되어있어 강대 세력으로 인한 세계 대전을 방지할 수 없다"라는 논지는 두 가지 주제를 다루고 있다. 따라서 이 논지는 ①유엔 조직의 약함을 증명하고, 이것이 이유가 되어 ②유엔 조직이 강대 세력 간의 싸움을 방지할 수 없음을 증명해 내어야 한다. 그러나 많은 잘못된 논술문들은 다음과 같은 순서로 진행된다. 즉 ②와 관계없이 유엔조직의 약점을 ①에서 모두 나열한 다음 ②로 넘어 가므로 ①부분은 ②와 별로 상관없는 배경만 오래 다루는 결과를 초래한다. 따라서 두 가지 목적을 가진 논술문이 서로 관련성이 희박한 두 부분의 내용으로 구성되지 않으려면 ①과 ②의 주제가 연결됨을 분명히 해야 한다. 그러므로 위의 예문은 "유엔의 조직은 초 강대 세력 간의 전쟁을 방지하는데 무력하다"라고 수정한다면 이 논지는 유엔 조직이 세계 대전을 방지할 수 없는 이유만을 논하는 식으로 내용을 제한하게 되고, 글의 통일성을 유지할 수 있게 될 것이다.

4) 논지는 명확해야 한다.

논지는 주장이지만 그것을 전달하는 매체인 언어가 가진 규칙을 따라 기술되어야한다. 왜냐하면 논지가 여러 뜻으로 해석되거나 애매한 문장이어서는 안 되기 때문이다. 즉 논지는 주관적이지만 그것의 표현은 누가 보아도 명확한 객관적 용어로 나타나야한다. 따라서 논지는 문장 성분을 생략하지 않은 평서문이어야 한다. 다시 말하면 논지에서 문장성분을 도치하거나 의문문을 사용하는 것을 금한다. 예를 들어

"사랑과 인간. 영원히 풀 수 없는 숙제," "각각 다르다. 사람의 취미는," "진실한 사랑을 어디에서 찾을까?"등과 같은 문장은 논지로 적합하지 않다. 또한 뚜렷하게 의미를 전달하려면 확실하고 구체적이어야 한다. 즉 사전적 의미를 사용해야 하고 비유적이어서는 안 된다. 왜냐하면 상징적이거나 비유적이면 읽는 이에 따라 글쓴이의 주장을 달리 해석할 수 있기 때문이다. 예를 들어 "정부는 갈대 같은 정책을 세워서는 안 된다," "경찰은 민중의 몽둥이다."등과 같은 문장이 여기에 속한다. 그리고 너무 주관적인 설명으로 이루어진 문장도 논지로는 타당하지 않다. 예를 들어"코난 도일은 재미있는 추리소설 작가이다"라고 한다면 아무런 의미가 없다. 즉 "야구보다 재미있는 운동은 없다" "지난번 초현실주의자들의 전시는 기가 막히게 아름다웠다"등과 같이 너무 주관적인 관점이 강한 논지는 그 내용을 명확히 규정해야 한다. 이것을 보다 나은 논지로 고친다면 아래의 예13)과 같이 수정할 수 있다.

예 13>

① 야구보다 재미있는 운동은 없다.

→ 야구는 투수와 타자간의 머리싸움, 기동성과 위험성 등이 동시에 내포된 대단히 활동적인 운동이다.

② 지난번 초현실주의자들의 전시는 기가 막히게 아름다웠다.

→ 지난 가을 전시된 초현실주의자들의 작품은 인간의 내면을 강렬할 색체와 선으로 묘사한 수준높은 전시회였다 .

이와 같이 애매한 논지는 애매한 글을, 분명한 논지는 분명한 글을 만든다. 따라서 애매한 논지의 범위를 구체적으로 좁혀가는 훈련이 필요하다.

예 14>
스포츠의 영웅 → 축구의 영웅, 야구의 영웅, 농구의 영웅, 배구의 영웅……
야구의 영웅 → 선동열, 이승엽, 박찬호, 추신수……박찬호
논지 : 소질 있는 선수들을 조기에 발굴하여 체계적으로 트레이닝 한다면 박찬호와 같은 메이저 리거의 육성이 충분히 가능하다.

예 15>
민화 → 종교적 민화, 비종교적 민화
종교적 민화 → 불교민화, 유교민화, 무속민화, ……
무속민화
논지 : 무속민화는 여러 가지 상징적인 표현들을 통해서 수복강령을 바라는 민중들의 염원을 담고 있다.

요약하면 논지는 글쓴이의 견해를 완전한 한 문장으로 줄이는 것이다. 이것은 자신의 주장이고, 단일하고 제한된 용의 명확한 문장이다. 이러한 논지는 하나의 약속을 포함하고 있다. 즉 독자들에게 필자 자신이 글을 분명한 증거들로 가득 채워서 논지를 논리적으로 증명하겠다는 약속이다. 그러므로 글 쓰는 이는 자신이 증명할 수 있을 만큼 자료가 충분한 것을 논지로 선택해야 한다.

II. 개요 짜기

개요는 글의 구성 내용을 한 눈에 볼 수 있도록 표로 나타낸 것이다.

개요에는 구성 내용의 가가 항목 이외에 글의 제목이나 주제 또는 목적 등을 함께 표시하는 경우도 있다. 구성 항목만 적어놓아도 줄거리의 형태를 이루는 것이지만 거기에 제목이나 주제 등을 첨가하여 글의 내용적 성격을 좀 더 자세히 알아볼 수 있게 하는 것이다.

1. Brainstorming

Brainstorming의 목적은 논지와 관련하여 다양한 아이디어나 견해, 관점을 모으는 것이다. 논지를 정하고 이 논지와 연관되는 내용을 생각나는 대로 적어본다. 이 경우 다음의 세 가지 규칙이 필요하다.

첫째 주어진 논지에 초점을 맞추어 생각을 전개해나가되 완벽한 생각을 이끌어 내려고 해서는 안 된다.

둘째 Brainstorming 과정에서는 자신이 적어 놓은 생각을 정교하게 다듬거나 순서에 맞게 조정하는데 시간을 허비해서는 안 된다.

셋째 Brainstorming 과정에서 필자 자신의 생각이 논지의 핵심에서 벗어나지 않도록 계속 점검해야 한다.

2. 삭제하기

Brainstorming을 통해 생성된 다양한 아이디어나 견해, 관점들 중에서 중요하지 않은 것들을 삭제한다. (1,500~1,600자 정도의 논술문을 작성할 경우 5개 정도를 남겨둔다.)

3. 문장화하기

삭제하고 남겨진 아이디어들을 완벽하게 문장으로 만든다. 이때 생성 되는 문장들은 논제와 논제와의 연결 관계를 생각하면서 문장화한다.

4. 검증하기

문장화한 아이디어들을 논지와 연결시켜서 그 타당성을 점검해본다. 이때는 논리적 지시사들을 사용한다. 이때 점검하는 문장들은 논지 전체를 수식하는 내용이어야 한다. 즉 논지전체를 설명하는 문장이어야지 어떤 단어를 설명하는 문장이어서는 안 된다. 이렇게 마련된 문장은 논지를 증명하는 내용이 된다. 이 검증과정을 거치면서 3개의 문장만 남기고 2문장은 삭제한다.

> 예 16>
> 논리적 지시사
> 왜냐하면, 그 까닭은, 그 이유는, 그 원인은, 그러므로, 그래서, 그 결과로, 그리하여……

5. 주제문장으로 사용하기

검증과정에서 논지를 강화 시킬 수 있다고 판단 한 문장을 본론의 주제문장으로 사용한다.

Ⅲ. 문단 구성하기

문단(단락)은 규모는 작지만 글 전체를 쓰는 것과 똑같은 과정을 거친다. 어떤 글에나 목적이 있듯이 각 문단에도 목적이 있다. 논술문의 목적을 나타내는 문장을 논지라고 한다면 문단의 목적을 나타내는 경우는 **주제문장(소주제문)**이라 한다. 즉 일반적으로 하나의 단락은 그 요지를 나타내는 주제문장과 이을 보조하여 전개하는 뒷받침문장들로 구성된다. 한편의 글과 마찬가지로 문단도 역시 분명한 구조와 논리적인 진행을 필요로 한다. 논술문 전체에서 논지를 증명하는 자료들이 있듯이 문단에는 주제문장을 분명하게 만드는 증거들이 필요하다. 그것들은 주제문장을 증명하는 설명, 정의, 예화, 비교나 대조, 실례, 인용 등을 사용하여 강화할 수 있다. 다시 말하면 문단 혹은 토막글은 작은 형태의 논술인 것이다.

1. 문단의 일반 개념

글을 쓴다고 하면 매끈한 문장을 짓는 것으로 생각하지만 하나하나의 문장이 아무리 매끈하고 훌륭해도 그것이 뿔뿔이 흩어져서는 자신의 생각을 효과적으로 전달할 수 없다. 문장들은 하나의 소주제로 뭉쳐 단락을 형성해야 하며 그러한 단락들은 다시 하나 또는 그 이상이 모여서 글의 각 항목을 이루고 나아가서 글 전체의 최고 이념인 논지를 떠받들어야만 짜임새 있는 글이 된다.

따라서 문단은 논지의 일부 하위 개념을 집중적으로 펼치는 일련의 문장들로 엮어진 조직체로서 그 형식이 명확히 구획된 글 속의 글이다. 단락은 다음 3가지를 기본으로 이루어져 있다.

1) 문단은 글 전체 논지의 일부 개념을 펼친다. – 소주제 그리고 이것은 주제문장으로 구체화되어 표현된다.
2) 문단은 일련의 문장들로 엮어진 조직체이다. – 뒷받침 문장
3) 문단은 그러한 조직체가 서로 잘 구분되도록 뚜렷한 형식적 경계를 지닌다. – 들여쓰기

1) 문단은 전체 논지의 일부 개념을 펼친다.

문단이란 논술문의 내용 일부를 떠맡아 다루는 하나의 전개 단위체가 된다. 논술문의 논지는 일반적으로 추상적이므로 그것을 하위의 소개념으로 나누어서 다루는 것이 보통이다. 그러한 소개념은 흔히 소주제라 부르고 이것이 명제의 형태로 표현된 것을 주제문장(소주제문)이라 부른다. 한 단락의 소주제가 갖추어야 할 성격으로는 하나의 문장만으로 서술할 수 있는 개념이나 무한한 문장으로 서술해야 하는 큰 개념도 적당치 못하다. 소주제는 글의 논지와 관련되어 글 전체 논지를 떠받들고 있어야 하며, 하나하나의 소주제를 선택할 때는 반드시 전체 논지와의 관련성을 으뜸으로 생각해야 한다. 그러므로 소주제는 글 전체 발전과 관련하여 적절해야 하며, 단락이라는 토막글의 핵심과제라는 면에서 적절해야 한다.

2) 문단은 일련의 문장들로 엮어진 조직체이다.

'일련의 문장들'이란 주제문장을 충분히 펼칠 수 있는 여러 개의 관련

된 문장들로 **'뒷받침 문장'**이라 한다. 바람직한 뒷받침 문장은 주제문장을 풀이하여 설명하거나 논리적으로 증명하여 펼치는 것이므로 주제문장과 관련된 것이어야 한다. 그리고 소주제의 중요성을 펼치기 위해 누구나 이해하고 납득할 수 있게 구체화하거나 합리화해야 한다.

3) 문단은 그러한 조직체가 서로 잘 구분되도록 뚜렷한 형식적 경계를 지닌다.

문단은 주제문장(소주제)을 충분히 펼치는 글 속의 글이라 할 때 그것은 분명한 경계가 주어져서 다른 문단들과 서로 구분되어야 할 것이다. 문단의 형식적 구분을 하는 데는 '들여쓰기'가 가장 널리 쓰인다.

문단은 논의의 단위체를 이르는 말이다. 시작과 끝을 지니며, 알아볼 수 있는 형식을 지니며 그것만으로도 완결된 형식을 보이는 단위체이다. 문단의 형식은 그 내용과 분리해서 생각할 수 없다. 문단의 형식적 표지는 문단의 핵심 내용 곧 주제문장(소주제)을 충분히 드러내기 위한 단위체를 외형적으로 구분 짓기 위해 생긴 것이므로 그런 내용을 떠나서 그 자체로서의 존재가치는 없는 것이다. 그러므로 임의의 분량을 글로 쓴 후 그것을 나누어 몇 개의 문단으로 쪼갤 수는 없다.

2. 주제문장의 요건

1) 주제문장은 글의 논지와 관련된 것이어야 한다.

주제문장은 글의 일부를 이루는 문단의 핵심 내용이므로 그 전체 논지와 밀접한 관계를 가진 것이어야 한다. 주제문장이 그 자체로 아무리 훌륭한 것이라고 할지라도 글 전체 논지와 무관하다면, 이것은 마치 어떤 기계를 이루는 부품이 그 기계 전체의 기능과 무관하다면 그 기계가 작동하지 못하게 되는 것과 같다. 즉 아무리 잘 만들어진 정교한 부품이라도 기계 전체 기능과 무관한 것이라면 무용지물이고, 오히려 방해요소가 될 뿐이다. 이와 마찬가지로 주제문장도 글 전체 논지와 무관한 것이라면 오히려 글을 해치는 결과를 초래한다. 따라서 주제문장을 정할 때는 논지와의 연관성을 가장 우선시해야 한다.

2) 주제문장은 알맞은 범주의 개념이라야 한다.

"알맞은 범주"란 하나는 글 전체의 발전과 관련해서 적절한 것이어야 하고, 다른 하나는 문단이라는 토막글의 핵심 과제라는 측면에서 적절해야 한다. 즉 주제문장은 전체 논지의 일부를 이루는 주요개념이므로 어느 정도 추상성을 가져야 한다. 그러나 주제문장이 지나치게 추상적이고 포괄적이면 한 단락 내에서 충분히 다루기 어렵다.

3) 주제문장은 단일한 것일수록 좋다.

주제문장은 단일할 때 단락의 전개 내용이 하나의 초점으로 모일 수 있다. 즉 주제문장은 단락의 모든 내용을 모으는 구심점이 되어야 한다. 예를 들어 어떤 어린이에 관한 글에서 그 아이의 슬기롭고 부지런한 면을 다루어야 할 경우를 가정해보자. 이 경우 두 가지 방식을 생각해 볼 수 있다. 그 하나는 슬기로운 면과 부지런한 면을 따로따로 한 문단씩 나누어 전개하는 방식이다. 다른 하나는 두 가지 면을 한 문단에 서술하는 방식이다. 이 두 가지 방법 중에서 전자가, 즉 각기 한 개념씩 나누어 다루는 것이 바람직하다. 그래야만 주제문장을 중심으로 문단의 내용이 집중될 수 있다.

이와는 달리 두 개념을 한 문단에서 다루는 경우를 생각해 보자. 이때의 주제문장은 "그 여성은 지혜롭고 강인하다"와 같은 형태를 취할 것이다. 이 경우 문단 안에서 양자를 균일하게 뒷받침해야 한다. 어느 한쪽만 뒷받침하고 나머지는 그대로 둔다든지, 다른 문단으로 돌린다든지 하면 문단의 통일성이 깨어진다. 그 문단에서 내세운 주제문장은 그 문단 안에서 충분히 다루어야 통일성이 이루어진다. 그런데 두 개념이 한 문단 안에서 다루어지면 문단이 길어지고 서술내용이 복잡하게 될 염려가 있다. 그뿐 아니라 초점이 양분되기 때문에 읽고 나서 글의 인상이 약화될 수 있는 가능성이 짙다. 그러므로 주제문장은 되도록 단일 개념으로 이루어지는 것이 바람직하다.

4) 복합 개념의 주제문장은 특수한 경우에만 사용한다.

앞에서 단일한 내용의 주제문장이 이상적임을 보았다. 그런데 경우에 따라서 단일한 내용이 아닌 주제문장을 한 문단 안에서 다루는 경우도 있다. 즉 글의 성질에 따라 또는 주제문 장을 이루는 개념들의 중요도나 상호 관련성에 따라 복합적인 내용이 한 문단 안에서 처리되는 경우인 것이다. 이런 경우는 바람직스럽지는 못하지만 하나의 특수한 경우로 인정할 수도 있다.

① 주제문장이 다루는 두 개념의 비중이 그렇게 크지 않은 경우.
② 소주제가 서로 비슷한 개념들로 이루어져 서로 보완적인 성격을 띠므로 둘이 합쳐서 한 개념을 이룬다고 볼 수 있는 경우.
③ 서로 대립되는 두 개념이 주제문장을 이루지만 대립되는 면에 초점을 맞추는 경우.

5) 주제문장은 간결할수록 좋다.

주제문장은 소주제를 밝히는 것이 목표이기 때문에 다른 복잡한 수식어를 피하고 소주제만 가장 잘 드러나도록 해야 한다. 예를 들어 신사임당을 글로 쓸 경우 그분의 "자녀교육"을 소주제로 한다면 주제문장은 아래 예17)의 ①과 같이 간결한 형태를 취하는 것이 바람직하다.

> 예 17>
> ① 신사임당은 자녀들에게 훌륭한 스승이었다.
> ② 우리 역사에 가장 위대한 여성 중 한 분인 신사임당은 자녀들에게 훌륭한 스승이었다.

②는 신사임당 앞에 기다란 수식어가 붙어 주제문장의 표현효과가 약화 되었다. 또한 사임당 신씨가 "위대한 여성"이라는 점에도 비중을 둠으로써 주제문의 표현강도가 상대적으로 희미해졌다. 따라서 주제문장에 대한 수식어는 아래에서처럼 뒷받침 문장으로 돌리는 것이 바람직하다.

> 예 18>
> 사임당 신씨는 자녀들에게 훌륭한 스승이었다. 그는 우리 역사에서 가장 위대한 여성 중 한사람이었고, 훌륭한 예술가였으며, 자신의 모든 재능을 통합해 자녀교육에 매진한 교육자였다.

즉 예18)은 주제문장을 먼저 간결하게 세우고 그밖에 덧붙이고 싶은 내용은 문장을 달리하여 뒷받침하는 것이다. 이렇게 하면 두 가지 효과를 볼 있다. 왜냐하면 소주제가 간결하게 드러남과 동시에 그 뒷받침이 자연스럽게 이어지기 때문이다. 그러므로 주제문장은 간결하게 표현하고 덧붙일 사항들은 다른 문장으로 표현하는 것이 바람직하다.

6) 주제문장은 확실한 표현일수록 좋다.

주제문장은 막연한 추정이나 불확실한 생각을 나타내는 표현 양식은 되도록 피하고 단정적인 표현을 사용해야 한다. 따라서 막연한 추정이나 불확실한 생각을 나타내는 표현 형식은 피하는 것이 좋다.

3. 문단을 구성하는 4가지 요소

1) 완결성

한 문단은 그 안에서 나타내고자하는 내용이 끝남으로써 마쳐진다. 하나의 문단은 주제문장이 독자에게 분명한 이해를 주고 확신과 흥미를 갖게 하기위해서 여러 가지 자세한 보조문장(뒷받침문장)들을 사용한다. 따라서 필자는 문단의 주제문장을 증명하고 독자를 설득하기 위해서 자신이 읽고 연구한 자료들을 인용하거나 요약하거나 의역하는 등의 활동을 통해 문단을 완성시켜야 한다.

2) 단일성

한 문단에는 문장으로 쓰여 졌든 암시되었든 반드시 주제가 있으므로 그 주제를 뒷받침하는 내용만이 쓰여 져야 한다. 잘못된 문단은 주제와 관계없는 내용이 나타나거나, 주제와 다른 방향으로 흘러가는 경우이다.

3) 논리성

문단이 조직적으로 만들어지려면 내용의 진행이 질서를 갖추어야 한다. 그리고 논술문에서 단락의 질서는 마땅히 논리이론을 토대로 진행되어야 하지만 학생들의 여건을 감안해서 본격적인 논리이론을 활용한 방법은 제외하고 단순한 방법만 몇 가지 소개 하겠다.

(1) **시간 순으로** - 이것은 어떤 과정을 단계적으로 설명하는데 자연스럽다. 이 경우는 사건이 일어난 순서대로 또는 그 반대로 적는다.

(2) **공간 순으로** - 공간의 순서는 저자가 자신이 보는 것을 설명할 때 유용하다. 내용진행은 저자의 눈의 진행을 따른다. 즉 문단안의 문장들로 한 쪽에서 다른 쪽으로 저자가 보는 대로 또는 마치 보는 것처럼 쓴다.

(3) **증거에서부터 주장으로** - 이것은 어떤 증거나 실험들을 통해서 결론에 도달할 때 사용된다. 이 경우는 주제문장이 끝 부분에 있을 때가 많다. 다시 말하면 이러한 진행방법은 미괄식 단락에서 사용한다. 이 방법은 귀납적 추론의 방법과 유사해보이지만 단순한 형식적 유사성이 있을 뿐 논리적인 전개의 역할을 기대할 수는 없다.

(4) **주장에서부터 증거로** -가장 많이 쓰이는 것인데 이것은 일반적인 주제문장에서 시작해서 자세한 예나 자료를 가지고 증명하거나 설명하여 독자가 저자의 주장을 받아들이게 하는 것이다. 두괄식 단락에서 사용된다. 이 방법은 하나 또는 몇 개의 보조문장(뒷받침문장)으로 주제문장을 설명해 주는 경우가 있다. 그다음에 주제문장을 수시하는 내용인 자세한 예 또는 증거 등이 나온다. 이 방법은 독자가 각 내용을 주제문장과 연결시킬 수 있는 장점이 있고, 저자에게는 자신의 주장을 처음에 분명히 하기 때문에 불필요한 다른 설명을 하거나 또 다른 방향으로 흐를 위험이 줄어든다는 장점이 있다.

4) 연결성

연결이 잘 된 문단에서는 비약이나 논리부족으로 인한 어색함 없이 독자들이 쉽게 한 문장에서 다음 문장으로 넘어갈 수 있다. 문장의 연결성은 여러 가지 연결어들을 사용해서 앞뒤 관계를 맞추어보면 비교적 쉽게 파악할 수 있다. 또한 한 무단 내의 연결뿐 아니라 문단과 문단 사이의 연결도 중요하다. 그러므로 한 문단이 끝날 때 또는 그 다음 문단이 시작할 때 약간의 단어를 넣으면 문단과 문단의 연결이 부드러워진다. 그리고 문단과 문단 사이의 다리를 놓기 위해서 때때로 새로운 문단이 필요할 때가 있다. 이러한 전이문단은 앞문단의 내용을 요약하거나 중요한 주제만을 다시 언급하는 경우도 있고, 다음에 말할 내용을 언급할 수도 있다.

4. 문단의 구조 유형

1) 두괄식 문단 - 주제문장 +뒷받침문장들

두괄식 문단은 소주제를 주제문장의 형식으로 명문화시켜 맨 앞에 내걸어 놓고 그것을 떠받드는 뒷받침문장들을 그 뒤에 늘어놓는 짜임새이다. 즉 첫머리 부분에 단락의 핵심이 놓이고 그 뒤에 그것들을 풀이하거나 합리화하는 뒷받침 요소들이 이어지는 형식이다. 이 형식은 문장력의 기본기를 잘 익히고자 하는 사람이 알아두면 도움이 되는 요령이다. 왜냐하면 이 형식은 모든 다른 구조유형의 기본이 되기 때문이다.

2) 미괄식 단락 - 뒷받침문장들 +주제문장

미괄식 단락은 뒷받침문장이 앞에 놓이고 주제문장은 맨 끝에 제시된다. 이것은 앞부분에서 주제문장을 이끌어내기 위한 구체적인 서술이 이루어지고 주제문장을 결론삼이 마지막에 드러내는 방법이다.

두괄식에서 주제문장을 마지막으로 옮기고 문장에 약간의 조정을 가하면 미괄식이 이루어진다. 즉 주제문장을 가상적으로 내걸어 놓고 그것을 두괄식으로 뒷받침하여 전개한 다음에 동일한 주제문장을 마지막에 제시하면서 앞의 가상적인 주제문장을 지우는 것이다.

그러나 미괄식 단락은 자칫 옆길로 빗나갈 가능성이 높다. 또 뒷받침 문장의 배열에서도 두괄식에 비하여 어려움이 있다. 따라서 글쓰기의 초보자는 처음부터 미괄식 단락을 쓰기보다는 두괄식이나 양괄식을 익힌 다음에 써버릇하는 것이 좋을 것이다.

3) 양괄식 단락 - 주제문장 +뒷받침문장들 +주제문장

양괄식 단락은 주제문장을 첫머리에 두고 뒷받침한 다음에 마지막에 가서 주제문장을 다시 한번 되풀이 하는 짜임새이다. 이 단락은 실제로 두괄식 단락과 같으나 유의 할 것은 마지막의 주제 문장이 첫 번째의 주제문장과 내용상은 일치하되 그 표현 형식을 다소 다르게 변형한 문장을 구사해야 한다는 것이다.

4) 중괄식 단락 - 뒷받침문장들 +주제문장 +뒷받침문장들

중괄식 단락은 주제문장이 그 중간에 놓여 있고 앞부분과 뒷부분에 뒷받침문장이 나뉘어 있는 짜임새이다. 중괄식은 주제문장이 단락의 중간에 묻혀 잘 드러나지 않는다. 그러므로 시험을 대비한 글쓰기에서는 적당하지 않은 형식이다. 왜나하면 일반적으로 독자의 관심이 집중되는 것은 단락의 첫머리와 끝 부분이기 때문에 글 중간에 들어 있는 주제문장을 잘 드러내기가 어렵기 때문이다. 즉 읽는 사람으로 볼 때는 그 요지 파악이 힘들고, 전달 효과가 약화되기 쉽다.

비평문의 이론과 실제

이 강 화

1. 비평문의 이론

1.1. 비평의 의미

글은 쓰는 목적과 동기에 따라 몇 가지 종류로 나누어진다. 의견이나 주장을 말하여 다른 사람을 설득하고 동조해 주기를 바라는 연설문이나 신문사설 혹은 성명서, 연구 결과로 얻어진 새로운 사실을 소개하거나 보고하는 학술논문이나 연구 보고문, 타인의 예술 창작물에 대하여 자기의 주관적인 의견을 밝힌 비평문 등이 여기에 속한다. 이 중에서 비평문, 특히 예술 비평문은 문학, 미술, 음악, 영화 등 예술 장르 전반에 걸쳐 작품이나 창작 활동을 종합적으로 평가하는 글을 의미한다. 경우에 따라서는 예술 작품이나 예술가의 활동에만 국한되지 않고 예술 이론이나 예술 평론 자체도 예술 비평의 대상에 포함시키기도 하지만 일반적으로는 예술 작품과 예술 활동(예술가)을 대상으로 한다.

비평은 예술가 나름의 세계관으로 창조한 작품을 대상으로 하기 때문에, 종종 작품 창작에 후행하는 부가적인 영역으로 간주되곤 한다.

그러나 비평은 예술작품의 창작에 못지않은 창조적인 작업이다. 그 이유는 작품의 의미와 가치는 그것을 향유하는 동안에 저절로 다가오는 것이 아니라, 향유자가 그것들을 깊이 사고하는 속에서 비로소 얻어지는 것이기 때문이다. 따라서 비평 행위는 특정 작품을 식별하는 것으로 시작하여 그것을 해석하고 평가하는 일체의 창조적인 활동에 관여한다. 여기에서 해석이란 한편의 예술품의 의미를 밝혀내고 그것을 다시 정확하게 알리는 전문적 의미에서의 해석을 의미하는 것이다.

비평(critism)이라는 말은 라틴어 criticus에서 온 말로 재판관, 심판, 감정가 혹은 심사원 등의 의미를 가지고 있으며, 그리스어 krinein는 분할, 구분, 결정 혹은 식별 등을 의미한다. 이처럼 그 어원이 잘 보여주듯이 예술 비평의 주된 과제는 특정 예술작품을 어떻게 평가하고 어떻게 평가하여야 하며 어떻게 평가할 수 있는가라는 문제임을 알 수 있다. 예술작품을 감상할 때 일정한 가치판단을 갖게 되고, 이러한 판단을 정당화하기 위해서 필요한 것이 예술이다. 그리고 이러한 이론을 통해서 한 작가나 작품을 분석하고 평가하는 행위, 다시 말해서 예술의 정의·분석·평가·해석 방법 등에 관한 논의를 예술 비평이다. 따라서 예술비평이란 예술작품에 대해서 좋은 점, 잘못 된 점, 작품의 가치와 본질 등을 판단하고 해석하는 일종의 지적 혹은 창작적 작업이라고 볼 수 있다.

예술 작품은 흔히 감상이란 과정을 통해서 수용된다. 여기에서 감상이란 하나의 작품을 하나의 통일체로서 향수하고 즐기는 것을 의미한다. 그러나 예술품은 창작자의 주관과 개성이 강하게 나타나는 경우가 많기 때문에 그 만큼 감상에 따르는 어려움도 크다고 할 수 있다. 고도의 상징적 기법을 이용하여 창작된 난해한 작품일수록 더욱 그러하다. 이때 비평가가 쓴 비평문을 읽음으로써 미처 발견하지 못했던 작품의 진면목을 파악할 수 있기 때문이다. 물론 비평가 혹은 평론가의 견해를 무조건 수용하는 자세는 바람직하지 않으며 어느 정도 비판적인 태도를 견지한 채 비평가의 생각과 만나야 한다.

1.2. 비평의 특징

비평문을 학술 논문과 비교해 보면 그 특징을 쉽게 확인할 수 있다. 학술 논문은 그 분야의 전문가들을 위해서 쓰여진 글이지만 비평문은 일반 대중을 위해서 쓰여진 것이기에 학술 논문에 비해 전문성과 학술성이 떨어진다고 할 수 있다. 또 예술 비평에서 객관성 역시 학문의 영역보다 적다고 할 수 있다. 예술 비평가의 평가 관점 역시 주관성이라는 한계를 벗어나기 힘들기 때문이다. 이러한 차이로 인해서 학술 논문은 일종의 학술 연구로서 학문의 영역에 속하지만, 비평문은 평론이란 명칭으로 예술의 영역에 포함시키는 것이다.

그렇다고 비평가에게 주관적인 관점을 전적으로 포기하라는 것은 아니다. 사실상 주관적일수록 비평은 보다 활기 있게 작용할 수 도 있다. 그럼에도 비평가는 예술적 창작물을 객관적 입장에서 이해하고 파악해야 하며, 이 과정에서 개인적 친소 관계로 인한 불공정이 비평가와 예술가의 관계에 개입되지 않도록 노력해야 한다. 따라서 이러한 객관성이나 중립성을 상실했을 때 대중으로부터 불신 받고 비평가로서는 그 권위를 상실하게 되는 것이다. 물론 경우에 따라 주관적 관점에서 예술가의 평범한 삶의 방식과 개성에서 특별한 재능을 발견했다면 비평가는 객관적인 평가를 넘어서 더욱 적극적인 지원을 할 수 있는 것이다.

1.3. 비평의 기준

따라서 예술작품에 대한 평가에는 여러 가지 서로 다른 기준이 있으며, 어떤 기준을 취할 것인가는 전적으로 비평가의 주관적 판단에 달려 있다. 그렇다고 합리적인 평가를 위한 판단 근거가 전혀 없다는 말은 아니다. 전통적으로 예술을 판단하는 기준은 다음 네 가지 에 의존하고 있다.

첫째, 진실성이다. 예술 작품을 세계와 삶의 모방·반영·재현으로 보고, 그 모방·반영·재현의 진실성 여부에 따라 작품을 평가하는 것이다. 진실성의 기준을 채택하고 해석하는 데는 여러 가지가 있을 수 있다. 이중에서 가장 중요한 것은 작품 속에 재현된 세계가 우리가 알고 있는 세계에 대한 자신의 체험과 얼마나 일치하느냐에 있을 것이다.

그러나 예술에서의 진실은 상황과 맥락에 따라 서로 다른 의미를 갖기 때문에 일반적인 기준은 아주 제한적으로 밖에 적용될 수 없다. 이것은 작품 속에서 추구하는 진실은 있는 그대로의 진실이 아니라, 어떻게 있어져야 하는가의 당위적인 세계에 대한 진실이기 때문이다. 동시에 예술작품은 이상적인 세계만을 재현하는 것이 아니기 때문에 일상생활에 대한 진실의 기준과 마찬가지로 혼란을 보여줄 수 도 있다. 현대미술의 경우, 인간 존재의 아름다운 측면 보다 추악한 면을 더 많이 표현하고 있다고 해도 과언이 아니다. 마르셀 뒤샹에서 앤디 워홀 등의 현대 작가들의 작품에서 예술작품의 진실은 보편적인 기준이나 이상적인 신념에 합치하느냐의 여부만으로 평가할 수 없는 것이다.

둘째, 효율성이다. 예술 작품이 독자에게 미치는 효용 여부를 기준으로 하여 작품성을 평가하는 것이다. 예술 작품이 개인과 사회에 주는 영향은 매우 크며 이것은 주로 쾌락과 교훈으로 나타난다. 효용의 기준은 고대 아리스토텔레스 이후 예술평가의 기준이었으며 이것은 예술작품에 대한 독자의 반응과 예술적 전략을 중시하는 수사비평에서 뿐만 아니라, 예술 작품을 독자의 해석적 반응을 낳는 규약의 체계적 작용으로 분석하는 구조주의에 이르기까지 지속적으로 영향력을 발휘하고 있다.

셋째, 독창성이다. 우리는 괴테의 <파우스트>, 베토벤의 <운명> 교향곡을 독창적인 작품이라는 데 아무런 이의가 없다. 그렇다면 독창성이란 과연 무엇일까? 일반적으로 어떤 새롭고 참신한 것을 독창성이라고 한다. 그리고 위대한 작가들은 세계를 바라보는 개성적인 눈과 독창적 목소리를 가지고 있다고 말해진다. 따라서 모든 예술 작품은 개성적이고 독창적이다. 아주 똑같은 작품은 없기 때문이다. 그렇지 않다면 예술을 창작한다는 말을 할 수 없다. 따라서 독창성은 개성적인 생명력이다. 이 개성적인 생명력이야 말로 위대한 작가의 표지이며 찬탄을 받을 이유가 되는 것이다.

그러나 유념해야 할 점은 이러한 독창성이 반드시 완전히 새롭고 다른 어떤 것의 창조를 의미하는 것은 아니라는 사실이다. 세익스피어의 경우 그의 대부분의 작품은 기존의 신화, 전설 그리고 역사적 소재에서 비롯되었고 이처럼 이전부터 있어왔던 소재를 다시 자신의 상상력을 통해서 재구성한다는 점에서 독창성을 발견할 수 있는 것이다. 이때 중요한 것은 작가가 그것을 얼마만큼 독창적으로 변용하였느냐 하는 데에 달려 있다.

1.4. 비평의 종류

비평의 종류는 대상과 방법 그리고 예술 장르에 따라 크게 세 가지로 나누어진다. 대상에 따라 이론비평, 실제비평, 비평을 위한 비평 등이 있고, 비평가의 관점에 따라 주관주의 비평 객관주의 비평 그리고 상대주의 비평 등이 있다. 그리고 예술 장르에 따라 문학비평, 미술비평, 음악비평, 영화비평 등이 있다. 우선 대상에 따른 분류를 보자.

첫째, 이론비평은 일반 원리에 의하여 예술에 대한 논의의 체계와 방법, 그리고 그것들을 설명할 일정한 용어와 범주를 수립하여 예술을 평가할 판단기준을 마련하는 일이다. 이론비평의 핵심은 예술이란 무엇이며, 그것의 기능은 무엇인가 그리고 무엇이 좋은 예술인가를 특정 이론을 통해서 판단하는 것이다. 이때 예술의 본질, 기능, 가치평가의 기준이 이론비평의 주된 관심이다. 따라서 이론비평에 있어서 구체적인 작가나 작품은 이차적 대상이 될 뿐 그 자체가 관심의 주 대상이 되지는 않는다. 즉 개별적 작품은 이론을 전개시키기 위한 즉 이론의 타당성을 증명하기 위한 논거의 자료로만 기능한다는 것이다.

둘째, 실제비평 또는 응용비평은 구체적인 작가나 작품에 대한 비평을 말한다. 실제비평에서 분석과 평가를 뒷받침하는 원칙과 이론은 대체로 이론 비평 분야에서 체계화된 지식으로서 필요한 경우에만 끌어들여진다. 실제비평의 주안점은 비평가가 실제작품 또는 작가에 대하여 어떤 이해와 평가를 보이느냐 하는 것이다. 실제비평은 가끔 인상비명이라고도 말하는데 그 이유는 한 작품을 대할 때 논리나 철학을 통한 접근 대신 오직 자기의 인상을 충실히 표현하려고 하는 의도에서 토로된 것이기 때문이다. 따라서 작품의 가치에 대한 설득이나 설명보다는 비평가 자신의 주관적 반응을 강조하는 비평이 되기 쉬운 것도 이 때문이다.

셋째, 비평에 대한 비평은 비평에 대한 평가이다 이는 비평에 의해서 해석된 작품의 세계나 이론적 고찰에 대한 재평가이다. 비평에 대한 평가라는 의미에서 다른 말로 창조비평이라고도 불리운다. 따라서 이 비평은 단순히 특정 작품에 국한되지 않고, 비평가 자신이 예술에 대한 새롭고 독자적인 의견을 전개하여 비평 자체에 예술적인 창조성올 부여하는 행위이다. 이때 자기 관점을 예술작품 속에 명시되어 있는 특정 주제와 일치시킬 수 있는 비평가는 창조적 비평가이다. 자기를 예술 작품 속에 명시되어 있는 재능과 일치 시킨다는 것은 작품과 그 창작과정의 음미를 통하여 작품을 재생 ·재현한다는 의미이며 그것은 곧 예술 작품이 창조적이고 자유로운 표현만큼이나 비평 또한 창조적임을 의미하는 것이다. 다음으로 비평가의 관점에 따라 분류된 비평의 유형을 보자.

첫째, 주관주의 비평이다. 이 비평은 객관적인 도그마에 대한 반동적 비평으로 근대의 휴머니즘, 개인주의, 낭만주의에 뿌리를 내린 비평으로 이때의 비평의 기준은 오로지 '개인감정의 만족'이다. 여기서 주관주의 비평의 무한한 분화성이 있다.

둘째, 객관주의 비평이다. 이 비평은 작품이나 작가의 밖에 있는 객관적 기준을 중시하는 비평으로 비평가가 처해 있는 사회적, 역사적 상황에 대한 합리적 고찰이 요구된다. 그리고 이러한 제반 여건을 고려 한 후 각 비평가의 의견 및 판단의 일치를 요구하게 된다. 따라서 여기에서는 분화성 대신 보편성이 요구된다.

셋째 상대주의 비평이다. 이 비평의 경우, 절대적인 기준이라는 것은 없으며 작품의 주제와 관련하여 비평 기준을 비교할 수 있고 수정, 변경할 수 있음을 의미한다. 좋은 예가 정신분석학적 비평으로서 여기에서 비평은 과학적 성격을 암시하지만 그가 내세운 기준은 상대적이다. 끝으로 예술 영역에 따른 분류는 장르의 비평에서 구체적으로 논하도록 하겠다.

1.5. 비평문 쓰기

이상의 특징을 고려하면서 비평문을 쓰려고 할 때 유의해야 할 사항은 다음과 같다.

첫째, 비평문의 대상이 된 작품을 먼저 감상해야 한다. 비평문은 예술작품을 대상으로 한 글이므로, 비평문을 쓰려고 할 때 그 대상이 된 작품을 먼저 감상하고 분석하는 것은 당연하다고 볼 수 있다.

둘째, 필자의 성향을 파악해야 한다. 예술작품은 주관적인 속성이 강한 창작물이고 그것을 대상으로 한 비평문 역시 주관적인 판단의 소산이다. 따라서 작품을 창작하는 작가의 관점과 그것을 비판하는 비평가의 관점이 같을 수가 없다. 이 같은 차이는 판단과 평가로 이어지기 때문에, 비평가는 자신의 비평적 관점보다 그 작품에서 나타나는 필자의 입장과 성향을 우선적으로 파악하는 일이 중요하다.

셋째, 대상 분야의 특성을 이해해야한다. 예술 장르들은 표현 매체가 다른 만큼, 고유한 성격과 양식이 있다. 예를 들면, 언어를 매체로 하는 문학의 특성과 선과 색을 매체로 하는 미술의 특성은 서로 다르다. 이러한 각 예술 장르의 특성을 알고 비평문을 쓰면 그 내용을 더욱 쉽게 이해할 수 있다.

넷째, 자신의 비평문이 정당한 평가인가를 거듭 확인해야한다. 여러 차례 지적했듯이 비평문의 대상인 예술은 주관과 개성을 속성으로 하지만, 그에 대한 비평은 감정과 주관이 배제된 공정하고도 객관적이 비평이 되어야 한다. 왜냐하면 비평문은 논증하는 글이므로 분명하고 확실한 기준에 의해 분석하고 평가해야 하며, 논지 전개 또한 논리 정연해야 하기 때문이다. 이 경우 동일 작가나 작품을 대상으로 한 다른 비평문을 읽어 보고 자신의 글과 서로 비교해 보는 것도 도움이 될 수 있다.

다섯째, 이러한 여러 과정을 수행하기 위해서 가장 중요한 것은 사전에 연구과제에 대한 충분한 이해와 그에 따른 준비이다. 비평문을 작성하기 전에 먼저 비평 대상이 되는 작품을 분석하여 어떤 부분들이 중요한지 파악하고, 그 부분들이 대상 전체에 어떻게 기여하는가를 판단해야 한다. 이러한 분석 작업을 통해 저자의 핵심 주장이 어떤 이유에서 전개되는지, 아울러 저자가 자신의 책이나 특정 작품을 통해서 이러한 목적을 완수했는지 판별할 수 있어야 한다. 이상의 비평에 대한 설명에 근거하여 각 장르 별로 비평문의 특징을 살펴보기로 하자.

2. 비평문의 실제

2.1. 미술비평

2.1.1 미술작품이란 무엇인가

미술작품은 화가의 창작정신이 녹아있는 예술적 창작물이라고 할 수 있다. 그러나 작품 속에 이러한 정신이 들어 있음에도 불구하고 작품을 표현하고 있는 캔버스 그 자체는 정신적 대상이 아닌 하나의 사물에 불과하다. 동시에 작품이 담겨있는 그 사물은 보통의 사물이 아니라 화가가 미적으로 형성한 작품으로서의 정신적 존재로서의 사물인 것이다. 예를 들어 바다를 그린 풍경화 앞에 서서 그 그림을 바라보는 감상자가 그림 속의 바다를 실재하는 바다라고 착각하는 사람은 없다. 동시에 바다 그림이 그려진 캔버스를 특정 색채가 칠해진 옷감 조각으로

만 보는 사람도 없을 것이다. 이 같은 사물성과 작품성이라는 이중성은 미술작품의 가장 본질적 특성이라고 할 수 있다.

그림 속의 공간 역시 실재하는 공간이 아니라 현상하는 공간이다. 그림이 걸려있는 전시장이라는 공간만이 실재하는 공간이다. 한편, 실재하는 그림 밖의 공간은 어느 특정한 순간에 하나만 있지만 현상하는 그림 속의 공간은 여러 개 있을 수 있다. 비구상의 경우, 화가는 보다 다양한 공간을 다양한 각도에서 복잡하게 그림 속에 배치시킬 수 있다. 이것은 빛도 마찬가지이다. 그림 위에 비쳐지는 실재적 빛은 화랑의 조명이며 그림 속의 빛이 아니니다. 대신 그림 속의 빛은 '우리에게 빛으로 보여지는 바'로서의 다양하게 현상한다.

따라서 그림을 예술작품으로 이해하려면 그림이 실재가 아니라는 것을 느낄 수 있어야 한다. 만약 그림과 주위의 물적 세계에 성립하는 이러한 한계가 없어지면 그림은 실재의 대용품에 불과하게 된다. 그림에는 물성, 운동성, 생명성 뿐 만 아니라 공간과 빛도 현상하며, 이렇게 현상하는 모든 요소들이 구성된 비실재적 세계를 창조하는 것이 미술작품이다. 즉 미술작품에서의 미의 본질적 핵심은 이러한 다양한 구성요소의 현상관계에 있는 것이다.

결국 화가는 이러한 현상이 일어나게 하기 위하여 대상을 어떻게 보고 어떻게 보여줄 것인가를 선택한다. 이를 위해서 화가는 순간적이고 일시적인 것을 포착한다. 화가의 관점에 따라 대상은 다르게 보여지며 대상 그 자체도 변화를 본성으로 하고 있다. 따라서 대상이 가진 '어느 순간의 장면을 어떻게 보여줄 것인가' 하는 것은 화가의 고유한 선택이며 이것이 화가의 고유한 표현양식을 만들어낸다. 이처럼 미술작품 속에는 화가가 본 것만이 아니라 보는 방식이 아울러 표현되어 있고, 바로 여기에 작품의 독창성이 자리한다. 이런 측면에서 회화처럼 감성적인 예술이 없고 가시적인 것을 묘사하는 예술은 없다고 말해진다.

그러므로 화가는 대상을 있는 그대로 표현하는 것이 아니다. 사실주의적 회화도 예외는 아니다. 화가는 그가 중요하다고 주목하는 것만을 골라서 재현한다. 그 밖의 다른 세목은 보다 덜 강조되어 나타난다. 예를 들어 특정한 빛과 그림자를 선택하면 그 밖의 다른 빛과 그림자는 무시된다. 이때 중요한 사실은 화가가 그린 선을 통하여 나무나 초원을 보는 작업을 일정 부분 비평가의 눈에 맡겨 버린다는 것이다. 달리 말해서 화가의 의도적인 생략이나 변형이 감상자와 비평가의 보충을 촉발한다는 것이다. 이것은 화가가 선택하거나 생략한 것을 비평가가 보충한다는 것을 의미하는 것으로 여기에 미술비평의 본래적 기능이 있음을 확인 할 수 있다.

2.1.2. 미술비평의 의미

미술비평이란 미술작품을 설명, 해석하여 평가하는 것, 다시 말해서 미술작품의 미학적 가치나 특성을 평가하고 제시하는 일을 의미한다. 그러므로 모든 미술비평은 미술작품을 전제로 한다. 물론 비평 쪽에서 미술창작의 새로운 방향을 제시하고 이를 위한 운동을 전개함으로써 새로운 경향의 미술창작 조류가 만들어질 수도 있지만, 이 경우에도 그 이전의 미술작품과 창작경향에 대한 비평적 시각을 전제하고 이를 토대로 하여 새로운 방향을 제시하는 것이라고 보면 비평 이전에 작품이 먼저 전제되는 것이다.

한편, 지금까지 흔히 비평가들은 미리 정해진 미학적 가치판단 기준에 따라 특정 미술작품을 평가함으로써 미학이론을 실제에 적용하는 것을 미술 비평의 본래적 기능으로 보았다. 그러나 미학적 판단 기준에 바탕을 둔 엄밀하고도 논리적인 평가뿐만 아니라, 작가가 미처 전하지 못한 점 그리고 비평가가 미술작품을 보고 느낀 정서적 반응의 일부를 독자에게 전달하려는 노력도 미술평가에 포함된다. 하나의 입장에서 하나의 시점이 만들어지며, 하나의 시점에서 하나의 원리가 나온다는 비평원리를 미술비평에도 적용해본다면 미술비평 역시 어느 정도는 비평가가 선호하거나 선택한 입장에서 얻어진다는 사실도 부정할 수 없다.

비평의 당위적 방향성을 강조하여, 미술비평은 '창조적 방향 제시'를 해야 한다거나 '예술 교육적 차원'에서 이루어져야 한다거나 '문명진단'의 기능을 해야 한다는 견해가 도출되는 것은 이 때문이다. 그 목적이 무엇이든 미술비평은 이미 존재하고 있는 미술작품을 전제로 하고 토대로 해서 이루어지는 평가 작업이며 방향제시 작업이라는 측면에서 미술비평의 방법과 그 방법의 당위적 방향성에 대해서는 지속적인 반성적 성찰이 있어야 하는데 이것이 궁극적으로 철학으로서의 미학이 할 일이다.

2.1.3. 미술 비평의 방법

미술비평의 방법으로서는 규칙에 의한 방법, 맥락에 의한 방법, 인상주의 방법, 의도주의 방법, 형식주의 방법, 전체주의 방법 등이 있다.

첫째, 규칙에 의한 방법은 비평가가 자기 나름의 규칙을 가지고 비평하는 것을 의미한다. 여기서 규칙이란 비평가가 가지고 있는 일정한 판단기준을 말한다. 그러나 이 방법이 동시에 하나의 한계로 작용할 수 있다. 무엇보다도 비평가의 판단기준에 의존하는 규칙의 완전성을 보장할 수 없고, 또 그 규칙 역시 상대적일 수밖에 없기에 우수한 작품이 이 규칙의 그물망을 빠져 나가는 것은 방지할 수 없다.

둘째, 맥락에 의한 방법은 오랜 역사를 가지고 있는 비평방법으로서 작품과 관계를 맺고 있는 여러 가지 요소들의 작용관계를 중요시하는 입장이다. 따라서 맥락에 의한 방법은 미술작품을 비교 문화적으로 이해하는 경향으로 이행하게 한다. 맥락비평은 미술작품이 만들어지게 된 심리학적 동기라든가 사회적 배경 및 작품의 내용에 대한 분석을 통해서 작품의 이해를 위한 많은 지적 자료를 제공해주는 장점이 있다. 그러나 이 방법이 미술작품 고유의 자율성과 미적 핵심의 문제를 간과함으로써, 작품을 사회학이나 심리학 등의 특정 이데올로기의 반영이나 수단으로 취급해 버리는 과오를 보여주기 쉽다.

셋째, 인상주의 비평은 작품에 대한 냉정한 분석이나 규칙에 의한 판단을 회의하면서 주관적이며 개성적인 비평을 지향한다. 예술에 대한 기계적 설명을 거부하고 객관적 비평의 성립을 부인함으로써 미술작품이 자신에게 던져 주고 있는 정서적 울림을 가장 중요시하는 것이다. 그러나 이러한 비평의 단점은 자유로운 작품해석의 무한정성으로 인해 가끔 미술작품이 지니고 있는 내재적 구조와 동떨어진 미적 정합성을 드러내기 쉽다는 데 있다. 미술작품이 일차적으로 우리에게 정서적 다가오는 것이 사실이지만 이를 평가하기 위한 최소한의 합리적 판단도 중요함을 인상주의 비평은 인식해야 하는 것이다.

넷째, 의도주의 비평은 '미술가가 무엇을 하려고 했으며 작품 속에서 그 의도를 어떻게 달성 했는가'라는 점을 밝히는 것을 핵심으로 한다. 작가의 의도를 파악하는 것은 예술작품을 이해하는데 중요하다. 그러나 예술의 이해는 작가의 의도를 전적으로 파악하는데 있는 것이 아니기에, 작가의 의도는 예술작품 분석을 위한 부차적 요소일 수밖에 없다.

사실 예술작품에서 작가의 의도는 성공적으로 달성될 수도 있고 그렇지 못할 수도 있다. 설사 작가의 의도가 작품에서 성공적으로 달성되었다고 하더라도 그 의도가 작품을 해석하는 유일한 방법일 수는 없다. 비평가 역시 작품을 해석하는 자이고 그 해석에 자기의 관점을 자유로이 넣을 수 있음을 고려한다면, 창작자로서의 미술가의 의도 이상으로 해석자로서의 비평가의 의도 역시 중요함을 의도주의 비평은 주목해야 하는 것이다.

다섯째, 형식주의 비평은 20세기에 일어난 하나의 비평 운동이며, 예술 외적인 요소들로 예술작품을 해석하는 것을 거부한다. 형식주의 비평은 작품의 내재적 본질, 즉 미술을 미술이게끔 하는 구조적 특성을 중요시하고 그것을 구성하고 있는 기본요소들인 선, 색, 형태, 조화, 균제, 변화, 다양성의 통일 및 제반 조형적 요소들을 세밀히 관찰하고 그것들이 작품 속에서 일으키는 미적 의미를 해석한다. 그러나 이러한 요소들은 일반적인 규정이며, 미술에는 조화와 균제와는 관계가 없는 무수한 형식들이 있기 때문에 형식이 보여주는 특수한 미적 성질은 가끔 외면적 접근으로 끝날 경우도 없지 않은 것이다.

여섯째, 전체주의 비평은 지금까지의 다양한 비평방법을 함께 모아 놓은 방법이다. 물론 이때 모든 비평방법을 단순히 기계적으로 혹은 수평적으로 모아놓고 적용하는 것은 아니다. 각각의 비평방법들이 지니고 있는 장점을 극대화하고 문제점들은 제거하거나 보완하는 것이다. 그러나 이러한 방법은 동시에 여러 방법이 가지고 있는 모든 문제점을 한꺼번에 동시에 노출 시킬 수도 있다. 왜냐하면 서로 다른 여러 가지 관점을 한 군데에 모아 놓을 경우, 작품이 보여주는 개개의 문제점이 한 순간에 해결되는 대신 그 문제점이 동시에 드러날 수 있기 때문이다.

2.2. 음악비평

2.2.1. 음악이란 무엇인가

음악은 어디에서나 들을 수 있다. 음악에 대해 이야기하는 사람들은 음악이 인간의 감각과 지성에 대해 가지는 중요한 의미를 언급하면서, 인간의 담론세계가 음악예술에 의한 필연적인 장치임을 확신한다. 한편, 고대 이래로 인간의 삶에서 음악은 중요한 역할을 했지만 음악에 대한 정의는 결코 쉽지 않았다.

피타고라스는 최초로 음악을 수의 개념으로 이해하여 음향학의 기초를 마련하였고, 이에 영향 받은 플라톤 역시 특정 선법들이 인간의 정신에 미칠 수 있는 효과 때문에 그 선법들의 사용을 조절해야 한다고 생각했다. 음악이 하늘의 조화를 반영하고 리듬과 선율은 천체 구조의 움직임을 모방하기에 음악은 천체의 질서를 묘사하여 우주의 도덕적 질서를 반영한다는 것이다. 따라서 그는 인간의 성격과 이를 재현하는 음악 간에 일종의 상응관계가 있다고 짐작하였다. 반면, 지상의 일부 음악이 인간의 감성에 호소하는 정서적 효과를 불신하면서 이런 선법들의 감각적 성질을 매우 위험스러운 것으로 규정했다.

아리스토텔레스는 모방으로서의 예술 개념을 발전 시켰고 음악 역시 보편적인 것을 표현할 수 있다고 보았다. 예술작품이 그 안에서 진리를 탐지할 수 있다는 그의 견해는 음악에 대한 그의 긍정적 견해를 뒷받침했다. 그럼에도 아리스토텔레스는 "음악의 성격과 그에 대한 지식을 얻으려는 이유를 설명한다는 것은 쉽지 않다"고 고백하였다. 플라톤과 마찬가지로 음악이 인간의 성격을 이루는 힘이 있다고 생각했지만, 플라톤과 달리 모든 선법을 인정했고, 행복과 즐거움을 개인과 국가 모두에 요구되는 가치로서 인식했다. 이러한 다양한 견해에도 불구하고 음악이 윤리적 삶에 영향을 주며, 특수한 효과와 기능을 가지고 있다는 그리스적인 관점은 오늘날까지 여전히 우리 가운데 자리 잡고 있다.

중세의 경우, 교회에서는 가사의 우월성을 강조되었기에 음악을 언어의 부수물로 취급하였다. 이리하여 음악에 매료되어 종교에 대한 음악의 유용성을 가치있게 여겼고, 음악의 근거가 수학적이며 천상의 운동과 질서를 반영한다고 주장하였던 성 아우구스티누스조차도 음악의 감각적 요소를 두려워하여 선율이 말보다 중요시되는 것을 원하지 않았고, 이것은 성 토마스 아퀴나스에 의해 다시 반복되었다.

근대의 경우, 초기 과학자들은 음악을 유성의 운동과 관련시키면서 천체의 조화에 대한 사고를 영속시켰다. 데카르트 역시 음악의 근거를 수학적으로 생각했다. 음악이 상상적이고 흥미 있어서 야기되는 부도덕한 효과를 막기 위해 중용의 리듬과 단순한 선율을 전제하고 있다는 점에서 그 역시 충실한 플라톤주의자였다. 라이프니츠에 의하면 음악은 우주의 리듬을 반영하고 또 수적 관계를 잠재의식으로 이해함으로써 마음에 경험된 근본적인 수학적 현실을 반영했다.

칸트는 자신이 구분한 예술의 계통 구조 내에서 음악을 최하위에 두었다. 특히 그는 가사가 없는 음악을 불신하였는데 그런 음악은 즐거움을 가져다줄 수는 있어도 교양을 위해 어떤 도움도 주지 못한다고 생각하였기 때문이다. 헤겔은 예술이 신적인 것을 나타내기는 하지만 철학에 종속된다고 말하면서도 음악의 추론적 성격을 찬양했다. 그러나 칸트처럼 헤겔 역시 성악을 기악보다 더 가치 있는 것으로 보았고 가사 없는 음악을 주관적이고 불명확한 것으로 여겼다.

한편, 오늘날 상징주의로 불리는 음악의 개념은 쇼펜하우어와 니체의 철학에서 출발한 것이다. 이들은 각기 다른 방식과 용어를 사용하여 음악이론에 새로운 개념을 도입하였지만 두 사람 모두 역동주의라는 하나의 원리에 충실하고 있음은 동일하다. 이들은 음악을 다른 예술의 현상조건인 공간성을 갖지 않는 예술로 파악하고 내적인 과정의 역동성에 더 근접하는 것으로 여겼다. 쇼펜하우어의 경우, 음악을 플라톤의 이데아를 객관화된 의지로 보고 음악은 결코 다른 예술들처럼 이데아의 복사가 아니라 '의지 그 자체'를 담아낸다고 말한다. 한편, 니체는 예술을 형식과 합리성을 대표하는 아폴론과 도취와 황홀을 가리키는 디오니소스로 양분한 후 음악은 본질적으로 디오니소스적 예술로 규정하였다.

20세기 초반에 이르러 음악은 그것이 들려주는 진동의 규칙성에 의해 특징지어진다고 생각되었고, 이러한 성질은 음악에 고정된 음높이를 부여해 '소음'과 음을 구별하게 하였다. 그러나 이러한 견해는 미국의 존 케이지를 비롯한 현대 작곡가들에 의해 임의의 음향은 물론 소음 그 자체도 작곡의 한 요소로 사용되자 20세기 후반에 이르러 더 이상 받아들일 수 없게 되었다.

이상의 역사적 과정을 볼 때 다른 예술과는 달리 음악은 그 본질적 의미 혹은 정수를 찾기 매우 힘들었고 탐구 역시 다양할 수밖에 없었다. 음악에는 내적인 의미, 외적인 의미, 무수히 많은 의미들이 존재하며 음악에 대한 모든 종류의 의미 부여는 결국 그것의 역사적 상황과 사회적 조건 내에서 드러날 수 밖에 없는 것이다.

2.2.2 음악 비평의 의미

음악은 우리에게 많은 것을 전해주며 많은 것을 이야기한다. 그럼에도 음악은 가장 추상적인 예술이기도 하다. 이러한 이유들로 인해서 대중들은 물론이고 교양인들조차 음악이나 음악의 활동에 직면해서 그에 관한 객관적인 해명을 시도하려고 할 때 심각한 지적 빈곤을 느끼게 된다. 이처럼 대중들이나 일반 감상자들에게 있어서는 정확히 규정된 음악에 대한 판단들이나 적절한 개념들을 골라내는 것이 용이하지 않다는 점에서 음악에 포함된 정신적 혹은 관념적 의미체를 표현하는 비평가들의 역할은 매우 중요한 작업임은 틀림이 없다.

이리하여 대중들이 피상적인 태도를 거부하고 좀 더 유익한 결론을 도출할 수 있는 길을 모색하는 과정에서 개개의 비평가의 의도나 표현 형식에 대해서도 많은 관심을 표명하면서 이를 통해서 음악을 보다 심도 있게 이해하려는 것이다. 이리하여 각종 매체에서 발표되어지는 비평가들의 글들은 대중에게는 근본적으로는 음악에 대한 중요한 정보로서 기능하는데 왜냐하면 그 글들을 통해서 특정 비평가들이 특정 음악 감상을 위한 보다 논리적이고 체계적인 정보를 효과적으로 표현하기 때문이다.

이리하여 첫째, 음악 분야에서 모든 비평가들은 적어도 근본 전제에 있어서는 미학자이어야 한다. 흔히 음악가들은 자신의 예술적 활동을 위해 필요로 하는 확고한 이론적 기반을 지니지 못한 채, 일반적으로 제기되는 이론적, 미학적 물음에 대해서 특정한 자세나 태도를 보여주기 때문이다. 이러한 상황을 감안할 때 음악미학은 음악비평을 위해서 보다 생산적인 결과를 도출 할 수 있는 이론적 근거를 제시할 수 있다. 이리하여 음악미학 속에서의 관점들은 비평을 위해서 더욱 이론적으로 사용되어야 하며 철학적인 사고는 이러한 작업을 위한 합리적 근거를 제시해야 하는 것이다.

둘째, 이리하여 미학적 음악비평은 일반 대중들에게 음악에 대한 풍부한 관심들을 제공할 수 있다. 그 특유의 추상성 때문에 음악에 대중적으로 쉽게 전달하기 어려운 일반 감상자들을 위해서 음악가의 작곡 의도가 무엇이며 그 작품을 이해하기 위한 사전 지식이 무엇이며 특정 작품에서 음악가의 미학적 표현들을 얼마나 많이 드러내어 주는지를 설명해 줄 수 있는 것이다. 일반 감상자들이 비평가들의 해석에 의존해야 할 필요성을 이런 점에서 확인 할 수 있다.

셋째, 실무에 종사하는 음악가의 관점에서도 비평은 필요하다. 사실 예술가들을 일종의 좌절감으로부터 벗어나게 할 수 있는 가장 우선적이고 바람직한 수단은 이들의 뛰어난 업적에 대한 비평가들의 직접적인 칭찬과 격려이다. 동시에 이러한 격려는 비평가와 음악에 대한 관심과 조예가 풍부한 대중들과의 상호 협조 하에 이루어져야 하는 것이다. 이렇게 볼 때 음악가 역시 전문가의 객관적인 판단을 듣고 싶어 한다. 그것도 사적인 장소에서 단지 말로 하거나 개인적 서간을 통해서가 아니라, 공개적으로 인정되어서 언론 매체에 게재되기를 원한다.

이리하여 비평가가 음악을 그의 내면적 정신 안에서 이해하고, 체험하고 평가하고 존중하려면 근본적으로 진실한 예술적 본성과 생산적인 음악가로서의 재능을 소유한 인물이어야 한다. 물론 비평가 자신이 탁월한 작곡가나 음악적 대가이기를 요구받지는 않지만 자신의 예술적 재능을 통해서 음악가의 업적을 공개적으로 그리고 객관적으로 평가한다면 편파이지 않고 주관적이지도 않은 훌륭한 비평가로 인정받게 되는 것이다.

그가 비평가로서의 그의 임무를 수행할 때 음악적 재능은 그로 하여금 탁월한 작품을 선별하여 발탁할 수 있게 하며 이 작업을 환상적이고 즉흥적으로 행함으로써 음악가의 능동적인 활동을 지원하게 되는 것이다. 비평가가 이런 소양을 소유하지 못하였다면, 음악가는 무엇이며, 어떤 상태로부터 그가 창작하며, 어떻게 음악과 함께 그의 자아가 내적으로 성장하는지를 알 수 없으며 다만 직관적으로 예감할 뿐이다.

2.2.3. 음악비평의 방법

이상의 사항들을 고려해 볼 때, 음악 비평을 위한 중요한 기초 작업은 다음과 같다.

첫째, 먼저 연주된 곡들에 대해 알고 있어야 한다. 즉 작곡가, 작곡된 시기, 형식, 기법, 곡의 배경(작곡가의 동기나 의도), 연주형태 등을 알아야 전체적인 분위기와 해석을 할 수 있을 것이다. 특히 시대적 배경은 곡을 이해하는데 상당한 중요한 요소이다.

둘째, 비평할 연주곡을 듣기 전에 다른 연주자나 연주 단체가 이 곡을 연주하는 것을 들어보는 것도 좋은 방법 중 하나이다. 이것은 비평의 대상이 될 연주와 비교할 수 있는 좋은 기회가 되기 때문이다.

셋째, 연주자나 연주 단체의 연주 수준을 평가해야 할 필요가 있다. 따라서 연주되는 곡에 사용되는 악기를 잘 파악하고 앙상블(호흡)정도를 가늠해야 한다. 그러기 위해선 평소 여러 종류의 음악을 많이 들어보는 수 밖에 없는 것이다.

넷째, 비평가는 명확한 언어 표현 능력을 소유해야 한다. 즉 비평가는 훌륭한 문필가가 되어야 한다. 비평가는 자신의 글을 통해서 음악을 좋아하는 사람들 사이에서 이를 중개하면서 음악이라는 예술에 대해서 흥미를 불러일으키게 하고, 정확하게 인식하게 하고, 훌륭한 작품은 격려를, 나쁜 작품은 대중으로부터 분리시키는 객관적이고 합리적인 판단을 시도해야 하는 것이다.

다섯째, 이런 의미에서 음악 비평가는 자신의 임무를 원활히 수행하기 위해서 늘 콘서트홀이나 극장에 있어야 하고, 의무적으로 예술 작품의 수용에 전념해야 한다. 또 최초의 음향에 직면해서 완전히 중립적일 수 없다고 하더라도 가능한 사적 감정을 배제함으로서 객관적 태도를 취할 수 있어야 한다. 책임 있고 논리적인 형식에서만 감정과 사고는 그 본래의 모습을 드러내는 것이기 때문이다.

여섯째, 비평가는 그의 영역에서 나름대로 절대적인 권한이 있다고 하더라도 독자나 예술가의 정당한 항변을 계산해야만 한다. 그의 진술에서 사소한 실수를 피함으로서 자신의 비평문의 품격을 유지하도록 해야만 한다. 그러므로 그는 우수한 연주가 이상으로 모든 관람자 중에서 예술에 대해서 성실한 태도를 보여주는 감상자를 늘 의식해야 하는 것이다. 즉 비평문에는 객관성과 사실성에 입각한 글 만이 있는 것이 아니고, 그를 바라보는 청중들의 무수한 시선도 포함되어야 하는 것이다.

이러한 관점에서 전통적으로 음악에서 중요시 된 비평기준을 살펴보면 다음과 같다.

1) 통일성 - 훌륭한 작품이란 단일체를 다양화시키는 것이라고 할 수 있다. 이리하여 그 작품들은 모든 가능성과 정보를 함축하고 있는 하나의 개념으로부터 생성되는 것이다. 음악에 들어 있는 대조적 주제들은 그 주제 각각이 하나의 기본적 사고의 다른 측면을 나타내기 때문에 함께 구성될 수 있는 것이다.

2) 매체 - 음악에서의 중요한 문제 중 하나는 음악이라는 예술 작품이 특수한 매체, 즉 악기를 통해서 표현된다는 점이다. 따라서 작곡가 혹은 연주가는 만일 특정 작품이 이와 걸맞지 않는 매체로 연주될 때 그 곡은 왜곡된 형태로 들려질 수 밖에 없음을 예상해야 할 것이다. 이것은 음악의 법칙을 근본적으로 재현하고 있는 악기가 그 매체 특유의 동일성을 통해서 음악을 가장 선명한 방식으로 들려주어야 한다는

것이다. 이리하여 음악가의 영감은 자신이 표현하고자 음악 만큼이나 매체의 효과나 그 한계도 무시해서는 안되는 것이다.

3) 경제성 - 브람스는 "모든 음은 그 음이 있어야 할 자리에 있는 것이 가장 중요한 점이다"라고 말했다. 위대한 음악작품에는 경제성의 법칙이 발견된다. 이는 달리 말해서 실제로 음악적 의미를 소통시키는 데 요구되는 음보다 음악적 요소가 더 많거나 적을 경우 의미는 불분명해짐을 의미하는 것이다.

4) 형식과 내용 - 어떤 음악가들은 형식과 내용 사이의 구분이 잘못된 것이라고 말한다. 즉 이 둘은 하나의 유기적 결과라고 주장한다. 그러나 구별하지 않을 수 없는 이유는 좋은 형식일 경우 형식은 음악재료로부터 불가피하게 주어진 것이지만, 나쁜 형식일 경우 음악이 생겨난 내적 방향과 그 음악이 따라야 하는 외적 방향이 결과적으로 구분되기 때문이라는 것이다.

6) 가청성 - 모든 작품의 실제 원리가 총체적인 청각적 효과임에도 어떤 악절은 실제 연주에서는 들리지 않을 때가 있다. 예컨대 협주곡에서 독주자가 건반 위 아래를 오르내리며 포르티시모를 연주하는 장면에서도 그 음들이 들리지 않는 경우가 있는 것이다.

2.3. 영화비평

2.3.1. 영화란 무엇인가

영화는 '가장 젊은 예술'이다. 여기에서 가장 '젊다'라고 말하는 것은, 영화가 19 세기 이래의 과학기술의 발전에 힘입어 가능해진 새로운 예술이며, 그 표현의 영역과 가능성이 매우 크다는 점을 염두에 둔 표현이다. 한편, 종합예술이라는 말이 잘 말해주듯이, 영화의 특징은 미술, 문학, 음악 등의 기존 예술 장르들이 갖추고 있는 미학적인 요건들을 골고루 갖추고 있다는 데 있다. 영화는 이러한 일반적인 예술의 미학적 조건 외에도 그만의 독특한 성질들을 가지고 있으며, 그 독특한 점들이 현대의 가장 유력한 예술로서 영화를 평가하게 만드는 요인이 되고 있다.

영화의 독특한 성질이라면, 우선 사실성을 들 수 있다. 물론 영화가 여러 가지 기법을 사용한 특이한 영상을 통해서 매우 주관적이고 환상적인 영상을 보여주고 있음도 사실이다. 그러나 영화라는 매체의 가장 중요한 특징 중 하나가 영상의 사실성임은 부정할 수 없다. 아도르노가 인간의 감각 중에서 가장 우위를 점하고 있는 것이 시각임을 지적하였듯이, 영화의 영상이 갖는 최대의 강점 역시 시각적 리얼리티에 있다. 기록영화를 볼 때 쉽게 이 점은 쉽게 이해될 수 있다.

둘째는 지속성이다. 일단 완성된 영화는 그 필름의 수명이 다할 때까지 몇 번이고 재생 가능하다. 연극의 재상연과 달리 영화의 상영은 세세한 부분까지 완벽한 재생이 가능하기에 많은 사람들이 오랜 기간에 걸쳐 그 영화의 예술적 의의를 음미할 수 있는 것이다.

셋째는 대중성이다. 항상 새로운 것을 찾는 대중의 속성 때문에 영화는 초창기부터 여타의 예술 장르들에 비해 상업주의에 물들지 않을 수 없었고 이러한 대중성은 나중에 정치적인 선전의 도구로 전락하기도 했지만, 이후 이러한 요소는 역기능 이상으로 "예술로서의 영화"가 갖는 강점을 보여주기도 하였다.

네 번째로 유연성이다. 영화는 초창기의 고정된 촛점, 고정된 시각, 고정적인 카메라의 위치와 앵글 등의 형식적 제약성을 곧 극복되었고 이후 영화는 시간적 제약이나 공간적 제약은 전혀 받지 않았다. 이러한 강점들은 영화를 현대 예술 중에서 가장 강력한 힘을 발휘하는 장르로 만들었다. 이리하여 무성영화 시대의 영화를 "빛의 음악"이라고 말한다면 영상에 소리와 음악이 들어간 영화는 "빛과 소리의 오케스트라"라고 표현할 수 있다. 이후 촬영기술의 발달로 말미암은 영화의 표현력은 거듭 확대 되었고 이러한 요인들이 영화를 매우 창조적이고도 현대적인 매체로 인식하게 하였다.

2.3.2. 영화비평의 의미

앞에서도 지적했듯이 영화는 탄생 때부터 예술보다는 오락매체로 인식되었다. 내러티브 영화에 대한 관객들의 이러한 인식은 영화사의 흐름 속에서 거의 변하지 않은 채 지속되었다. 따라서 초창기의 영화비평의 기능은 오락적 차원에서 신문을 통하여 독자(관객)들에게 줄거리를 간단하게 요약하여 소개하고, 재미있는 영화와 그렇지 않은 영화를 선별해 주는 안내자 같은 구실을 할 뿐, 영화에 대한 비평가의 주관적 판단이나 비평은 필요하지 않았다.

따라서 대부분 관객들의 영화비평이란 개봉 중인 어떤 영화에 대한 만족이나 불만을 표현하는 것에 지나지 않았고, 조금 더 나아간다면 일반 관객들에게서 별로 호응을 받지 못한 작품들 중에서 의미 있다고 생각되는 것을 골라내어 그 가치를 알리는 작업으로 인식되었다. 즉 비평의 중요한 기능은 여러 영화들 중에서 어떤 작품들이 예술적 가치가 있는가를 선별 한다기 보다는 흥미 차원에서 소위 재미있는 영화를 관객들에게 알려주는 데 있다.

그러나 영화가 점차 새로운 예술형식으로 인식되면서 영화비평은 그 전문적인 기능이 점차 인식되기 시작하였다. 영화 기법이 점점 발달하고 문학, 연극, 음악, 회화 등 기존의 예술양식에서 영향을 받아 그 표현 방식이 더욱 복잡해지면서, 보다 수준 높은 사고를 요구하는 영화들이 속속 등장하였고, 이와 병행하여 영화와 영화비평에 대하여 다른 관점을 가진 관객들도 나타나게 되었다.

이러한 관점에 의하면 영화 감상 역시 다른 예술과 마찬가지로 중요하고 의미 있는 행위이기에 영화에 관한 다양한 담론을 통해 감상의 즐거움과 이해를 넓히려는 진지한 노력은 매우 중요하다는 것이다. 이리하여 영화 비평은 재미있는 영화를 소개하고 선별하는 일차적 기능 이상으로 "이 작품이 왜 좋은 영화인가" 혹은 "도대체 좋은 영화란 어떤 것인가" 에 대한 진지한 논의를 담당하게 되었다.

이제 영화비평은 단지 특정 영화에 대하여 긍정적 또는 부정적 평가, 즉 개봉 중인 영화들에 대한 단순한 평가 이상으로 영화 자체의 이해를 위한 지적 토대로서 의미를 가지게 되었다. 영화비평은 영화의 양식을 밝히고 관찰하는 행위, 영화에 질서를 부여하고 관계를 구성하는 행위로 이해되었고, 이러한 작업을 위해서 영화의 역사, 영화의 미학적 근거 그리고 영화 작가에 대한 개별적 지식 뿐 만 아니라, 영화라는 매체를 둘러싼 역사적 상황, 영화 자체의 이론, 예술로서의 영화의 가치, 나아가서 영화의 사회적 영향 등에 관한 담론 역시 비평의 범위를 넓히기 위해서 반드시 필요한 이론적 토대가 되었다. 오늘날 우리들이 대하는 지적인 혹은 학문적인 영화비평은 여기에서 비롯된 것이다.

물론 영화를 경험하기 위해서 반드시 어떤 이론적 토대에 근거할 필요가 없다. 그리고 비평가 역시 관객보다 영화에 대한 평가적 작업에서 우월한 존재도 아니다. 단지 일반 관객들은 영화를 보고 난 뒤에 자신이 받은 감동이나 느낌을 다소 비체계적인 방식으로 표현하고 있는 반면, 비평가는 그러한 경험을 논리적으로 표현하고 기술하는 사람이라는 차이가 있을 뿐이다.

그러나 결국 이러한 차이를 위해서 비평가들은 영화를 감상하고 사색하는 경험에서 유용할 수 있는 지식과 정보들을 증대시키고 이를 책임 있게 다루는 것이다. 이리하여 영화에 관한 학문적 논의와 비평은 교양 있고 진지한 독자층, 즉 여러 가지 비평 방법 등에 대한 기본적 지식을 구비하고 있는 관객들을 전제로 하면서 특정 작품의 목적과 의도 그리고 기능을 독자들에게 명확한 표현을 통해서 전달하는 것이다.

2.3.3. 영화비평의 방법

좋은 비평을 위해서는 영화의 구성요소에 대한 올바른 이해가 필수적이다. 비평가는 영화의 표현적 특성을 알아야 하며, 편집이 갖는 속도감과 리듬을 이해하여야 한다. 장면전환 기법은 적절히 사용하였는지, 촬영과 조명, 음악과 음향, 특수효과는 영화가 추구하고자 하는 것과 잘 조화를 이루고 있는지를 파악해야 한다. 출연자들 간의 조화 역시 중요한 사항이다. 영화의 주제가 누구의 시점으로 진행하고 있는가를 파악하는 것도 중요하기에 극적 구조의 구성도 살펴야 한다. 숏의 크기와 숏 안에서 벌어지는 연기자의 움직임, 등장인물의 심리를 묘사하는 카메라의 움직임을 파악하는 것도 물론 필요한 사항이다.

이른바 깊이 있고 예리한 영화비평을 위해서는 앞에 제시한 사항들 외에도 다양한 분야의 공부가 필요하다. 관객들이 비평가의 권위를 신뢰할 수 있는 것은 이러한 다양한 지식을 토대로 하는 비평적인 식견이며 이를 효과적으로 전달하는 능력이다. 대신 어떤 비평가들은 이러한 권위를 스스로 포기함으로써 관객들로부터 신뢰를 상실한다. 예를 들어 특정 감독에 지나치게 영합하거나 배급회사의 홍보 전략에 적극 협조함으로써 영화계의 상업적 분위기에 지나치게 순응하는 것이다.

한편, 영화연구에 있어서 비평과 영화사는 별개의 영역으로 간주되고 있지만 실제 비평에 있어 양자의 상호의존적 관계는 매우 중요하다. 영화사를 기술하기 위해서 영화라는 예술형식이 진일보하는 데 공헌한 작품들을 선별하는 비평행위가 우선해야만 한다. 영화비평가는 영화사가 이룩한 연구업적에 의존하면서 자신의 논의를 전개시키곤 하는 것이다. 이리하여 훌륭한 비평가가 되기 위해서는 영화사에 대한 지식은 필수적이다.

또한 영화와 관련한 기술적 지식과 발전의 역사에 대한 지식도 필요하며, 영화의 발전과 관련한 동시대의 정치 사회적 변화에 대한 인식도 필요하다. 영화 이론과 관련한 제반분야의 학문에 대한 지식도 뒤따라야 한다. 좋은 영화비평의 요건은 날이 갈수록 다양해지고 있다.

2.3.4. 영화비평의 종류

영화 비평은 보통, 일반 대중을 상대로 신문, 잡지, 텔레비전 등의 매체를 통한 저널리즘 비평과 일반 대중보다 더 높은 식견을 가진 전문층을 대상으로 학술지 등에 게재하는 학술비평으로 나눌 수 있다. 신문, 잡지, 등에 간단히 영화를 소개하는 저널리즘 비평을 흔히 리뷰라고도 부른다.

저널리즘 비평은 앞에서 지적한 비평의 일차적 기능에 해당되는 것으로 신문, 잡지, 방송매체를 통한 영화비평으로 일반 대중을 상대로 한다. 개봉 예정이거나 현재 상영 중인 영화들에 대해 설명하고, 아직 영화를 관람하지 않은 관객들에게 감상 여부를 결정하도록 도와준다.

저널리즘 비평은 매체의 특성상 보통 즉각적이다. 영화의 개봉을 알리고 예상 관객들을 위해 영화에 대한 개략적인 정보를 서술하면서 추천의 근거를 들며 간략한 평가를 덧붙인다. 대개의 경우 매체의 특성상 영화의 사회적, 정치적, 철학적 쟁점에는 별 관심을 두지 않으며 특정한 역사적 시각의 제시 역시 논외로 한다. 저널리즘 비평의 특징은 다음의 네 가지로 정리된다.

첫째, 관객의 이해를 용이하게 하기 위하여 영화의 스토리를 요약하고, 둘째, 작품을 보고 느낀 비평가의 주관적인 인상을 서술하며, 셋째, 대중들에게 인기 있는 스타 혹은 배우들에 대해 언급하고, 넷째, 영화의 주제를 간단하게 설명하고 비평의 마지막 부분에서 영화의 예술적 의의에 대해 덧붙인다. 그 소구 대상이 영화 관람의 체험을 공유하고 감정적인 반응을 서로 교환하기를 원하는 대중 관객들이므로, 자연히 영화에 대해 진지한 탐구를 시도하기보다는 오락적 가치에 상대적으로 비중을 두며, 영화가 잠재적으로 지니는 소비적 효과에 관심을 집중시킨다.

학술비평은 주로 전문적인 출판물에 실리는 수준 높은 비평이다. 학술비평은 학자, 비평가, 영화를 전공하는 학생들, 영화에 관해 더욱 깊이 있는 지식을 얻고자 하는 사람들을 대상으로 한다. 영화매체를 미학적, 사회적, 역사적 현상의 하나로서 연구하며 영화의 극적 구조나 시청각적인 요소가 어떻게 효과적으로 구성되는지를 학문적으로 접근한다. 저널리즘 비평과는 달리 영화의 장단점을 가리기보다는, 이론적이고 역사적인 질문들을 던지며 특정 영화가 영화사 속에서 어떤 위치를 차지하고 있는지를 밝히는 데 집중한다.

학술비평은 그 대상을 영화의 역사, 미학, 이론 등에 대해 일정 수준 이상의 지식을 구비한 독자들로 전제하기 때문에 특수한 용어, 개념들에 대한 상세한 설명을 덧붙이지 않기에 일반 독자들에게는 다소 난해한 문장으로 읽혀질 수 있다. 대신, 논리적으로 명확하고 근거를 갖춘 일관성이 있는 것으로서 수용적인 기능보다는 분석적인 기능을 수행한다.

그러므로 학술비평은 객관적인 해석의 근거 들을 마련하기 위해 이론을 이용한다. 여기에 사용하는 이론은 개별영화에 대한 감상을 넘어서서 '영화란 무엇인가?' 라는 매체의 본질에 대해 질문으로 연결되기도 하고, 영화의 의미가 어떠한 과정을 거쳐서 만들어 지는지를 정밀하게 분석한다. 또한 이렇게 생성된 의미가 관객들의 경험을 어떻게 구성하는지, 영화라는 장치가 은폐하는 이데올로기적 효과는 무엇인지에 대해 질문을 제기한다.

2.4. 문학비평

2.4.1. 문학이란 무엇인가?

사람들은 흔히 문학이 무엇인가를 결정하는 것이 매우 간단할 것이라는 생각하였다. 그러나 사실은 그렇지 않다. 수세기 동안 작가들, 문학사가들, 그리고 다른 많은 사람들이 이 용어에 대한 정의에 논의를 해왔지만 아직도 의견의 일치를 보지 못하고 있다. 라틴어인 littera에서 유래하여 '글자(letter)'라는 의미를 지닌 문학(literature)은 일차적으로는 쓰여진 글을 지칭하고 위와 같은 광범위한 의미로 정의된다.

그러나 이러한 정의는 문학의 많은 부분이 근거를 두고 있는 구전의 전통을 배제시킨다. 예를 들어 호머의 <일리아드>, <오디세이>, 영어의 <베오울프>, 미국의 토속전설은 위와 같은 정의에 의하면 문학으로 간주될 수 없다. 그렇다면 현대 출판물인 요리책과 도로 지도책은 <데

이비드 카퍼필드>나 <허클베리 핀>과 마찬가지로 문학 작품이라고 선언할 수 있는가?

이런 문제를 해결하기 위해 다른 사람들은 문학을 하나의 예술로 정의하는 쪽을 택한다. 나아가서 더욱 그 의미를 좁혀서 문학을 상상력의 작품이나 창조적 글쓰기와 일치시킨다. 이 정의에 의하면 전화 번호책이나 요리책과 같이 글로 쓰여진 작품은 문학으로 간주될 수 없으며 대신 시, 연극, 소설, 그리고 다른 상상력에 의한 글쓰기의 형태들이 문학으로 간주된다.

이처럼 문학의 정의를 예술과 일치시키면서 그 범위를 좁힘으로써 무엇이 문학 작품으로 간주될 수 있고 없는가를 단순화시키는 것 같지만 사실은 그렇지 않다. 왜냐하면 광의의 정의를 받아들이던 협의의 정의가 받아들이던 간에 하나의 텍스트는 문학으로 간주될 수 있게 되기 전에 특별한 성격을 소유해야 한다고 많은 사람들이 주장하기 때문이다.

예를 들어 예술가의 창조나 이차적 세계는 작가의 일차적 세계를 반영하는 경우가 많다. 그 일차적 세계는 창조자가 살고 있으며 움직이고 숨 쉬는 구체적 세계이다. 동시에 일차적 세계가 고도의 구조를 갖추고 있는 것과 마찬가지로 이차적 세계도 구조를 갖추고 있어야 한다. 이러한 구조를 성취하기 위해, 하나의 문학 작품을 생산하기 위해 예술가는 역동적인 상호관계 안에서 플롯, 인물, 어조, 상징, 갈등 등의 요소들을 창조해야 한다. 어떤 글로 쓰여진 작품이 문학인지 아닌지를 결정하는 것은 이런 요소들에 의해 결정된다는 것이다.

한편, 예술 작품의 아름다움을 판단하는 기준이 어디에 있든 대부분의 비평가들은 하나의 예술작품은 두드러지는 심미적 성격을 지니고 있다는데 의견을 같이 한다. 문학을 다른 글쓰기 형태와 구별 짓는 이

심미적 성격은 직접적으로 문학의 주요 목적인 '이야기하기(story telling)'에서 잘 나타난다. 사실 문학의 일차적 목적은 이야기를 하는 것이다. 이야기의 목적은 특별히 인간적인 것으로 사실을 말하거나 정보를 주려는 것이 아니라, 여러 가지 인간 경험을 묘사하려는 것이다.

예를 들어 문학은 '용기'라는 단어를 정의하는 것이 아니라 용기 있게 행동하는 용감한 인물을 보여준다. 이렇게 함으로써 문학은 인간적 가치, 인간의 감정, 행위, 사상을 이야기 형식으로 보여주는 것이다. 우리 독자가 등장인물들의 삶을 간접적으로 경험하는 것은 이러한 구체화를 통해서이다. 즉 등장인물을 통해 우리는 극적 행위를 하고, 결정을 내리고 비인간적이기 쉬운 환경에서 인간성을 유지하려고 노력하는 인물들을 관찰한다. 그리고 이들은 우리가 포용하거나 즐기거나 혐오해야 할 인간의 특성과 가치를 우리에게 보여주는 것이다.

2.4.2. 문학비평의 의미

그렇다면 문학이란 무엇인가? 하나의 작품 안에서 모든 것이 정점에 이르는 어떤 미학적 성격을 내포한 하나의 이야기인가? 또 문학 작품은 그 자체로만 존재하는 것인가 아니면 문학이 되기 전에 관객이나 독자를 가져야만 하는가? 이러한 질문에 대한 해답은 항상 논쟁의 여지가 있지만 대부분의 사람들은 하나의 텍스트가 지니는 예술적 가치에 대한 인식이나 공감이 독자들로 하여금 문학이라는 장르에 그 텍스트를 포함하는데 도움을 주리라는 데는 동의할 것이다.

문학의 이러한 본질적 성질은 동시에 작품 그 자체, 즉 전개되는 이야기 속에서 창조되어진 허구성이나 이차적 세계에 대한 시험, 작가가 자신의 우주 혹은 작품에서 재현하는 것으로 생각되는 세계관 그리고 이에 대한 관객이나 독자의 공감 같은 요소들과 병행되어 진행된다. 독자와 비평가들은 이들 요소들 가운데 특정 요소들을 다른 요소들에 비해서 더 많이 강조한다.

그리고 텍스트의 예술적 상황에 대한 이런 고려는 즉시 문학의 범주를 넓히게 한다. 즉 단지 어떤 특질을 포함한 글로 쓰여진 작품이라는 좁은 개념으로부터 실제의 텍스트와 독자들 사이의 역동적인 상호관계를 포함하는 범위로 확대된다. 그렇다면 이때 독자들 자신의 문학적 자질이 하나의 작품을 문학으로 고려해야 하는가 아닌가를 결정하는데 도움을 줄 것이다. 그렇다면 문학작품은 존재론적이라기보다는 기능적인 것이며 그 존재와 가치는 작품 자체에 의해서라기보다는, 작가와 독자라는 보다 유기적 관계 속에서 결정되는 것이다.

한편, 19세기의 문학 비평가인 매슈 아놀드는 문학 비평을 "세상에서 알려져 있고 생각되어지는 것 가운데 최고를 배우고 전파시키려는 불편부당한 노력"이라고 설명한다. 다시 말하면 문학비평은 예술 작품을 연구하고 분석하고 해석하고 평가하려는 훈련된 행위인 것이다. 아놀드는 이런 훈련을 통해 비평가들은 하나의 텍스트에 대해서 심미적인 방법과 원칙들을 적용할 수 있다는 것이다. 문학비평의 기능과 텍스트와의 관계를 이렇게 이해한다면 문학비평은 문학이라 불리우는 테스트를 이해하기 위한 훈련 그 자체 뿐 아니라, 그 대상이 되는 예술 작품의 정신세계와도 연관된다.

이처럼 비평은 특정 텍스트에 대한 판별 행위를 통해서 인문학 전반에 대한 가치와 존재 의미를 규정하고 이를 읽는 독자의 행위를 평가하고 나아가서 문학을 통해서 인류의 지성적 자산이 제공하는 즐거움과 이해를 증진시키는 데 도움을 주는 주제들을 연구할 수 있는 것이다. 이리하여 문학 작품을 분석할 때 문학 비평가들은 텍스트의 철학적,

심리학적, 기능적 성격에 관한 근본적인 질문들을 진지하게 제기하였고 이에 대한 해답 역시 진지하게 추구하였던 것이다.

2.4.3 문학비평의 방법

이처럼 다른 예술 장르에 비해서 전통적으로 문학비평의 기술은 일찍부터 발전하였고, 비평방식 역시 다양하게 고안되었다. 이를 분류하면 비평방식에 따라 입법비평, 심미비평, 분석비평이 있고, 작품 조건에 따라 모방론적 비평, 실용적 비평, 표현적 비평 존재론적 비평 등이 있다. 우선, 방법상의 분류를 알아보도록 하자.

첫째, 입법비평은 비평가가 '매개자'나 '중간 해설자'의 입장에서 작품을 분석하고 해명하는 것이 아니라, 이미 세워진 비평기준을 적용하여 작품을 평가하고 작가에게 명령하는 비평형태이다. 입법 비평은 재단비평 혹은 제작 비평 이라고도 한다. 이때 작품제작의 방법, 즉 테크닉을 논하는 것은 이론비평에 가깝지만 이론비평이 형이상학적 내지 미학원론에 속한다면, 제작비평 또는 기술비평은 실제작품의 생산과 관계되어 있으므로 보다 실용적이다. 과거에 제작비평은 창작가에게 어떤 정해진 법칙을 강요하는 경향이 있었으나, 작가의 자유를 보장하는 현대에는 우수한 작품으로 판단되는 작품의 제작기술을 분석하여 기술함으로써 간접적으로 좋은 작품에의 모방을 자극한다. 이런 점에서 제작비평은 하나의 실제비평을 의미하게 되었고 이는 바꾸어 말해서 실제비평이 제작기술에 관심을 둘 때 자동적으로 제작 비평이 된다는 것이다.

둘째, 심미비평는 어떤 기준에 따라 예술작품을 비평하는 것이 아니라 비평가의 취미에 따라 미적 감각의 충족여부를 말하는 비평 유형이다. 이러한 비평은 도덕적 가치나 기존의 비평 기준에 무조건 의지하는 것이 아니라 작품에서 받은 인상이나 쾌락에 의존한다.

셋째, 분석비평은 기술비평이라고도 하는데 현대비평의 대표적 양식이다. 분석비평은 작품의 조건 이외의 어떠한 기준이 문학평가나 해석 위에 작용하는 것을 배제하고 우선 작품의 조건 곧 언어적 조건에 따라 작품을 이해하고 평가하려는 비평태도이다.

다음으로 작품 조건에 따른 분류를 살펴보자.

첫째, 모방론적 비평은 예술작품을 세계와 인간생활의 모방, 반영 혹은 재현으로 보며, 작품에 적용되는 기본적 기준은 그것이 재현되거나 재현해야 할 진실성이라는 것이다. 이것은 특히 현대 리얼즘 이론에서 중요한 기준이 된다.

둘째, 실용적 비평은 예술작품이란 독자 혹은 감상자에게 어떤 효과를 주기위해 제작되며 작품의 가치 역시 이러한 기준에 따라 판단하는 것을 의미한다.

셋째, 표현적 비평은 예술작품을 기본적으로 작가와의 관계 속에서 취급된다. 이것은 예술작품을 작가 자신의 감정 표현, 분출, 발화로 혹은 자신의 지각, 사고, 감정에 작용하는 예술가의 상상력의 산물로 규정하는 것이다.

넷째, 존재론적 비평은 예술작품을 예술가, 독자, 주위 세계 등으로부터 자유롭게 떨어져 존재하는 어떤 것으로 파악한다. 이것은 예술작품을 자기 완결적인 대상으로, 그 자체가 하나의 세계로 기술하고 따라서 작품은 복잡성, 일관성, 총체성 등의 내재적 기준에 의해서 분석되고 판단되어야 하는 것이다.

논문 쓰기의 이론과 실제

이 상 호

1. 논문의 성격

논문은 '어떤 문제에 대한 학술적인 연구의 성과를 그 분야의 전문가들과 공유할 목적으로 적은 글'이다. 이것은 특정한 학술분야의 연구주제에 대해 학술적인 연구와 조사를 거쳐서 그 결과를 글로 기술한 것이다. 논문은 '새로운 지식의 창출과 확장'이라는 학문 목적에 충실하기 위한 글이다. 따라서 논문은 어떤 분야에 대해 조사하고 연구한 것을 바탕으로 새로운 '지식'을 주장의 형태로 제시하고 그것을 논증하기 위해 쓴다. 이 때문에 논문은 철저하게 '학술적 목적'에 부합되는 글쓰기이며, '논증적 글쓰기'의 가장 핵심이라고 말할 수 있다. 따라서 논문은 다음과 같은 성격을 가진다.

첫째, '학술적 성격'을 가진다. '학술적'이라는 말은 연구과정에서부터 글이 기술되는 데까지 '과학적' 혹은 '합리적 방법'이 동원되어야 함을 의미한다. 이와 같은 학술적 성격은 논문이 가진 가장 본래적 성격으로, 논문의 글쓰기가 무엇을 목적으로 하는지를 분명히 알 수 있다. 흔히 '학술적'이라는 말은 글을 기술하는 데 있어서 '과학적 방법'이 동원되었음을 의미하는 것이다. 이 때문에 글을 기술하는 방법이나 내용에 있어서 시나 소설, 수필 등의 글쓰기와는 확연하게 구분되며, 글을 쓰는 목적 역시 다를 수밖에 없다.

둘째, 논문은 '논리적인 글쓰기'이다. '논문論文'이라는 말에서 알 수 있듯이, 논문은 '논하는 글'이다. 그런데 '논'할 때에는 '논하는 이치', 즉 논리論理에 맞아야 한다. 앞에서 '체계적이고 과학적인 방법'이라고 말했던 것은 '논리'에 따라서 글이 기술되어야 함을 의미한다. 따라서 논문은 분명한 '주장'이 있어야 하고, 그에 따른 '논거' 역시 논리적으로 제시되어 있어야 한다. 주장과 논거가 명백한 글인 동시에, 논리적 연계성에 따라서 글이 기술되어야 함을 의미한다.

셋째, 논문은 전문가들 사이에서 공유되는 글이다. 학술적이면서 논리적인 글쓰기이기 때문에, 이것은 자연스럽게 전문가들 사이에서 공유되는 글일 수밖에 없다. 논문은 어떤 분야에서 전문가에 진입하기 위한 필수적인 과제이며, 동시에 전문가가 자신이 연구한 내용을 드러내고 표현하기 위한 글이다. 따라서 그 분야의 '내용'에 대한 깊이 있는 이해를 가지고 '논리적 형식'에 맞추어 쓰는 글이 바로 '논문'이다.

2. 논문의 종류

논문은 특성과 분야에 따라 여러 종류로 나눌 수 있다. 가장 일반적인 것은 연구자들이 자신의 연구성과를 글로 기술해서 발표하는 학술논문이 있으며, 그 외에도 학위를 받기 위해 제출하는 학위논문을 들 수 있다. 나아가 평론, 보고서 등도 논문의 일종으로 이해할 수 있다. 그런데 우리가 주로 논문이라고 할 때에는 학술논문과 학위논문 정도로 나누는 것이 일반적이다. 우선 전체적인 내용들을 종류별로 간략하게 나누어서 살펴보면 다음과 같다.

1) 학술논문

학술논문은 '각 분야의 학자들이 그 분야의 학문적 발전을 위해 자신이 연구한 결과를 다른 학자들과 공유할 목적으로 일정한 체제를 갖추어 발표한 글'이다. 이 글의 궁극적 목적은 연구자가 발견한 새로운 사실을 동료 학자들에게 알리고 비판을 받음으로써 그 분야의 지식 확장에 기여하려는 데 있다. 현재의 많은 학자들이 일반적으로 저술하는 논문의 대부분은 이와 같은 학술논문의 일종이다.

2) 학위논문

학위논문은 학위를 받으려고 하는 학과의 학문적 관심사를 다루는 것으로, 학제에 따라 석사학위 논문과 박사학위 논문이 있다. 이 논문은 특히 학자로서 갖추어야 할 자질과 능력을 유감없이 표현하는 데 실질적인 목적이 있는 것이지만, 그 내용에 있어서는 학술논문과 크게 차이가 없다. 결국 논문제출자가 전문적인 연구자로서 갖추어야 할 역량을 평가 받기 위한 것이므로, 그 내용에 있어서는 학술적인 논문이 가지는 조건과 내용을 갖출 수밖에 없기 때문이다.

3) 평론

평론은 비평적 해석을 목적으로 하는 논문이다. 그 다루는 대상에 따라 미술이나 음악, 문학 등과 같은 예술평론이 있으며, 사회비평과 정치비평, 그리고 경제평론과 같은 시대 비평도 있다. 평론이란 주로 주어진 텍스트에 대해서 적절한 평가를 내리는 것을 목적으로 한다. 이 때문에 기준을 정확하게 제시하고, 그 기준에 따라 주어진 텍스트에 대해 평가를 내리는 글이 바로 평론(비평문)이다. 따라서 이와 같은 글은 기준의 정확성을 논증하는 작업과 그 기준에 따라서 분석 대상으로 삼는 텍스트를 정확하게 분석하는 작업이 함께 이루어져야 하는 글쓰기이다. 이것은 어떤 텍스트에 대해 개인마다 달라질 수 있는 주관적 평가를 객관화하여 평가의 공정성을 확보하려는 것이다. 따라서 이러한 글쓰기는 기준의 객관성 확보가 무엇보다 중요하다.

4) 보고서[1)]

보고서는 일반적으로 사실 발견이나 관찰·실험 등을 보고하기 위한 글이다. 어떤 특정한 사실을 연구하여 그 사실을 보고하는 것이 일반적인데, 조사, 답사, 실험, 관측 등에 대한 보고가 중심을 이룬다. 특히 여기에서 중요한 것은 각 결과들을 스스로 분석하여 보고 받는 입장에서 명확하게 알아 볼 수 있게 하는 것이다. 철저하게 주관성은 배제되어야 하며, 정확한 사료와 증거를 위주로 보고해야 한다.

3. 논문의 구비 요건

논문은 '지식의 확장'을 목적으로 하는 글쓰기이다. 이 때문에 어떤 종류의 논문이라고 하더라도, '논문'으로서 반드시 갖추어야 할 구비 조건이 있다. 우리는 이러한 구비 조건이 갖추어졌는지 그렇지 않은지

1) 여기에 대해 자세한 것은 이 책 '보고서 작성법'을 참고할 것.

를 가지고 그것이 논문인지 아닌지, 혹은 좋은 논문인지 나쁜 논문인지를 평가할 수 있게 된다. 따라서 논문을 기술하는 사람이라면 논문의 구비 요건에 충실할 필요가 있다. 이것은 크게 세 가지 영역으로 나누어서 살펴 볼 수 있는데, 그것은 다음과 같다.

1) 독창성(originality)

논문의 독창성은 한 마디로 지금까지 다른 사람에 의해 한 번도 다루어지지 않는 주제나 방법・내용 등을 제시함으로써, 지식의 확장이라는 '논문'의 기본 목적을 달성하기 위한 것으로, '논문을 쓰는 목적'이 바로 여기에 있다. 이미 밝혀져 있고, 새로운 내용이 없다면 그것은 굳이 논문으로 써야 할 이유는 없다. 따라서 논문은 기존의 지식과 비교했을 때 매우 작은 부분이라고 하더라도, 차별적이면서 독창적인 부분이 있어야 한다. 이러한 이유에서 논문의 가치는 그 논문이 가지는 독창성에 의해서 결정된다고 말할 수 있다. 다만 독창성이 전혀 새로운 내용의 제시라는 의미보다는, 새로운 시각의 제시나 해석, 새로운 실험방법을 통한 범위의 확장, 새로운 관점에서 문제에 접근해 보는 방법 등을 의미한다.

2) 객관성(objection)

논문이 기술되어야 할 이유가 '독창성'을 통해서 확보된다면, 논문의 기술 방법은 철저하게 '객관적'이어야 한다. 사실 우리는 독창성(창의성)이라는 말을 엉뚱한 말과 구분하지 못하는 경우가 종종 있다. 독창성과 엉뚱한 말은 아무도 그러한 말을 하지 않았다는 점에서 동일하다. 하지만 독창성은 그러한 새로운 말이 '객관적인 논거들을 통해 증명'될 수 있는 것을 의미하며, 엉뚱한 말은 증명할 수 없다. 따라서 논문의 독창성을 부각시키는 중요한 요소는 그것을 증명해 낼 수 있는 '객관성'에 있다.

이러한 이유에서 논문은 객관성을 갖추어야 한다. 논문을 통해 제시된 자료와 논증을 통해 이루어진 결론 도출 과정은 누가 보아도 인정할 수 있는 객관성을 담보해야 하며, 다른 사람이 동일한 실험 과정과 논증 과정을 진행시킨다면, 동일한 결론을 도출시킬 수 있어야 한다. 따라서 특정 논거가 여러 가지 의미로 해석됨에도 불구하고, 자신이 유리한 해석으로 끌고 간다면 왜 그렇게 해석하는지에 대해 증거를 제시하여서 객관성을 담보할 수 있어야 한다. 이와 같은 객관성은 다음과 같은 내용들을 구성 성분으로 가지고 있다.

① 치밀성(precision)

연구의 결론은 수집된 자료와 논거들을 통해서 도출되므로, 자료와 논거가 매우 치밀해야 한다. 결론을 도출하기 위한 증거가 부족하면 그 결론은 인정받을 수 없기 때문에 반드시 증거물들과 논거가 치밀하게 연계되어 논리적으로 증명되어야 한다. 특히 전제들이 모두 참이라고 인정될 경우, 그 결론이 필연적이거나 혹은 개연성이 높게 도출될 수 있도록 전제들을 설정하는 것이 중요하다. 따라서 여기에서 말하는 치밀성은 제공된 자료와 논거를 바탕으로 이루어지는 논리적 치밀성이라고 말할 수 있다.

② 정확성(accuracy)

논문의 '객관성' 확보를 위한 또 하나의 중요한 구비 요건으로는 '정확성'을 들 수 있다. 결론 도출을 위한 추리과정에는 논리적 하자가 없다고 하더라도, 추리의 기초자료가 정확하지 못하면 그 결론은 신뢰할 수 없다. 따라서 논문에 제시되는 통계자료나 사실증명자료, 기타 문헌자료 등은 정확한 자료에 기반 해야 한다. 특히 인용을 할 때 자신에게 유리한 방향으로 내용을 왜곡한다거나, 실험의 내용을 자신이 유리한 방향으로 해석하는 것은 정확성을 위배하는 것이라고 말할 수 있다.

③ 검증성 또는 재현성(reproducibility)

흔히 논문의 객관성을 확인하는 방법으로 많이 사용하는 것은 그 논문이 가지고 있는 '검증성(재현성)'이다. 논문의 검증성(재현성)은 논문 속에 제시된 내용을 동일한 방법으로 다른 사람이 진행했을 때에도 '동일한 결론'에 도달할 수 있음을 의미하는 것이다. 이를 위해 특히 실험을 통해 결론이 도출되는 논문인 경우는 그 방법이나 절차 · 환경 등이 세밀하게 기술되어야 하며, 인문과학의 논문인 경우는 인용의 출처를 정확하게 제시해야 한다. 또한 사회과학의 논문인 경우도 사용된 자료와 분류방법 · 자료조사 방법 및 설문의 내용 등을 분명하게 제시해 주어야 한다.

3) 윤리성(morality)

논문에서 요구되는 또 하나의 중요한 구비조건은 '윤리성'이다. 아무리 논문이 독창적고 객관적이라 하더라도, 윤리성에서 위배된다면 그것은 논문으로서의 기본 자격을 상실한 것이다. 연구자는 자신의 연구 결과를 사실 그대로 진술하고, 다른 사람의 연구 결과는 인정해 주는 태도를 가져야 한다. 따라서 논문을 기술할 때 기본적으로 남의 연구결과를 자신의 연구결과인양 제시한다거나 다른 사람의 주장을 인용문구 없이 자신의 주장인 것처럼 주장해서는 안 된다. 표절을 통한 논문의 작성이나, 자신의 주장을 옹호하기 위해 없는 결과를 있는 것처럼 기록하는 행위 등은 절대로 있어서는 안 된다.

특히 연구자의 '윤리'는 다른 윤리에 비해 좀 더 엄정해야 한다. 논문을 쓰는 사람은 그 분야의 최고 전문가들이며, 그 내용을 검증할 수 있는 사람 역시 몇몇 전문가들에 한정된다. 따라서 사회 전체가 그 내용을 검증하기 위해서는 몇 안 되는 전문가들에게 의지할 수밖에 없다. 이 때문에 연구자들은 윤리는 다른 집단들에 비해서 더욱 엄정해야 하며, 이러한 노력을 통해서만이 그 사회의 깨끗한 연구 환경을 만들어 갈 수 있다.

논문의 윤리성은 말 그대로 논문 전체의 기본 자격을 결정하는 것이다. 특히 논문은 그 분야 최고의 전문가에 의해서 작성되는 경우가 많기 때문에, 그 전문가가 윤리성을 위배한다면 그것을 점검하는 것은 쉽지 않다. 얼마 전에 있었던 황우석 박사의 논문 파문은 논문의 윤리성이 얼마나 중요한지를 보여주는 일례라고 말할 수 있다.

이와 같은 윤리성에 부합된다면, 논문은 독창적이면서 객관적이어야 한다는 기준을 통과해야 한다. 그런데 독창적이라는 것은 실제로 아직 객관화 되지 않은 화자의 입장을 의미하기 때문에, 주관적이라는 말로 이해될 수도 있다. 결국 논문이란 주관적이면서도 객관적이어야 한다는 말이다. 이것은 마치 물과 기름을 하나로 섞으려고 하는 시도처럼 보이기도 한다.

그러나 우리가 조금만 깊이 생각해 보면 이것은 논문의 성격을 결정짓는 대단히 중요한 요소라고 말할 수 있다. 논문은 결국 지금까지 아무도 연구되지 않은 주제를 선택하거나 혹은 같은 결론이라고 하더라도 새로운 방법으로 문제에 접근하는 등, 기존의 연구와 차별성이 있어야 한다. 만약 그것이 없다면 '논문을 써야 할 이유'가 없기 때문이다. 따라서 독창성은 논문을 쓰는 이유와 관련되어 있다고 말할 수 있다. 하지만 독창적인 이야기만 늘어놓는다고 해서 그것이 논문이 될 수는 없다. 독창적인 생각이 철저하게 객관적인 논증 과정을 통해 검증되지 않는다면 그 독창성은 망상에 불과하기 때문이다. 결국 객관적인 과정을 통해 새로운 생각이 검증되는 과정이 바로 '논문을 쓰는 과정'이라고 말할 수 있다.

따라서 독창성은 논문의 서론과 결론을 통해 그 내용이 제기되고, 객관성은 본론을 통해 그러한 생각이 검증되는 과정에서 드러나야 한다. 논문이 '학술적'인 이유는 바로 여기에 있다. 주관성은 논문을 쓰는 이유이며 객관성은 논문의 주장을 객관적으로 검증하는 과정이다. 이러한 이유에서 논문은 주관적이면서도 객관적인 조건을 반드시 채워야 하며, 이 중 하나라도 충족되지 않는다면 그것은 논문으로서의 기본 조건이 갖추어지지 않은 것이라고 말할 수 있다.

4. 논문의 주제와 구성

논문을 쓰기 위해서는 테마를 잡고 그에 따라서 기본적인 구성을 완성해 가야 한다. 논문테마를 잡고 논문을 기술하는 데 있어서 자연과학 분야와 인문과학 분야는 확연한 차이가 있다. 이 때문에 여기에서는 일상적 특징들을 중심으로 살펴보기로 한다.

1) 논문 테마를 잡기 전 선행 작업

(1) 자료수집

연구의 필요성을 느낀 주제가 있으면 우선 관련 자료를 수집하는 것이 먼저 선행되어야 한다. 이 때 자료는 좁혀서 구하는 것보다는 가능한 넓은 범위에서 확보하는 것이 좋다. 비록 자신이 정한 주제는 좁다고 하더라도, 관련 자료는 최소한 세 단계 정도의 상위 주제로부터 그 아래 자료를 모두 확보하는 것이 좋다. 이 때 반드시 필요한 것은 관련주제에 대한 '사史'적 자료이며, 이것을 바탕으로 그 아래 자료들을 확보해야 한다.

(2) 자료검토

자료검토는 관련된 자료들을 기반으로 자신의 주제와 맞는 것에 포커스를 맞추어 자료를 정리해 가는 작업이다. 여기에서는 자신의 논문에 직접 사용될 증거들과 따로 알고 있어야 할 내용, 그리고 자신이 쓰고자 하는 논문과 직접 관련은 없다 할지라도 필요하다고 느낀 자료들을 분류해서 검토하고 정리해 놓아야 한다.

(3) 연구사 검토

자료를 수집하고 검토하는 가장 중요한 이유 가운데 하나는 연구사 검토를 위한 것이다. 자료를 확보하고 여기에 대한 정리와 검토가 끝나면 기존의 연구 성과들을 정리할 수 있다. 이처럼 연구사를 검토하고 나면 자신이 쓰고자 하는 논문 주제와 관련된 연구의 방향과 결과 및 방법들이 드러나게 된다. 이러한 내용들을 검토하게 되면 이것을 중심으로 결론이나 방법 및 방향 등에 문제가 있거나 연구가 덜 진행된 분야들이 나오게 된다. 바로 이 지점에서 자기 논문의 정확한 위치와 출발이 이루어지게 되며, 이것은 궁극적으로 자신의 논문에 독창성을 부여하는 과정이라고 말할 수 있다. 따라서 연구사에 대한 검토는 대단히 세밀하고 폭 넓게 이루어져야 하며, 이후 이것은 논문 집필에서 반드시 정리된 형태로 제시되어야 한다.

2) 논문의 테마(주제)와 논문 제목 정하기

연구사 검토가 끝나면 논문의 테마와 주제는 대부분 결정된다. 연구사를 검토하게 되면 연구되지 않은 주제도 있고 또 기존의 연구들이 가진 문제점들도 드러나기 때문이다. 따라서 논문은 그것을 중심으로 주제가 정해지게 되고, 전체 내용은 그러한 주제들을 중심으로 이루어지게 된다. 이 처럼 논문의 주제와 내용, 그리고 접근 각도 및 방법들이 결정되면, 이것을 중심으로 논문의 제목이 정해진다. 이러한 과정들을 정리된 형태로 살펴보면 다음과 같다.

(1) 논문의 테마 및 주제 정하기

논문의 주제는 자료를 검토하고, 연구사를 검토함으로써 정해진다. 기존 연구에서 누락된 부분이나 새로운 자료의 발견, 기존 연구 방법의 불충분성이나 잘못된 부분 등을 종합해서 자신만의 논문주제를 선택한다. 이 때 주제는 '학술적'이라는 논문의 기본적 성격에 맞는 것이어야 하며, 특히 '지식의 확장'이라는 논문 본연의 목적에 충실할 수 있는 주제를 정하는 것이 중요하다. 이를 위해서 기존 연구와의 관련성을 철저하게 따지는 동시에, 그 논문이 내 놓을 결론이 이후 어떠한 파급효과를 낳게 되는지까지 검토해서 논문의 주제를 정해야 한다.

그러나 학생 시절에 논문을 집필할 경우 논문의 주제는 가능한 작게 잡는 것이 중요하다. 학자적 소양을 검증받는 학위 논문인 경우는 폭넓게 주제를 잡아서 자신을 검증받는 것이 중요하겠지만, 일상적인 학술 논문에서는 가능한 주제를 작게 잡아서 집약적으로 논증할 필요가 있다. 논증은 하나의 주장에 대해서 논리적으로 증명하는 과정이기 때문에 그 주장이 논증적이기 위해서는 여러 주제를 한 번에 모두 다루어 낼 수는 없다. 특히 일반 학술논문이나 보고문, 평론 등은 가능한 주제를 작게 잡아 집약적으로 논하는 것이 유리하다.

(2) 논문의 제목 정하기

논문의 제목은 주제를 한 눈에 드러낼 수 있는 것이어야 한다. 이것은 제목을 정하는 기본적인 조건이다. 이러한 이유에서 가능한 제목은 짧은 것이 좋지만, 동시에 주제가 전달하려고 하는 내용을 포괄할 수 있는 주제여야 한다. 예컨대 자신의 논문주제가 플라톤의 윤리설인데, 그 중에서도 특히 플라톤의 인간론을 바탕으로 윤리를 도출해 내려는 것이라며, 단순히 '플라톤의 윤리설 연구'라는 제목으로는 자신의 주제를 명확히 드러내는 논문이 아니다. 따라서 예컨대 '플라톤의 ○○적 인간에 기반 한 ○○윤리설 연구'라든가 '플라톤의 ○○인간해명과 ○○윤리설 연구'등과 같은 방법을 사용하여 구체적으로 주제를 암시해주어야 한다.

제목만으로는 너무 길게 표기가 되는 경우에는 제목은 포괄적으로 표기하되, 부제를 달아서 논문 제목을 명확하게 하는 방법을 선택할 수도 있다. 예컨대 '플라톤의 윤리설 연구'라고 했을 때에는 너무 포괄적이지만 모든 주제를 한꺼번에 표시할 때에는 너무 길다면, '플라톤의 윤리설 연구 – ○○인간론을 중심으로' 와 같은 방법을 쓰면 그 주제를 명확히 드러낼 수 있다. 특히 논문의 제목을 광범위하게 잡는 경우 같은 제목의 논문이 많을 수 있다. 예컨대 위에서 본 것처럼 '플라톤의 윤리설 연구'와 같은 논문제목을 도서관에서 검색해 보면 동일논문제목이 매우 많은 것을 확인할 수 있다. 논문의 독창성을 확보하기 위해 가능한 동일한 논문 제목은 피하는 것이 좋다.

3) 개요짜기와 목차구성

주제가 정해졌고 제목이 설정되었다면, 글을 써 내려갈 차례가 되었다. 그러나 여기에서도 바로 글을 써 내려는 것은 옳지 않다. 주장이 정해졌고, 그에 따라 주제와 제목이 정해졌다면, 이제 개요를 짜고 목차를 구성하는 것이 먼저이다.

논문은 자신의 주장을 가능한 모든 자료를 논거로 삼아서 그것을 증명해 내는 것이다. 따라서 논문의 개요와 목차짜기는 철저하게 이 원칙 속에서 이루어져야 하며, 목차만으로도 논문의 전체 내용 대부분이 드러날 수 있도록 개요와 목차를 짜야한다. 논문의 기본적인 구성은 서론과 본론, 그리고 결론으로 구성된다. 이러한 구성은 그 명칭 자체에서 서론, 본론, 결론과 같은 형식을 사용하지 않더라도 그 내용상으로는 이와 같은 입장들이 분명하게 드러날 필요가 있다.

논문에서 자신의 주장이 분명하게 드러나는 것은 그 논문의 결론이다. 이러한 입장에서 보면 결론은 그 논문을 쓰게 되는 가장 중요한 이유이며, 결론을 통해 논자의 입장이 분명하게 드러나게 된다. 서론과 본론은 바로 이와 같은 결론에 도달할 수 있도록 갖가지 효과적 방법을 동원하여 기술하게 되며, 이와 같은 논의를 통해 비로소 결론은 그 의미를 갖게 된다.

따라서 글의 개요는 이와 같은 주장을 논증하기 위해 어떠한 논거들이 필요한지를 중심으로 본론부의 내용을 먼저 스케치 해 보는 작업이다. 이것은 글의 구조짜기에서 이미 한 번 다루어졌으므로, 상세하게 다루지는 않겠다. 다만 논문은 글의 기본 구조 자체가 논증적 형식에 충실하게 짜여질 필요가 있으므로, 논문을 집필할 때에는 주장과 전제들과의 관계를 세밀하게 고려하는 노력들이 반드시 있어야 한다. 이렇게 글의 구조를 짜고 나면 그에 따라서 목차를 짠다. 물론 기본적으로 목차는 글의 구조와 다르지 않다. 대부분 구조가 짜여지면, 각 장이나 절 속에 들어갈 내용을 포괄할 수 있는 표제어를 뽑아서 그것을 중심으로 목차를 짜는 것이 일반적이다.

목차는 자신의 논문이 결론에 이르는 길을 하나로 보여줄 수 있는 이정표이다. 동시에 어떠한 과정으로 논문의 논의가 전개되는지를 한눈에 볼 수 있도록 하는 것이기도 하다. 따라서 제대로 짜여져 있지 않으면 옳은 결론에 이를 수 없다. 이 때문에 학위논문 심사에서 대단히 중요한 영역을 차지하는 것 가운데 하나가 바로 목차에 대한 심사이다.

목차는 철저하게 결론을 규명하기 위한 것에 맞추어져 있어야 한다. 예컨대 우리의 논문이 '플라톤의 윤리학은 철저하게 그의 이데아론을 중심으로 이루어진 것이다'라는 결론을 논증하기 위한 것이라면 다음과 같은 내용이 목차에 들어가야 한다. 이데아론이 무엇이고 그것이 윤리에 어떠한 근거가 되는지를 밝혀야 할 것이다. 그리고 그 근거를 기반으로 플라톤의 모든 윤리설을 해명해 내야 한다. 이를 통해 결론적으로 플라톤의 윤리설은 그의 이데아론에 바탕하고 있다고 말할 수 있다. 목차 속의 소 목차는 큰 목차를 증명해 주고, 큰 목차는 논문전체의 결론을 증명해 주는 것으로 논문이 짜여져 있어야 한다.

5. 서론 쓰기

이제 본격적으로 논문을 쓰는 단계로 이행된다. 논문은 보통 서론과 본론, 결론으로 이루어지며, 그 각각 반드시 기술되어야 할 내용과 방법들이 있다. 여기에서는 서론에 대해서 알아보기로 한다.

1) 서론이란?

서론이란 논문의 문두에 나오는 것으로, 이 논문을 왜 쓰는가를 말하고 있는 부분이다. 그래서 서론에서는 주로 논문을 쓰게 된 동기와 목적, 문제의 제기, 문제의 성질, 연구의 의의와 중요성, 연구의 방향과 서술의 방법, 연구가 미칠 영향 등에 대해서 기술하게 된다. 한 마디로 말해, '왜 이 연구를 진행하는가에 대한 종합적인 설명'이라고 말할 수 있다. 서론은 특히 논문의 특징과 연구의 독창성을 부각시키는 글이므로, 매우 상세하고 깊이있게 서술해 주는 것이 좋다.

요즘에는 '서론'이라는 말 자체가 딱딱하고 거부감 있다고 생각되어, '문제제기'나 '들어가는 말', '시작하는 말', '서언' 등과 같은 용어로 대신하는 경우가 많다. 하지만 그렇다고 해도 서론에서 들어가야할 기본 내용은 바뀌지 않으므로, 논문을 쓰는 사람이 이와 같은 용어를 적절히 선택해서 기술하면 되겠다.

2) 서론의 구성과 내용

서론은 문두에 나오는 것이기 때문에 주로 다음과 같은 내용이 중심을 이룬다. 물론 기술되는 상황과 내용에 따라 아래에서 말하는 내용이 모두 제시되는 것은 아니다. 그리고 아래의 내용들은 대부분은 유기적으로 연관되어 있기 때문에 문제를 제기하는 과정에서 연구사 검토와 논문의 주제, 연구의 방법 등이 저절로 기술될 수밖에 없는 경우가 일반적이다. 그러한 내용들을 대략적으로 나누어서 살펴보면 다음과 같다.

(1) 문제제기

서론을 일반적으로 '문제제기'라고도 한다. 이것은 이 논문의 필요성을 제기하면서, 이 논문에서 다루려고 하는 주제와 왜 그러한 주제를 다루게 되는지를 기술하는 것이다. 여기에서는 문제점이 무엇인지를 부각시키고, 그 문제점이 왜 문제가 되는지를 설명함으로써 논문이 가진 궁극적 가치를 설정한다. 인문 사회 과학 방면에서 문제제기는 주로 연구사 검토를 통해 설정되는 것이 일반적이다.

(2) 연구사 검토

연구사 검토는 정확한 문제제기를 위해서 반드시 필요하다. 자기가 쓰려고 하는 연구주제가 이전에 어떻게 연구되었는지를 해명하고, 그에 따라서 자신의 논문이 가지는 위치를 밝혀주는 것이다. 이것은 특히 논문이 가진 '독창성'이나 '연구의 위치'를 설정해 주는 것으로, 기존에 이미 연구된 것을 반복해서 연구하지 않도록 해 준다. 더불어 기존의 연구가 가진 문제점들을 해명함으로써 자신의 연구가 가진 가치와 위치를 분명하게 드러낼 수 있게 된다.

(3) 문제와 논문의 성격

이 대목은 자기가 제시한 문제가 어떠한 성격을 갖는지를 밝혀주는 것이다. 이러한 문제의 성격을 서론에 밝혀 놓음으로써 이 논문이 궁극적으로 어떠한 성격을 갖는지를 규정해 준다. 동시에 자신의 논문이 '정리형'논문인지, '기존의 논지에 대한 비판형'논문인지, 아니면 순수 실험결과를 보고하는 논문인지 등의 성격 등이 분명하게 드러나게 된다. 이와 같은 규정을 통해 논문이 무엇을 중심으로 기술되는지가 드러날 수 있도록 해 주는 것이다.

(4) 연구의 의의와 중요성

이 부분은 주로 연구사 검토를 통해 논문의 문제제기를 하면서 많이 밝혀진다. 연구사가 먼저 검토되고, 이를 바탕으로 문제를 제기한 후 이 논문을 통해 연구하는 그 이유와 중요성을 설명해 준다. 이것은 자신의 논문이 가지는 가치를 부각시키기 위한 목적을 가진 것으로, 왜 이 연구가 중요하고 의미 있는지를 밝혀주는 것이다.

(5) 연구의 방향과 서술의 방법

어떠한 문제를 풀어가는 데 있어서 방법론은 매우 중요하다. 따라서 서론에서는 그 논문의 연구 방향과 방법 등을 세밀하게 제시해 주어야 한다. 이 연구가 어떠한 방법으로, 어떠한 방향에서 연구되는지에 대해서 서론에서는 반드시 밝혀 주어야 한다는 말이다. 그리고 그에 따라서 논해 가는 순서(목차에 따른 순서가 가장 용이함)를 제시하고, 왜 그 순서에 따라서 논하는지를 밝혀준다.

⑹ 연구의 한계와 범위 설정

자신의 연구가 가진 한계를 분명히 짚어 줌으로써 여러 오해를 피할 수 있다. 다시 말해 자신의 논문에서 도저히 다루어 낼 수 없는 부분이나 다룰 필요가 없는 부분을 제시함으로써, 논문이 가진 한계와 범위를 분명하게 설정해 주어야 한다. 이것은 다른 연구자로부터 닥칠 잘못된 오해를 피해나갈 수 있는 방법인 동시에 자신의 주제를 선명하게 드러낼 수 있는 방법이기도 하다. 또한 비판자들의 비판을 미리 차단함으로써, 논문을 읽는 독자로 하여금 주제 자체에 대한 이해를 가능하게 해준다.

⑺ 연구가 미칠 영향 및 활용도

이 논문을 통해 도출된 결론이 궁극적으로 어떠한 영향을 미칠 것인지에 대해서 기술해 주어야 한다. 이것은 이 논문이 궁극적으로 어떠한 결과를 낳을 지에 대한 논문의 적용점을 분명히 해 주려는 것이다. 나아가 이 논문의 결론이 어떠한 학술적 파생효과를 가지며, 나아가 어떠한 활용도를 가질 것인지도 적시해 주는 것이 좋다.

6. 본론쓰기

1) 본론이란?

본론은 논문의 중심 글이다. 본론은 서론에서 제시된 문제와 방법론을 가지고 실제 논문을 집필해 가는 것이다. 여기에서 중요한 것은 제시된 문제를 정밀하게 분석하고 논증함으로써 자신이 주장하고자 하는 결론을 도출해 낼 수 있도록 글을 써야 한다는 것이다. 따라서 본론은 제시된 문제에 대해 증명하고 논증하는 과정이라고 생각하면 된다. 그러므로 본론은 논증의 과정을 통해 자신이 제시하고자 하는 결론에 도달할 수 있도록 내용이 배치되어야 한다. 그러므로 여기에서 중요한 것은 철저한 객관성을 유지하면서 논증적으로 글을 집필하는 것이다.

2) 본론의 핵심 내용

본론에서 주로 다루어지는 내용은 1)문헌을 분석한 결과나 또는 실험결과(자연과학계열)를 제시하고, 2)그것을 어떠한 이론적 근거에 의하여 해석하고 합리화 하는 과정이며, 3)나아가 다른연구자와 결과를 비교하고 검토함으로써 자신의 주관과 이론 및 학설을 분명하게 도출시켜 내는 작업이다. 이러한 내용을 좀 더 자세하게 설명하면 다음과 같다.

(1) 문헌에 대한 분석결과나 실험결과에 대한 제시

인문과학이나 사회과학 논문인 경우 본론에서 일반적으로 기술되는 것은 문헌을 분석한 결과이며, 자연과학 논문에서는 실험의 내용과 그 결과가 제시된다. 문헌 분석인 경우는 주로 '인용문'을 통해 분석 대상의 문헌을 제시해 주고, 그 내용에 대한 논리적 분석을 실시함으로써 정확히 어떠한 의미를 가지는지를 규명하는 방법이 일반적이다. 이 때문에 주로 자신이 분석하고자 하는 텍스트의 내용이나 그에 대한 다른 연구들을 분석하여 인용의 형태로 제시하고, 그에 대해 자신이 논증하고자 하는 내용들을 분석하는 것이다.

또한 실험 결과인 경우는 실험의 내용 및 방법, 그리고 도출된 결과를 제시해야 한다. 특히 실험결과인 경우는 실험방법의 타당성이 입증되어야만 도출된 결과에 대한 신뢰를 확보할 수 있다. 그러므로 실험방법의 선택이유와 그것의 정당성을 입증해 주고, 실험에 영향을 미칠 수 있는 다양한 변수들을 모두 제시함으로써 실험 과정의 정당성을 확보할 수 있도록 해야 한다. 그리고 이러한 방법을 통해서 드러난 결과가 어떠한지를 기술한다.

인문학 계열에서는 주로 인용문을 통한 논증이 많으므로, 인용문에 대해서 좀 더 자세히 설명하기로 한다. 인문학의 경우 그 연구대상은 주로 인물의 사상이나 이론에 대한 연구가 주류를 이룬다. 그런데 인물의 사상이나 이론에 대한 연구는 주로 그 인물이 남긴 문헌들 속에 집약되어 있으므로, 일차적으로 그 문헌을 분석하는 것이 논문의 주된 작업이다. 그리고 그 분석된 문헌에서 나오는 연구대상의 직접적인 언명들을 인용문으로 제시하고 그 내용을 분석함으로써 연구 대상의 사상이나 이론들을 밝혀나가는 것이다.

따라서 인용문은 다음과 같은 몇 가지 기준이 지켜져야 한다. 첫째, 연구대상의 직접적 언명이 가장 효과적이다. 이것을 일차자료라고 하는데, 가능하면 일차자료의 인용을 통해 논문을 기술하고 분석해야 할 필요가 있다. 둘째, 인용문은 사실적이어야 한다. 이 말은 연구자가 자신의 필요에 의해서 인용문을 왜곡시키거나 변형시켜서는 안 된다는 말이다. 있는 그대로를 인용문으로 인용해 와야 하며, 그것을 기반으로 분석해야 한다. 셋째, 인용문은 객관적이어야 한다. 앞 뒤의 상황을 모두 배제한 채 그 한 마디 말만을 끌어와서 인용한다면, 이것은 결과를 크게 뒤집거나 거짓 결과를 낳을 가능성을 내포하게 된다. 따라서 앞

뒤 상황이 충분히 설명된 상태에서 연구대상의 핵심적 주장들을 인용문으로 가져와야 한다. 넷째, 인용문은 철저하게 그 출처를 밝혀 줌으로써 이후 연구자들이 그 연구의 결과를 재조사할 수 있도록 해야 한다. 이것은 연구의 검증성을 높이는 것으로, 다른 연구자가 이와 동일한 방법을 사용해서 연구할 경우에도 동일한 결과를 도출시킬 수 있도록 그 출전을 분명히 해 주어야 한다.

(2) 제시된 결과를 특정 이론에 근거하여 해석하고 합리화 하는 과정

본론은 분석결과나 실험 결과를 특정 이론에 근거하여 해석하고 합리화 하는 과정이기도 하다. 이것은 제시된 다양한 결과들에 바탕하여 특정 이론을 도출시키거나 새로운 해석을 제시하는 과정이라고 말할 수 있다.

실험이나 관찰에 관련된 논문인 경우는 제시된 결과를 특정 이론에 근거해서 해석함으로써, 그 결과가 어떠한 의미를 갖는지 보여주는 과정이다. 이러한 과정을 통해 특정 사안에 대한 새로운 시각이나 관점을 도출해 내거나, 새로운 해석의 방법 등을 보여주게 된다. 특히 실험이나 관찰 등에 적용시킬 수 있는 정당한 이론을 중심으로, 세밀하게 결과들을 분석함으로써 자신이 도출해 내려는 결론에 이를 수 있도록 글을 집필해야 한다.

이에 비해 문헌연구인 경우는 텍스트에 대한 정확한 이해와 그것을 바탕으로 한 합리적인 해석을 통해 연구 대상의 이론적 특징과 그 사상적 특징을 밝혀내게 된다. 이러한 과정은 연구에 있어서 가장 핵심적인 부분으로 다음과 같은 과정을 거친다. 먼저 텍스트에 대한 정확한 의미 해석이다. 해석은 특히 당시의 시대에 대한 정확한 이해나 연구대상의 삶 등을 기반으로 해서 왜 이러한 글을 남겼는가를 면밀하게 추론해 가는 과정이다. 이와 같은 의미 해석을 통해, 그것이 가지고 있는 논리적 의미와 연구대상이 추구하려고 했던 입장들을 도출해 냄으로써, 분석 대상이 가진 진정한 의미 체계를 밝혀 낼 수 있게 된다. 따라서 연구대상에 대한 정확한 이해와 그것을 바탕으로 논리적 분석은 인문과학 논문 작성에서 필수불가결한 요소라고 말할 수 있다.

이러한 과정을 통해 정확하게 해석된 의미를 현대적 언어체계로 정확하게 옮겨 냄으로써 자신의 주장을 정당화한다. 여기에서 중요한 것은 이해할 수 있는 논리로 설명되어야 하며, 받아들일 수 있는 객관적 사실들로 기술되어야 한다는 것이다.

(3) 비교 검토를 통한 학설의 규정

본론에서는 해석과 합리화의 과정을 거치고 나면, 그 다음 새로운 학설을 규정할 수 있는 단계로 이행된다. 즉 실험 및 분석의 결과로부터 연구 목적을 규명하는 데 있어서 충분한 설명이 되는지, 또는 설정한 가설에 대한 충분한 근거를 제시하고 있는지를 분명히 검토하여 새로운 학설을 도출해 내는 부분이다.

여기에서는 필요할 때 다른 연구자의 결과 가운데 중요한 부분을 인용하여, 자신의 연구결과를 비교분석하는 과정을 거치기도 한다. 이 과정에서는 자신의 주장을 보완할 수 있는 연구결과를 차용할 수도 있고, 다른 연구자의 결과나 학설들을 비판함으로써 자신의 학설을 새로운 이론으로 제시할 수도 있다. 특히 여기에서는 비교와 평가의 방법이 많이 이용되며, 다른 연구자에 대한 비판은 주로 연구방법론이나 부적절성, 비논리성 등을 대상으로 이루어지는 것이 일반적이다.

이와 같은 과정을 통해 기존의 이론이나 학설, 해설방법이나 분석방법 등과는 다른 자신만의 새로운 이론과 학설, 또는 해석과 분석의 방법을 제시함으로써, 자신이 원래 도출시키려고 했던 결론에 도달할 수 있도록 논문을 기술해 준다. 이 부분을 통해 논문의 독창성이 담보되며, 논문을 기술하는 궁극적 이유가 본론 내에서 확인될 수 있다.

3) 본론 쓰기에 있어서 주의할 점

위에서 이미 충분히 드러났지만, 논문은 그 차제로 논증성(논리성)과 사실성, 정확성에 근거해야 하며, 이 부분은 특히 본문 쓰기에 있어서 대단히 중요한 기준이 된다. 서론과 결론은 문제의 제기나 결론을 도출시킴에 있어서 논자의 주장이 강하게 반영되지만, 본론에서는 논자의 주장이 깊이 있게 표출되는 것이 아니라 논자의 주장을 철저하게 논리적으로 해명하고 분석하는 곳이라고 말할 수 있다. 따라서 주장보다는 논증이, 설명보다는 분석이 더 깊이 있게 이루어져야 한다.

(1) 논증성(논리성)

논리적 원칙에 따라서 기술해야 하며, 논리적 비약이나 자신의 해석과 다른 해석의 가능성이 있도록 하지 않아야 한다. 다시 말해 다른 학자가 논문을 쓰더라도 이 논리 구조를 따라 갈 경우 동일한 결론에 이를 수 있도록 논리적 조건들을 갖추어서 기술해야 한다는 말이다. 이를 위해 텍스트에 대한 정확한 분석과 그것으로부터 합리적으로 이끌어 내지는 결론들을 중심으로 전체 글이 기술되어야 하며, 논증되지 않은 주장이나 논리적 비약 등이 포함되지 않은 상태를 의미한다. 실험이나 관찰 논문 역시 실험의 방법과 내용 등이 가져올 수 있는 추론 가능한 결론이 논문의 결론에서 제시되는 단 하나로 귀결될 수 있도록 본론에서 기술해 주는 것이 필요하다.

⑵ 사실성

본론은 정확한 사실에 기반한 기술이어야 한다. 따라서 어떠한 경우라도 추측이나 예상은 본론 글쓰기에서 금해야 할 사항이다. 이 때문에 본론부에서 "~했을 것이다"나 "~일 것이다"라는 문장 형식은 가능한 피하는 것이 좋다. 인용을 해야 하는 경우도 사실을 정확하게 드러낼 수 있도록 해야 하며, 수치나 증거 자료들도 거짓이 없도록 유의해야 한다.

⑶ 정확성

이 말은 논증성이나 사실성과 연관되는 부분이라고 말할 수 있다. 즉 논증의 정확성이나 정확한 사실의 기술로만 본론을 이루어 나가야 한다는 말이다. 특히 앞에서 말한 것처럼 수치나 증거 자료 등을 가지고 자신의 논의를 보강할 때, 예상치나 기대치를 말하는 것이 아니 정확한 수치와 증거 자료들을 보여주는 것이 필요하다. 이처럼 논문의 본론에서 대단히 중요한 것은 정확성이다.

⑷ 분석성

본론은 이런저런 설명들로 이루어지는 것이 아니라, 특정한 사안에 대한 정밀한 분석을 통해 기술되어야 한다. 논문이 설명문과 다른 부분이다. 텍스트에 대한 이해 역시 단순한 설명식 이해가 아니라, 분석적으로 이해하여 그것이 가져올 수 있는 합리적 결론들을 추론할 수 있도록 기술해야 한다. 또한 실험과 관찰에 논문인 경우에도 실험의 결과와 관찰의 내용을 단순한 나열식 설명으로 기술하는 것이 아니라, 도달하려는 결론을 염두에 두고 그 결과와 내용을 분석하여 제시할 수 있어야 한다.

7. 결론쓰기

1) 결론이란

결론은 말 그대로 연구자가 장기간의 노력 끝에 수행하여 얻은 연구와 조사, 실험의 결과들을 정리하고 마무리 짓는 단계이다. 이 단계는 주로 본론부에서 특정 문제에 대한 분석과 해석을 거쳐 도달한 최종적인 결론을 밝히는 것으로, 이것이 결론부에서 주장의 형태로 제시된다. 이 때문에 결론에서는 연구 전에 세운 가설이나 학설이 어느 정도 증명 또는 설명할 수 있게 되었는지, 그리고 연구를 시작하면서 제시했던 연구목적이 얼마나 달성되었는지 등이 기술된다. 나아가 새로 발견된 사실 등을 분명하게 정리하고 연구에서 얻은 결과가 가지는 제약성과 활용성 등을 명백히 밝혀서 연구상의 문제점과 앞으로의 연구방향을 밝히는 곳이기도 하다.

2) 결론의 구성과 내용

구체적으로 결론을 통해 기술되어야 할 내용을 정리해 보기로 하자. 먼저 결론은 본론에서 제시된 내용을 다시 한 번 간단하게 정리해 줄 필요가 있다. 이것은 논지를 명확히 하기 위해서 논증적으로 깊게 논의된 내용을 간략하게 정리하고, 이를 기반으로 자신이 주장하고자 하는 결론을 도출시켜 내기 위한 것이다.

이러한 정리를 기반으로 객관적이고 논리적인 결론을 도출시켜 낸다. 이 부분은 연구자가 오랫동안 연구하고 기술해 온 목적을 최종적으로 달성하는 것으로, 이 결론 하나를 내기 위해서 연구자는 오랫동안 연구하고 그것을 논문으로 작성해 온 것이다. 따라서 이 부분은 본론을 통해서 이루어진 모든 논증을 최종적으로 정리하는 성격을 지니며, 동시에 그 논문의 가장 중요한 부분이기도 하다.

이러한 결론을 지으면서 연구 시작할 때 제기했던 문제를 얼마나 달성했는지를 명시해 주어야 한다. 문제제기만 있고 결론에서 그것이 다루어지지 않으면 논문으로서의 가치가 떨어진다고 할 수 있다. 따라서 반드시 연구 시작 때의 문제에 대한 성과를 제시해 주어야 한다. 동시에 서론에서 제기된 문제제기가 결론부에서 어느 정도 해결되었는지도 기술해 주어야 한다.

그리고 마지막으로 그 결론을 통해 앞으로 있을 기대 효과를 기술해야 한다. 이것은 자신의 논문에 대한 활용성을 부가하는 것으로, 이를 통해 논문의 가치를 드러낼 수 있다. 동시에 자신의 논문이 가지는 제약성과 미진했던 부분을 밝혀 줌으로써 이후의 연구가 연장될 수 있는 가능성을 열어 두는 것도 필요하다. 이를 통해 이 논문의 위치와 역할을 분명히 할 수 있다.

3) 결론 작성시 주의사항

결론은 서론에서 제기된 문제를 본론을 통해 증명함으로써 최종적인 논자의 주장을 이끌어내는 곳이다. 따라서 무엇보다 서론에서 제기된 문제점들에 대해서 충실하게 답해 주는 역할을 해야 한다. 문제제기만 하고 결론을 엉뚱하게 도출시킨다면 이것은 서론과 결론이 정확하게 맞아 떨어지는 것이라고 볼 수 없다.

동시에 결론은 본론에서 다루어진 내용만을 가지고 기술되어야 한다. 즉 본론에서 이루어진 논증과정을 통해 최종적으로 도달할 수 있는 주장이 결론부에서 기술됨으로써, 철저하게 본론과의 관계를 유지해 줄 수 있어야 한다. 다시 말해 본론에서 증명된 내용이나 본론에서 언급된 내용들만을 중심으로 결론이 기술되어야 한다는 말이다. 만일 여기에서 벗어나는 추측이나 예상들이 기술된다면 이것은 대표적인 논리적 비약이라고 말할 수 있으며, 좋은 결론이라고 말할 수는 없다.

8. 각주 달기 및 인용

1) 인용

인용은 말 그대로 남의 글을 자신의 글 속에 포함시키는 행위로, 다음과 같은 목적을 가지고 이루어진다. 첫째, 자신이 연구하고 있는 연구대상의 직접적 언명을 통해 자신의 주장이 타당하다는 것을 증명하기 위한 것이다. 둘째, 특정 주제에 대한 선행연구의 결과(이론이나 견해 등)을 비교, 대조, 혹은 단순히 제시함으로써 자기의 글이 위치한 맥락을 밝히기 위한 것이다. 셋째, 권위있는 사람의 글을 제시함으로써 자기의 주장이 타당하거나 정확하다는 사실을 강조하기 위한 것이다. 넷째, 자기의 견해와 타인의 견해가 어떻게 다른지를 제시함으로써 자신의 견해가 타당성 있음을 강조하기 위한 것이다. 인용은 크게 직접인용과 간접인용으로 나눌 수 있는데, 자세한 내용은 다음과 같다.

(1) 직접 인용

직접인용은 원문을 그대로 자기의 글 속에 삽입하는 방법이다. 이것은 연구대상에 대한 기본서를 인용하거나 역사적 사료를 인용하는 경우, 기타 법조문과 같은 내용들은 가능한 직접 인용을 한다. 동시에 직접 인용하지 않을 경우 오해의 소지가 있는 글 역시 가능하면 직접 인용을 해 주는 것이 좋다. 이 외의 경우를 제외하고는 직접 인용은 피하는 것이 좋다. 직접인용은 짧은 경우는 ""표를 써서 인용을 하며, 주로 '누구는 ""라고 말했다' 라는 방법으로 인용한다. 그리고 인용문이 긴 경우에는 한 칸을 띄우고 3-4칸 정도를 들여 씀으로써 인용문임을 표시해 주는 방법이 좋다. 예컨대 다음과 같은 방법이다.

> 이러한 확장성을 통해서 "**천지만물이 일체**"1)일 수 있다는 것이 정인보의 입장이다. 그래서 정인보는 다음과 같이 말한다.
>
> > **양명은 늘 사람으로서 고유한 '알음' 즉 '良知'를 제창한지라. 책에서만 구하지 말라, 네 양지에 구하려 하여 心外一步를 내딛지 못하게 함으로 국가 민중을 心內事로 감통하여……-하략-2)**
>
> 이렇듯 감통은 국가와 민중을 자신의 마음으로 끌어들임으로써 자신의 범위를 넓혀 가는 것이다.

위에서 보듯 각주 1)번과 2)번 모두 직접 인용이다. 1)번은 짧은 내용이기 때문에 문장 속에서 직접 “”표를 사용하여 인용하고 있으며, 2)번은 긴 인용문이기 때문에 한 줄을 띄우고 다시 인용이라는 것을 표시할 만큼 들여 쓰서 기술하고 있다. 원고지로 환산한다면 앞의 한 칸을 띄우는 것이다.

(2) 간접인용

간접인용은 원문을 그대로 삽입하지 않고 원문의 내용을 연구자 자신의 말로 바꾸어 자기의 글 속에 삽입하는 것을 말한다. 간접인용의 경우에는 원저자의 내용을 잘못 전달하는 일이 없도록 특히 신경을 써야 한다. 이것은 주로 작은 따옴표(‘ ’)를 사용하여 인용을 표시해 준다. 예를 들면 다음과 같다.

> 양명학의 학문적 성향을 대표하는 가장 일반적인 말은 심학이다. 양명학에 있어서 **‘심은 곧 천리天理이며, 그것이 천리인 이유는 본래의 마음인 양지가 천리이기 때문’**1)이다.

여기에서 ‘ ’안에 있는 것은 논자가 인용한 책에서 그 의미만을 발췌하여 옮겨온 것이므로 간접인용을 한 것이다.

(3) 인용의 원칙

인용은 다음의 원칙을 반드시 지킨 상태에서 이루어져야 한다. 1) 꼭 필요한 경우만 인용한다. 2) 인용할 가치가 충분한 것만 인용한다. 3) 원저자의 의도에 벗어나지 않게 인용하다. 4) 인용은 가급적 짧게 한다. 5)인용한 것은 주를 통해 출처를 분명하게 밝혀야 한다.

2) 주 달기

논문에서 주가 없다면, 그 논문은 앙꼬 없는 찐빵과 마찬가지이다. 다시 말해 주가 없다면 그 논문이 가진 정확성과 효율성, 그리고 객관성과 윤리성에 대한 의심을 받을 수 있다. 그 만큼 연구는 자기 혼자 독자적으로 이루어지는 것이 아니라, 기존의 연구에 바탕 해서 이루어지기 때문이며, 따라서 그에 대한 내용들은 주를 통해서 밝혀주는 것이 일반적이다. 동시에 주는 인용할 경우만 사용하는 것이 아니라, 본문 속에 직접 포함시킬 수는 없지만 전체 내용에서 반드시 필요한 내용이나 참고해야 할 내용 등을 따로 빼서 기술하기도 한다. 따라서 주 달기는 논문 쓰기에 있어서 매우 중요하다고 말할 수 있다.

주의 종류로는 논문 내에 주를 어디에 위치시키는가에 따라서 내주와 각주, 그리고 후주가 있다. 내주는 본문 속에 그대로 주를 포함시키는 방법이고, 각주는 주를 달아야 하는 내용을 그 페이지 하단에 위치시키는 방법이며, 후주는 논문 뒤에 주만 따로 모아 두는 경우이다.

주는 인용이나 참고한 문헌의 출전을 명시하기 위해서 많이 사용된다. 출전을 명확히 밝히기 위해서 출전 각주에는 반드시 포함되어야 할 사항이 있다. 저자, 서명(논문명), 판(몇 번째 판), 출판사항(출판장소, 출판년도, 출판사), 페이지 표시 등이 그것이다. 이것은 논문을 읽는 독자가 필요에 따라서 책 내용을 다시 확인할 수 있게 하려는 목적을 가지고 기술해 주면 된다.

출전 인용의 순서는 논문의 양식이나 형식에 따라서 각기 다르다. 동시에 각 학문 분야에 따라서도 조금씩 차이가 있다. 따라서 출전 인용의 순서는 자신이 기술하고 있는 논문의 분야에서 요구하는 방식을 따르는 것이 일반적이다. 다음에서 제시한 것은 현재 일반화 되어 있는 인용방법을 참고를 위해 제시한 것이다. 우선 동양서적의 경우는 다음과 같다.

단행본의 경우:

홍길동, 『강화도의 일기』(서울: 문학출판사, 1999), 17쪽.

번역본의 경우:

막스 베버, 『강화도의 일기』, 홍길동 역(서울: 문학출판사, 1999), 19쪽.

학술지 발표 논문인 경우:

홍길동(저자명), 「강화도에 대한 연구」(논문명)『역사학 연구』 29집 (논문의 출전 명)(서울: 한국 사학회, 1999.3)(출판사항), 29쪽.

다음은 서양서적의 인용인 경우이다. 서양서적 역시 동양서적과 유사하나, 책명의 경우는 이탤릭체나 줄을 그어서 표시해 준다.

단행본의 경우:

Lawrence Stone. *The Family, Marriage in England*(Londen: Penguin Books. 1977), p12.

학술지 발표논문인 경우:

Stephen I. Greenblatt. "Reasonance and wonder" *Leaming to course: Essays in Esrly Modern*(New York: Routledge. 1990). p.134.

(여기에서 “”부분은 논문의 제목이고, 이탤릭체로 쓰여진 부분은 그 논문이 발표된 학술지이며, 괄호안의 사항은 그 학술지의 서지사항이다.)

똑 같은 저서가 계속해서 인용될 경우는 다음과 같은 방법을 쓴다.

1) 바로 위의 책인 경우: 【위의 책. 17쪽.】과 같은 방법으로 인용한다. 영문책인 경우는 【Ibid, p17.】로 표기하기도 한다.
2) 바로 위가 아닌 앞에 이미 인용된 책인 경우는 저자 이름만 밝히고 앞의 책이라고 표해준다. 【홍길동, 앞의 책. 13쪽】과 같은 방법이다. 영문책인 경우는 저자이름을 적고 【홍길동, Op.cit. p13.】이라고 쓴다.

보고서의 이론과 실제

심 도 희

1. 보고서의 성격

보고서란 어떤 단체나 조직에서 주어진 특정 주제에 대하여 그 결과나 내용을 글로 보고하는 것이다. 보고서에는 직장의 고유한 업무와 관련하여 상사나 간부에게 제출하는 보고서, 또는 전문 연구소나 조사기관 등에서 어떤 주제에 관하여 조사 · 실험 · 관찰 · 연구 · 분석한 후 언론에 공개하거나 관계 기관 등에 제출하는 보고서, 대학이나 대학원에서 수업과 관련하여 학생이 교수에게 제출하는 보고서 등이 있다. 따라서 보고서는 보고 대상에 따라 보고서의 형식이 매우 다양할 수 있다. 하지만 보고서를 작성할 때 가장 유념해야 할 것은 보고받는 사람이 무엇을 알려고 하는지 정확하게 파악하는 것이며, 보고서의 내용을 한 눈에 알 수 있도록 명료하게 써야 한다.

오래 전이지만 대학마다 졸업생은 자기 전공과 관련하여 한 편의 논문을 써야 하는 제도가 있었다. 그래서 학생들은 평소 관심을 가졌던 주제를 가지고 지도교수의 지도를 받아서 학술 논문을 하나씩 써 보고 사회에 나갔다. 지금은 그 제도가 없어졌지만, 학생들에게는 기억에

남는 학술 작업이었다. 지금은 각 대학에서 글쓰기 관련 교양 교육이 다양하게 이루어지고 있고, 학술논문 공모전이나 글쓰기 대회 등도 많은 편이다. 하지만 대개의 신입생들은 보고서를 쓰는 방법조차 잘 모르기 때문에 입학해서는 보고서 쓰는 법부터 다시 배울 필요가 있다.

일부의 대학생들은 보고서를 단지 자신이 수강하고 있는 과목의 성적을 평가하는 하나의 과제물 정도로 이해한다. 그래서 그런 학생들은 어떤 책을 읽거나 어떤 영화를 보고 쓰는 독후감이나 감상문까지도 보고서라고 생각한다. 물론 이러한 글을 편의상 '보고서'라고 명명하기도 한다. 하지만 본래 보고서란 답사, 조사, 관찰, 실험, 연구 등을 통해 얻어진 자료들을 정리하여 보고하기 위한 글이다. 따라서 보고서를 작성할 때는 주어진 주제와 관련된 학술적 자료를 체계적으로 수집하고 명료하게 정리하여 보고할 수 있는 글이어야 한다. 대학에서 쓰는 보고서가 학술 논문처럼 반드시 글의 독창성까지 요구하는 것은 아니지만, 구체적인 사실에 부합하는 자료를 통해 정확성과 신뢰성을 줄 수 있는 객관적인 글이어야 한다.

이처럼 대학에서 학생들에게 보고서를 요구하는 것은 무엇보다 주어진 과제에 대하여 학생 스스로 조사, 연구할 수 있는 능력을 기르도록 하는 데 그 목적이 있다. 보고서의 내용이나 학생의 전공 영역에 따라 정도 차이는 있겠지만, 학생들은 보고서 작성을 통해 주제 중심으로 다양한 자료를 찾아보고 수집하며, 그것을 자신이 쓰고자 하는 주제에 맞게 분석 정리하는 기회를 가져보는 것이다. 이것을 하기 위해서는 도서관이나 인터넷 자료를 이용하는 방법을 익히고, 도서 목록 찾는 법이나 해당 분야의 도서 및 논문을 찾아보는 능력을 갖추어야 한다. 이러한 과정을 통해 학생들은 지적 성숙과 더불어 학문적 성취 또한 얻을 수 있다.

2. 보고서의 종류와 특징

보고서는 보고서의 주제, 목적, 내용과 형식, 절차, 결과 등에 따라 나눌 수 있는 종류가 매우 다양하다. 그래서 시중에 나와 있는 보고서의 지침도 제각각이다. 여기서도 그런 한계점을 전제로 하고 보고서의 특성이 분명하게 드러나는 몇 가지를 중심으로 소개하겠다.

1) 답사 보고서

답사보고서는 특정 목적을 가지고 어떤 현장을 답사한 뒤 그 결과를 정리한 것이다. 주로 사학이나 민속학, 어문학, 사회학, 인류학 등의 전공자들이 많이 작성한다. 이 보고서는 책상에 앉아서 머리로만 하는 것이 아니라 직접 현장에 나가야 할 수 있기 때문에 현장성이 매우 강하다. 그래서 보고서를 쓸 때, 보고 받는 사람이 답사 현장을 마치 보는 것처럼 내용을 역동적으로 설명하여야 한다. 현장성을 백분 살리기 위해서는 사진이나 영상물을 첨부하는 것이 보다 효과적이다.

답사 보고서는 답사의 목적과 특정 현장을 선정한 이유, 선정된 현장에 대한 구체적인 정보, 답사 일정과 그 방법, 조사 인원 구성, 결과 분석, 답사 결과와 자료 첨부, 소감이나 후기 등으로 이루어진다. 답사 보고서는 답사하는 목적이 분명하게 드러나야 하겠지만, 답사 가기 전에 그 현장에 대한 정보나 답사 일정을 제대로 짜는 것이 더 중요하다. 그렇게 준비가 되지 않으면 효과적인 답사를 할 수 없고, 내용적으로도 빠트리는 부분이 있을 수 있기 때문에 충분한 사전 검토가 필요한 것이다.

또한 답사 보고서는 답사한 결과뿐만 아니라 그곳을 답사하면서 기억해 둘 만한 사항을 후기에 적어 주는 것도 좋다. 왜냐하면 아무리 사소한 내용이라도 기록해 두면, 이후 다른 연구자들이 그것을 보고 도움을 받을 수도 있기 때문이다. 하지만 후기를 기록할 때 지나치게 본인의 감상만을 늘어놓는다면 오히려 보고서의 객관성과 신뢰성을 떨어트릴 수 있으므로 유의해야 한다.

2) 조사 보고서

조사 보고서는 소속 기관마다 또는 개인마다 약간의 차이가 있을 수 있으나 알고자 하는 특정 내용을 조사하여 그 결과를 보고하는 글이다. 주로 사회학 계열의 연구자나 조사 기관에서 많이 쓰게 되는 보고서로, 특정지역에 대한 탐문이나, 어떤 주제에 대한 설문, 또는 기타 알고 싶은 내용에 대하여 조사 방법을 사용하여 그 결과를 얻는 것이다.

조사 보고서의 기본 구성은 조사의 목적, 조사 대상과 방법, 조사 항목, 조사 결과, 조사 결과에 대한 견해 등으로 이루어진다. 조사를 통해 얻어진 결과는 보고를 받는 사람이 알아보기 쉽게 도표나 그래프로 작성하는 것이 좋으며, 더 자세한 내용은 자료를 첨부하도록 한다. 이때 가장 주의해야 할 것은 조사 방법의 객관성이다. 조사 대상이 적합한지, 조사 방법은 적절한지, 조사 항목을 설정할 때 항목의 내용이 편향적이지 않은지 등 조사 자료의 객관성을 확보하려는 노력이 필요하다. 그리고 조사 결과를 낼 때 주관적 해석을 한 것은 아닌지, 조사 결과 나올 수 있는 오차의 범위를 명시했는지 등도 살펴봐야 한다.

조사 보고서는 보고를 받는 사람이 알고자 했던 내용에 대한 자세한 현황 파악은 물론 해결해야 할 사안에 대해서도 쉽게 판단을 내릴 수 있도록 써야 한다.

3) 실험 보고서

실험 보고서는 주로 자연계와 이공계의 연구자들이 실험을 통하여 얻은 데이터와 결과를 정리하여 보고한 글이다. 실험 보고서를 쓸 때 반드시 고려되어야 할 사항은 실험을 하는 목적, 대상, 날짜, 실험의 방법과 절차, 그리고 실험한 결과와 그것에 대한 분석 등이다. 이 보고서는 실험을 한 결과도 중요하지만, 그러한 결과가 나오게 된 과정과 경위를 자세히 설명하는 것이 무엇보다 관건이다. 그래서 실험에 쓰일 기구와 장치 및 준비물 등이 무엇인지 명시하고, 실험 시행 순서를 정리하여 실험 과정과 방법 등을 정확하고 꼼꼼하게 작성해야 한다. 보고서에 기재된 내용대로 실험을 재현했을 때 보고된 결과와 똑같은 결과를 다시 얻을 수 있어야 한다.

작성자는 실험 보고서를 쓰기 전에 먼저 실험에서 참고할 이론과 실험을 통하여 얻고자 하는 결과에 대한 사전 검토를 해야 한다. 그렇기 때문에 기존의 연구 자료의 조사가 잘 되어야 한다. 그리고 실험에 직접적으로 사용된 기구를 구체적으로 적어주고, 실험 도중 관찰된 현상이나 데이터를 꼼꼼하게 기록한다. 실험을 하면서 실험 환경이나 있을 수 있는 실험의 오차 및 실험 중에 느낀 점 등도 실험 일지에 적어 둔다. 실험을 모두 끝낸 후 실험 일지를 바탕으로 그 실험 결과를 분석하면서 실험 보고서를 작성한다.

실험 보고서를 작성할 때 연구자는 절대 데이터를 조작하는 일이 있어서는 안 된다. 만약 선행 조사한 실험의 이론에 따라 예측한 결과를 얻지 못했다면, 실험의 오류나 이론적인 오류 및 장치의 오류가 없는지 다시 살펴보고, 그 원인을 분석하는 태도를 가져야 한다. 그리고 만약 오차가 발생했다면 오차의 요인이 무엇이며, 오차를 제거할 수 있는 방법을 먼저 찾아야 할 것이다.

4) 연구 보고서

연구 보고서는 연구 대상을 단순히 조사 또는 관찰한 내용을 정리하는 것이 아니라, 특정 문제와 현상에 대한 작성자의 심도 있는 분석을 필요로 하는 글이다. 또한 이 보고서는 작성자의 분석력뿐만 아니라 연구 대상에 대한 통찰력과 연구 결과를 도출할 때 창의력까지 요구된다. 따라서 작성자는 보고서를 쓸 때, 보고서 내용을 상세하게 분석하는 것은 물론이고, 이 연구를 통해 새로운 견해나 방법론까지 제시할 수 있으면 더 좋다. 하지만 작성자의 통찰력과 창의력이 요구된다고 해서 특정 문제와 현상에 대한 작성자의 판단이나 의견이 객관성과 논리성에서 벗어나지는 않아야 한다.

연구 보고서를 작성할 때는 기본적으로 논문 작성법을 따르는 것이 좋다. 특히 본문에서 특정 내용에 대한 인용을 하거나 주석을 달 때 참고한 자료를 명확하게 표시해 주어야 한다. 연구 보고서는 학술 논문과 같이 이 연구가 왜 필요한지, 연구의 목적은 무엇인지, 이 주제에 대한 선행 연구는 어떻게 이루어져 있는지에 대한 조사가 매우 중요하며, 이 선행연구의 고찰을 통해 제기된 문제를 해결하거나 새로운 대안을 제시하는 길을 모색할 수 있다.

3. 보고서의 형식과 작성 요령

보고서의 형식은 보고서의 성격에 따라 다를 수 있으나 기본적으로 표지, 목차, 본문(서론, 본론, 결론), 참고문헌(자료)의 순서로 구성되며, 제출하는 용지의 규격은 통상 A4가 일반적이다. 보고서는 보고를 받는 사람이 전체 내용을 일목요연하게 알아 볼 수 있도록 목차를 분명하게 제시하고, 각 단락의 내용 또한 전체 내용과 잘 연결되며 균형을 맞출 수 있도록 세심하게 배치한다.

1) 표지

보고서의 표지에는 보고서의 제목, 수강 과목, 담당 교수, 제출일, 소속 학과, 학번, 제출자 등을 기입하여야 한다. 하지만 어떤 경우에는 표지를 따로 만들지 않고 목차나 본문 위에 제목과 학번 이름을 쓸 수도 있다. 보고서를 작성하는 사람의 판단에 맡기겠지만 보고서를 받는 사람이 어떤 것을 더 선호하는지 아는 것도 필요하다. 어쨌든 표지는 너무 화려하게 치장할 필요가 없으며, 본문의 내용이 더 중요하다는 것을 항상 잊지 말아야 한다.

2) 목차

보고서의 내용을 파악할 때 가장 먼저 보는 것이 목차이다. 보고를 받는 사람은 목차를 통해 보고서의 전체 내용이 어떻게 이루어지고 있는지, 작성자가 무엇을 말하고자 하는지 큰 틀에서 짐작할 수 있다.

목차는 보통 보고서의 제목과 본문 사이에 위치한다. 물론 목차가 길어질 때에는 따로 페이지를 내어 적어주는 것이 좋고, 짧은 목차라면 상자를 따로 만들어 내용을 그 안에 넣어주는 것도 보기에 좋다. 물론 목차를 넣어 줄 필요가 없이 내용이 매우 짧은 보고서라면 생략해도 무방할 것이다.

3) 본문

보고서의 본문은 보고서의 특성에 따라 다양한 구성이 가능하다. 다시 말하면 형식적인 요구 사항을 따로 제시하거나, 본 내용에 덧붙여 다른 특별한 내용을 부가해야 하는 경우 본문의 목차가 많이 달라질 수도 있다. 하지만 보기에도 편하고 논리적으로 전개하기도 쉬운 방식은 서론, 본론, 결론의 3단 구성이다. 그리고 본문에서는 반드시 쪽수를 기재해 주어야 한다. 쪽수를 표시해 주면 보고서 전체의 분량을 쉽게 알 수 있을 뿐만 아니라, 보고서 내용에 대한 세부적인 의견을 교환할 때 매우 편리하다. 서론 본론 결론의 내용을 간단하게 설명하면 다음과 같다.

① 서론

서론은 보고서 전체를 안내하는 부분이다. 서론은 일반적으로 보고서를 왜 쓰는지, 어떤 문제를 다루려고 하는지, 문제에 대한 접근 방법과 범위는 어떻게 한정하는지, 선행 연구는 어느 정도 되어 있는지, 이 보고서의 의의가 뭔지 등을 주 내용으로 한다. 그 밖에도 보고서에서 사용 될 중요 개념 및 용어를 정의해서 앞으로 전개될 내용에 대한 이해를 돕기도 한다.

② 본론

본론은 보고서의 본격적인 내용을 다루는 곳이다. 서론에서 제기된 문제를 중심으로, 보고서의 목적을 달성하는 과정을 보여주는 부분이다. 서론에서 밝힌 대로 문제에 대한 접근 방법과 한정된 범위 내에서 자료를 수집하고, 수집한 자료를 분석하여 체계적인 기준에 따라 정리한다. 작성자는 분석한 자료를 근거로 삼아 제기된 문제에 대한 객관적인 답변을 도출할 수 있도록 글을 전개한다. 물론 수집한 자료는 신뢰성이 있고 객관성이 충분한 것이어야 하며, 서로 다른 견해나 주장이 있다면 반드시 소개하고 자신의 관점을 확실하게 드러내는 것이 좋다.

③ 결론

결론은 보고서 전체를 마무리하는 부분이다. 여기에서는 본론에서 논의된 핵심을 요약하고, 서론에서 제기한 문제의 해결 방안이나 본론의 내용을 기반으로 한 새로운 대안을 제시할 수 있다. 보고서의 결론은 자신이 본론에서 다루었던 주제를 벗어나지 않아야 하고, 내용 또한 논리적인 정합성을 가져야 하며, 최종적 결론에 대한 평가나 앞으로의 연구 방향 등을 제시할 수 있다.

4) 본문의 세분화

본론의 내용은 나눌 때 장, 절, 항 등으로 세분화되는데, 이때 장, 절, 항 등을 표시하는 방법 또한 여러 방식이 있다.

① 수문자식

수문자식은 숫자와 문자를 번갈아 가면서 장, 절, 항 등을 표시하는 방식이다. 관례적으로 장에는 로마 숫자를 사용하고, 절에는 알파벳 대문자를 사용하며, 항에는 아라비아 숫자를 사용한다.

Ⅰ.
  A.
    1.
      (1)
      (2)

② 숫자식

숫자식은 숫자만으로 장, 절, 항 등을 표시하는 방식이다. 예를 들어 장에는 한 자리 수인 1, 2, 3 등을 쓰고, 절에는 두 자리 수인 1.1, 1.2, 1.3 등을 쓰며, 항에는 세 자리 수인 1.1.1, 1.1.2, 1.1.3 등을 쓴다.

1.
  1.1
    1.1.1
    1.1.2
  1.2
    1.2.1
    1.2.2

③ 장절식

장절식은 장, 절, 항 등을 표시하는 가장 전통적인 방식이다. 예를 들어 '제1장', '제1절', '제1항'과 같은 방식으로 표시한다.

제1장
  제1절
    1.
      (1)
      (2)

그 밖에도 장 절, 항의 구분 없이 단락 구분만을 통해 본문 전체를 쓰기도 하지만, 분량이 적지 않다면 보고서를 읽는 사람의 편의를 생각해서 되도록 구분을 해 주는 것이 좋다.

5) 참고 문헌

보고서를 작성하면서 내용의 타당성을 보증하기 위해 다른 사람의 글을 인용하거나, 본문 내용에 대한 부연설명을 할 경우 주(註)를 달아준다. 자신이 인용했거나 주에 표기된 자료들은 참고 문헌에 반드시 기재하여야 한다. 도서, 논문, 인터넷, 잡지, 신문 등 보고서를 쓰는데 도움을 받았던 참고 문헌을 밝혀줌으로써 보고서 내용의 객관성을 확보할 수 있고, 학문의 윤리성도 지킬 수 있다. (더 자세한 내용은 "논문의 이론과 실제"에서 참조)

4. 보고서 작성 시 참고 사항

대체적으로 보고서는 보고를 받는 사람이 주제를 선정해서 내 준다. 그래서 작성자는 보고 받는 사람이 무엇을 요구하는지 제대로 파악해야 보고서를 잘 쓸 수 있다. 하지만 학교에서는 종종 학생 스스로 보고서의 주제까지 설정해서 쓰도록 하는데, 이런 경우 작성자는 지나치게 큰 범위의 주제를 잡지 말고, 자기의 능력에 맞는 보고서의 규모를 세우는 것이 좋다. 그리고 학생 스스로 주제를 설정하라고 해서 보고받는 사람의 의도를 벗어나는 주제를 정해서는 안 되며, 작성자는 왜 그 주제를 정했는지 이유를 밝혀주어야 한다.

작성해야 할 보고서의 주제가 주어지면, 보고서 작성의 방법에 따라 정확한 자료와 증거를 수집해야 한다. 보고서의 자료는 조사와 답사, 실험과 관찰, 선행 연구물 등을 통해서 얻는 것 이외에 보고 내용과 관련된 참고문헌이 있다. 참고문헌 자료는 도서관에서 대출, 또는 복사하여 수집할 수도 있고, 각 대학의 도서관 홈페이지가 활성화되어 있기 때문에 자료의 목록은 물론, 문헌의 원문까지 다운로드 받을 수 있다. 그리고 인터넷을 이용하여 자료 수집에 도움을 받을 수도 있는데, 보고서의 내용과 관련된 핵심어로 검색을 하면 관련 문헌의 제목과 저자, 출판사와 출판년도 등을 볼 수 있다.

인터넷을 이용하여 자료수집에 도움을 받을 수 있는 몇 개의 사이트를 소개하면 다음과 같다.

* 주요 자료 검색 사이트

1) 국가전자도서관(www.dlibrary.go.kr) - 국립중앙도서관, 국회도서관, 법원도서관, 연구개발정보센터, KAIST과학도서관, 산업기술정보원, 한국교육학술정보원 등 국립도서관의 자료 통합 검색 서비스 사이트.
2) 한국역사정보통합시스템(www.koreanhistory.or.kr) - 국사편찬위

원회, 민족문화추진회, 서울대 규장각, 한국학중앙연구원, 고려대 아세아문제연구소, 한국국학진흥원, 한국여성개발원 등에서 제공하는 한국사 연표, 한국사 기초 사전 및 신문 자료, 문헌 자료, 문집 등을 수록.

3)한국교육학술정보원(www.riss4u.net) - 전국의 대학 도서관 목록을 통합하여 정보를 제공하며, 해외 학술 데이터베이스 및 학술논문정보 제공.

4) 한국학술정보(http://search.koreanstudies.net) - 다양한 논문집, 학술 자료집 원문 검색.

5) 누리미디어(http://dbpia.co.kr) - 학술정보검색 및 다운로드.

그 외 다수.

자료 수집이 끝났으면 이를 바탕으로 개요를 작성한다. 개요를 작성하면서 보고서의 주제를 해결하기 위한 보고서의 구성, 수집된 자료의 선택, 그리고 근거와 주장 등을 결정한다. 이 단계에서 목차에 들어갈 내용을 간결한 문장으로 작성하고, 참고할 자료들을 각각 배치한다. 이상의 단계들을 거친 후, 본격적으로 보고서의 초고를 집필한다. 보고서의 형식에 따라 작성된 초고는 다시 퇴고의 과정을 거친 후 최종 보고서를 완성한다.

참고문헌

건국대학교 글쓰기 연구회, 『글쓰기의 기술』(도서출판 파미르, 2006)

우리 시대의 글쓰기 편찬위원회, 『우리시대의 글쓰기』(국민대학교 출판부, 2007)
손동현 외, 『학술적 글쓰기』(성균관대학교 출판부, 2008)
이상호 · 이현지, 『대학생을 위한 글쓰기』(한국학술정보, 2008)

논술문 작성의 실제

김 우 진

1. 논술문이란

논술은 논리적 말하기 또는 논리적 글쓰기를 의미한다. 여기에서 공통적으로 적용되는 것은 '논리적'이라는 단어이다. 논리적 말하기나 글쓰기는 자신의 생각을 논리에 부합되게 말하고 글 쓰는 것이다. 문제는 바로 논리적으로 말하고 글 쓰는 것이 무엇인지 정의하는 것이고 논술문에서 '논리적'이라는 낱말이 뜻하는 바가 무엇인지 정의하는 것이다.

일반적으로 논술을 논리적 글쓰기(logical writing)라고도 한다. 그러나 이러한 정의는 치명적이지는 않지만, 다음과 같은 문제를 야기한다. 글을 논리적으로 쓰는 것이 논술에만 적용되는 것만은 아니다. 우리는 어떤 일이나 개념, 사물에 대해 설명할 때도 그 과정이 논리적일 수도 있기 때문이다. 즉 설명문, 수필 등도 그 서술 과정이 논리적일 수 있다. 그렇다면 논술문은 다른 논리적 글쓰기와 어떻게 다른가?

논술문은 주어진 문제에 대한 글쓴이의 주장, 그리고 그 주장을 정합적으로 뒷받침하는 근거를 제시하는 글쓰기이다. 주장과 논리적인 근거는 논술문에서 빠질 수 없는 요소이다. 주장과 근거를 통해 결국 불특정 다수나 반대의 관점을 가진 사람을 설득하는 것이 논술문의 목적이다. 이런 맥락에서 볼 때 논술문은 논증적 글쓰기이다. '논리적 글쓰기'와 '논증적 글쓰기'를 동의어로 사용해도 큰 무리는 없을 것 같다.

이러한 논술문은 신문의 사설, 철학저술, 논문 등에서 많이 적용되고 있는 글쓰기 방식이다. 그런데 오늘날의 논술문은 주로 대학 입시를 위한 시험으로, 또는 교사임용시험으로, 그리고 로스쿨 입학시험인 법학적성시험(LEET)의 한 과목으로 존재하고 있다. 마치 입시에서 실행되고 있는 논술만이 논술의 전부인 것처럼 보인다. 그러나 앞서 밝혔듯이 논술문은 비평, 사설, 칼럼 등에서 적용되고 있는 글쓰기 방식이다.

이 글에서는 비평이나 사설, 칼럼보다는 입시 시험에서 실행되고 있는 논술문을 분석한다. 입시 시험에서 실행되고 있는 논술은 특정 주제에 대한 자유로운 글쓰기가 아니라 출제자가 제시한 문제에 따라 답안을 작성해야 하는 논술유형이다. 한국에서 실행되고 있는 대부분의 입시 논술은 문제, 제시문, 참조문으로 구성되어 있다. 따라서 입시 논술은 자신의 생각을 논리적으로 증명하는 글쓰기가 아니라, 주어진 제시문을 정확하게 분석할 수 있는 능력, 그리고 문제에서 요구하는 점과 제시문의 연관성을 충분히 통합할 수 능력을 검증하는 글쓰기 유형이다. 이는 논술이 단순히 자신의 생각만 정리하는 것이 아니라 내가 아닌 타인의 말이나 글을 정확하게 듣고 읽을 수 있는 양방향 글쓰기임을 강조하는 것이다.

이제 논술은 단순히 논증적 글쓰기에만 적용되는 것이 아니라 텍스트를 주어진 조건에 따라 정확하게 읽을 수 있는 것을 포함한다. 이런 측면에서 대부분의 입시 논술은 제시문을 특정한 각도에서 요약하는 문제로 출제되고 있다. 자신의 생각을 작성하는 것보다 오히려 주어진 텍스트를 정확하게 분석하는 능력에 대한 비중이 더 크다. 그래서 우리는 오늘날의 입시 논술의 구조가 어떻게 구성되어 있는지, 그리고 어떻게 문제를 해결할 수 있는지 해명해야 한다.

2. 문제형 논술 해법

자신의 생각을 작성하는 것보다 텍스트를 논리적으로 분석하는 능력이 더욱 필요한 시점이다. 이에 대해 서울대학교 입학관리본부에서 다음과 같이 밝힌 바가 있다.

> 논술고사는 비판적으로 글을 읽는 능력과 창의적으로 문제를 설정하고 해결하는 능력 그리고 논리적으로 서술하는 능력을 종합적으로 평가하는 시험이다. 비판적으로 글을 읽는다는 것은 반성적으로 생각하면서 글을 읽는 것을 말하며, 창의적으로 문제를 설정하고 해결하는 능력이란 심층적이고 다각적으로 논제에 접근함으로써 독창적인 아이디어를 끌어낼 수 있는 능력을 말한다. 그리고 논리적 서술 능력은 글 구성 능력, 논증 능력, 표현 능력 등을 포괄한다.1)

논술에 관심이 있는 사람들은 책을 많이 읽어야 논술을 잘 할 수 있다고 말한다. 이 때 많은 책을 읽는다는 말은 잘못된 말이 아니지만, 간혹 일부 사람들이 많은 책에서 지식을 습득하면 논술을 잘 할 수 있다고 판단한다. 그러나 현대의 논술시험은 수험생들에게 지식을 요구하기보다는 논증적 읽기 능력, 통합력, 창의력을 요구한다. 이를 김영정 교수는 통합교과논술은 '사고력', '과정', '영역전이', '자기주도' 중심이라고 규정했다. 이러한 종류의 논술을 해결하기 위해서는 '논제 분석',

1) 서울대학교 입학관리본부, 2004년 4월 21일 「모의 논술고사 결과 공지」 보고서.

'제시문 분석'이라는 과정을 거쳐야 한다.

1) 논제 분석

논술 문제를 분석하기 위해서는 가장 먼저 논제부터 분석해야 한다. 논제를 잘못 분석하는 것은 오답 중 큰 비중을 차지한다. 출제자의 출제한 논제를 완벽하게 분석하지 못하면 아무리 글쓰기 능력이 있다고 하더라도 좋은 논술문을 완성할 수 없다. 그래서 논술 문제를 해결하기 위해서는 반드시 논제부터 철저하게 분석해야 한다. 이는 비단 논술문제에만 해당하는 점이 아니라 모든 영역의 문제에도 적용되는 사실이다.

논제를 분석하는 이유는, 첫째 답안 범위를 결정하고 둘째 어떠한 각도에서 답안을 작성해야 할지 결정하며, 셋째 답해야 할 종류가 무엇인지 결정하는 데 있다. 논제를 충분히 분석하면 논제에서 언급하는 주제를 읽을 수 있고, 그러한 주제 안에서 답안을 작성해야 함을 알 수 있다. 그리고 논제에서 언급하는 주제를 어떤 각도에서 읽어야 할지 숙지해야 하며, 그리고 문제가 요약인지, 비판인지, 자료 분석인지 등 답안의 종류도 알아야 한다.

논제는 크게 안내문, 요구문, 참고문으로 이루어져 있다. 안내문은 제시문들의 주제를 명시하고, 어떻게 문제를 읽어야 할지 안내한다. 뿐만 아니라 각 제시문들의 특징과 입장들에 대해서도 명시할 경우도 있다. 요구문은 안내문에서 제시된 어떤 것을 몇 가지 요구조건에 따라 답안 작성해야 하는지, 그리고 어떤 각도에서 읽어야 하는지를 명시하는 글이다. 이는 답안으로 작성해야 할 문단을 어떻게 구성해야 할지를 결정하는 역할을 한다. 이 점에서 논제의 요구문은 논술문제 전체에서 가장 중요한 부분이다. 참고문은 주의사항 및 글자 수 등을 명시하는 글이다. 일부 학생들이 이 참고문을 소홀히 읽어 좋은 평가를 못 받는 경우가 있다. 참고문에 따라 답안을 작성해도 점수가 올라가는 것은 아니지만, 만약 참고문에 따라 답안을 작성하지 않으면 감점 또는 평가 대상에서 제외될 수도 있다.

다음의 논제를 분석해 보자.

[문제 2]	ⓐ 문명의 발전과 함께 환경 문제의 심각성도 더해지고 있다. 이에 대처하는 한 방법이 오염 물질의 배출 정도에 따라 세금이나 부담금을 부과하는 '오염부담금제'이다. ⓑ <다>의 예에서 오염부담금제의 경제적 근거를 유추하여 ⓒ 이 제도가 왜 타당성을 갖는지 논술하시오. (450~500자, 20점)

위의 논제는 2008학년도 한양대 수시2-1의 문제 중 두 번째 논제이다. ⓐ는 논제의 안내문이다. 이 안내문을 통해, 우리는 제시문을 환경오염문제와 이 문제를 해결하기 위한 방안으로 오염부담금제에 관한 각도에서 분석해야 한다는 것을 알 수 있다. ⓑ는 요구문의 일부분으로서 ⓒ가 요구하는 답안을 작성하기 위한 조건이다. 즉 제시문<다>를 통해 오염부담제가 어떻게 경제적 이해관계와 관련되었지 밝혀야 한다. ⓒ는 오염부담제도가 왜 타당한지 밝히면 되는 요구문이다. ⓑ에 관한 답안을 200~250자, ⓒ에 대한 답안을 200~250자로 작성하면 된다. (450~500자)는 참조문이다.

2) 제시문 분석

입시형 논술은 앞에서도 봤듯이 크게 논제, 제시문으로 이루어져 있다. 우리는 논제를 먼저 철저하게 분석했다면, 이 논제의 요구에 따라 제시문을 '논증적'으로 읽어야 한다. 제시문을 '논증적'으로 읽는다는 것은 제시문의 주장과 그 주장을 뒷받침하는 근거가 무엇인지 분석하라는 것이다. 때때로 제시문에서 주장과 근거가 직접적으로 명시되어 있는 경우도 있다. 그러나 종종 소설이나 도표, 그리고 그림이 제시문으로 출제되는 경우도 있다. 이런 경우에는 논제가 지시하는 지시에 따라 소설, 도표, 그리고 그림을 읽으면 충분히 주장과 근거 형태로 만들 수 있다. 아래의 제시문은 2008학년도 한양대 정시논술 문항3이다. 아래의 제시문을 논제에 따라 분석해 보자.

> [문항 3]
> 문화 소비에 대한 지문 <가>, <나>, <다>에 나타난 학자들의 견해를 비교하시오. 그리고 지문 <라>에서 제시된 도표를 활용하여 학자 B와 C가 학자 A의 견해를 각각 어느 정도 타당하게 비판할 수 있는지를 논술하시오 (900~1000자, 50점)
>
> <가>
> 학자 A는 사회 계급 간에는 문화 상품 소비 방식에 있어서 구조적인 차이가 존재한다는 이론을 발전시켰다. 다시 말해, 계급 간에는 각각의 독특한 문화 소비 취향 패턴이 나타난다는 것이다. 개개인이 가지고 있는 취향은 우연적이고 자생적인 개성의 표현이라기보다는, 개개인이 소속된 사회 계급의 구조적 속성을 반영한다는 것이다. 이와 같은 논리는, 문화 상품 소비에 있어서 개인의 선호도가 가장 중요하다는 신고전파 경제학의시각과는 구별된다. 대신에, 학자 A는 개인의 선호도가 형성되는 과정에는

여러 가지 사회·경제적인 요인들이 개입된다고 주장한다. 이것은 일차적으로 문화 상품의 소비는 개인의 취향에 따라 결정되지만, 개인의 취향은 다시 그 개인이 소속된 사회 계급의 속성에 의해 결정된다는 의미이다.

<나>

학자 B는 후기 산업 사회에서 사회 계급 간 문화적 차이가 더 이상 존재하지 않게 되었다고 주장한다. 그에 따르면 현대 사회의 문화 상품 소비 유형과 생활 양식은 개인이 소속된 사회 계급에 의해서가 아니라 미디어와 거대 문화 자본 등의 영향을 더 강하게 받는다고 한다. 예컨대, 사회 구성원들은 여러 가지 미디어를 통해 다양한 정보와 콘텐츠를 소비할 수 있는 기회를 비교적 많이 확보하게 되었으며, 결과적으로 사회 구성원 간의 문화와 정보 격차가 과거에 비해 많이 해소되고 있다고 본다. 문화 관련 다국적 기업들의 활동에 따른 글로벌 문화 자본의 팽창도 국가 간 문화 상품의 유통을 활성화시킨다고 한다. 학자 B에 따르면, 이러한 현상은 정보통신 및 교통의 발달, 경제와 문화의 세계화, 이민을 포함한 인적 교류의 증가, 국가 간 교역의 확대와 함께 글로벌 체제를 공고히 하며, 문화 소비의 동질화를 야기하고 있다고 한다.

<다>

학자 C는 생활 수준의 향상, 생활 양식의 다원화, 계급 의식의 약화 등으로 인한 문화 소비의 개인주의화 추세가 문화 소비를 다양화시킨다고 주장한다. 개인의 소득 증가와 여가 시간의 확대, 가족 구성의 변화, 고령화, 고용 구조의 변화 등과 같은 사회적 변화가 문화 소비에 영향을 끼친다는 주장이다. 여기서 말하는 문화 소비의 다양화란 개인이 소비하는 문화 상품의 종류가 증가되는 한편, 동일한 문화 상품의 범주 내에서도 개인별로 더욱 세분화된 문화 소비가 활성화된다는 의미이다. 학자 C는 이러한 과정 속에서 개인의 문화 소비가 계급적 종속 구조를 탈피하면서 문화 소비의 다양화가 촉진된다고 주장한다.

<라>

① 1960년대 P국가의 사회계급별 문화 소비 실태

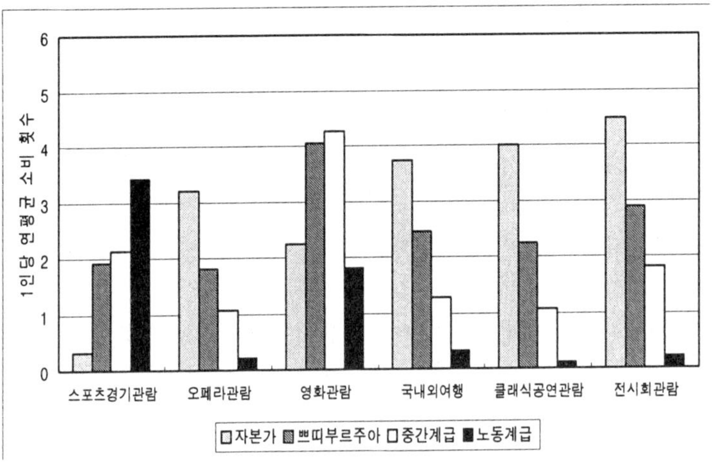

② 2000년대 P국가의 사회계급별 문화 소비 실태

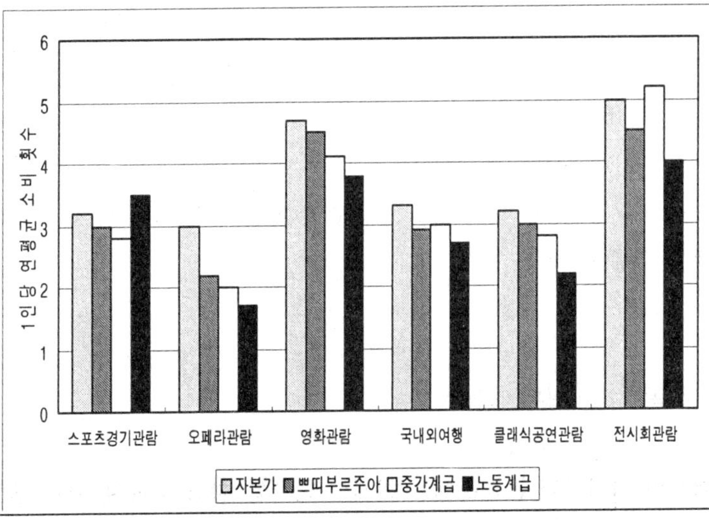

1960년대 P국가이 사회계급별 문화 소비 실태를 보면, 노동계급이 관람료가 저렴한 스포츠경기를 많이 관람하고, 오페라, 영화, 국내외여행, 클래식공연, 전시회에 대해서는 거의 소비하지 않는다는 것을 알 수 있다. 자본가, 쁘띠부르주아, 중간계급들도 각 계급에 맞는 문화소비를 하고 있음을 알 수 있다.

그러나 2000년대 P국가의 사회계급별 문화 소비 실태를 보면, 각 계급들 간의 소비 차이가 거의 없이 다양하게 나타나고 있음을 알 수 있다. 이러한 통계자료를 근거로 한다면, 지문 <가>의 학자 A의 주장은 1960년대 사회계급별 문화 소비에 대해서는 유효할 수 있으나, 2000년대 사회계급별 문화 소비에 대해서는 설득력이 없는 것으로 보인다. 학자 B의 주장처럼, 사회 구성원들 간의 문화와 정보 격차가 과거에 비해 많이 해소되었고, 미디어와 거대 문화 자본 등의 영향 때문에 후기 산업 사회에서 사회 계급 간 문화적 차이는 더 이상 존재하지 않는다고 볼 수 있다. 또한 학자 C의 주장처럼, 생활 수준의 향상, 생활 양식의 다원화, 계급 의식의 약화 등으로 인한 문화 소비의 개인주의화 추세로 문화 소비가 계급에 따라 결정되지 않고 다양화 되었다. 이렇게 볼 때 학자 A의 주장은 1960년대까지는 유효할 수 있으나 오늘날과 같은 후기 자본주의 시대에는 적용될 수 없다.

이와 같은 논제와 제시문 분석 방법을 2009학년도 LEET 예시논술 문제에 적용해 보자.

3. 논술문 작성의 실제

현대의 입시관련 논술문제는 대체로 요약형, 관점 비판형, 자료 부합형으로 이루어져 있다. 요약형이란 논제의 요구문이 제시문들의 관점을 주장과 근거 형태로 각각 요약하라는 형태를 말한다. 이는 수험생들이 기본적으로 읽기를 얼마만큼 정확하게 해내는지 검증하기 위한 문제유형이다. 이 유형은 2009학년도 LEET 예시논술의 첫 문제로 출제되었다.

1) 요약형

제시문 (가) ~(라)를 통치 원리에 따라 둘로 분류하고, 같은 원리를 담고 있는 제시문끼리 묶어서 요약하시오 (350~450자, 20점).

(가) 걸왕과 주왕은 어찌하여 천하를 잃었고, 탕왕과 무왕은 어찌하여 천하를 얻었는가? 그것은 바로 걸왕과 주왕은 사람들이 싫어하는 일을 잘하였고, 탕왕과 무왕은 사람들이 좋아하는 일을 잘하였기 때문이다. 사람들이 싫어하는 일이란 무엇인가? 사기와 쟁탈, 탐욕이다. 사람들이 좋아하는 일이란 무엇인가? 예의와 사양, 충신(忠信)이다. 지금 군주들은 자신을 탕왕과 무왕에 비유하며 그들과 나란히 하고자 한다. 그러나 나라를 통치하는 방법은 걸왕이나 주왕과 다를 바가 없으면서 탕왕이나 무왕과 같은 공적과 명성을 추구하니 어찌 가능하겠는가? 사람에게는 생명보다 귀중한 것이 없고, 평안보다 즐거운 것이 없다. 생명을 기르고 평안을 즐기는 방법으로는 예의보다 나은 것이 없다. 사람이 생명을 귀하게 여기고 평안을 즐기고자 하면서도 예의를 버린다면, 이는 오래 살고 싶어 하면서 스스로 목을 베는 것과 같다.

(나) 매와 채찍으로 때리고 재갈을 물리지 않으면 조보(造父)*라 할지라도 말을 몰 수 없다. 곱자와 그림쇠를 쓰지 않고 먹줄을 긋지 않으면 왕이(王爾)**라할지라도 네모와 원을 그릴 수 없다. 위엄 서린 권세와 상벌을 정한 법이 없으면 요순(堯舜)이라 할지라도 세상을 다스릴 수 없다. 견고한 수레와 좋은 말을 타면 험한 고갯길도 올라갈 수 있고, 편안한 배를 타고 좋은 노를 저으면 큰 강도 건널 수 있다. 법술(法術)이라는 방책을 쥐고, 벌을 무겁게 하고 사형을 엄히 행하면 패왕(霸王)의 위업을 달성할 수 있다. 나라를 다스리면서 법술과 상벌을 갖추는 것은 견고한 수레와 좋은 말이 있고 날렵한 배와 편리한 노가 있는 것과 같으니, 이것에 의지해야 목표를 이룰 수 있다.

(다) 화폐를 널리 유통시켜도 백성의 살림이 넉넉지 못한 것은 물자가 한 곳으로 몰리기 때문이다. 수입을 헤아리고 지출을 조절해도 백성이 굶주리는 것은 곡식이 한 곳에 쌓이기 때문이다. 영리한 사람은 백 사람의 수입을 올리고 어리석은 사람은 본전도 찾지 못하니, 군주가 조절하지 않으면 반드시 백성 중에 상대를 해치는 부자가 생긴다. 이것이 어떤 사람은 백 년 먹을 양식을 쌓아두고, 어떤 사람은 술지게미나 쌀겨조차도 배불리 먹지 못하는 이유이다. 백성이 너무 부유하면 녹봉을 주어도 부릴 수 없고, 백성이 너무 강하면 위엄을 세우거나 형벌을 가할 수가 없다. 쌓인 것을 흩고 이익을 고르게 하지 않으면 균등해질 수 없다. 그러므로 군주가 식량을 비축하여 재정을 확보하고, 남는 것을 제어하여 부족함을 보충하며, 과도한 이문을 금하여 부당한 욕심을 막아야, 집집마다 넉넉하고 사람마다 풍족하게 될 것이다.

(라) 옛날에는 덕을 귀하게 여기고 이익을 천하게 여겼으며, 의를 중하게 여기고 재물을 가볍게 여겼다. 삼왕(三王)이 다스리던 때라 해도 흥하

기도 하고 쇠하기도 했지만, 쇠하면 떠받쳤고 기울면 바로잡았다. 그래서 하(夏)는 진실했고 은(殷)은 경건했으며 주(周)는 문아(文雅)했으니, 상서(庠序)*** 의 교육과 공경하고 사양하는 예(禮)가 찬연하여 참으로 볼만했다. 후대에 이르러 예의가 무너지고 미풍이 사라져 녹봉 받는 관리부터 의를 어기고 재물 모으기에 급급하니, 큰 자가 작은 자를 삼키고 서로 격렬히 다투어 넘어뜨리게 되었다. 이에 어떤 사람은 백 년 먹을 양식을 쌓아 두고, 어떤 사람은 배를 채울 수도 몸을 가릴 수도 없게 되었다. 옛날에 관리는 농사를 짓지 않았고 사냥꾼은 고기잡이를 하지 않았으며, 수문장이나 야경꾼도 모두 일정한 수입이 있어서 두 가지 이익을 취하지 않고 재물을 독차지하지 않았다. 옛날처럼 하면 우둔한 자와 영리한 자의 수입이 고르게 되어 서로 상대방을 쓰러뜨리지 않게 된다.

* 조보 : 옛날에 말을 잘 몰았던 사람의 이름.

** 왕이 : 옛날에 솜씨가 매우 뛰어났던 장인의 이름.

*** 상서 : 은(殷), 주(周)의 교육 기관.

이 문제는 제시문을 '통치의 원리'라는 기준에 따라 두 부류로 나누어 요약하라는 논제이다. 논제부터 분석해보자.

ⓐ 제시문 (가)~(라)를 통치 원리에 따라 둘로 분류하고, ⓑ같은 원리를 담고 있는 제시문끼리 묶어서 요약하시오 ⓒ(350~450자, 20점).

이 논제는 모두 두 개의 요구(ⓐ와 ⓑ)를 포함하고 있다. 이 중에 단 하나라도 답안 작성을 하지 않을 때에는 좋은 점수를 받을 수 없다.

ⓐ는 제시문 (가)~(라)를 두 가지 통치원리라는 각도에서 읽으라는 지시이다. ⓑ는 제시문들이 크게 두 가지 통치원리로 분류되기 때문에 왜 그렇게 묶었는지 이유를 제시하면서 요약해야 한다. ⓒ는 참조문이다.

제시문 (가)는 백성을 다스릴 때는 예의가 최상이라고 주장한다. 왜냐하면 천하를 잃은 왕과 천하를 얻은 왕의 차이가 백성들의 생명을 존중하고 그러한 생명을 존중하는 방식이 예의이기 때문이다. 직접적으로 그 원리를 명시하는 제시문도 있고, 그렇지 않은 제시문도 있다. 이와 같은 맥락에 있는 제시문은 제시문 (라)이다. 제시문 (라)는 옛사람들이 이익보다는 덕과 의를 중하게 여겼다고 주장하고 있다. 지금의 관리와 영리한 자들은 이익 때문에 서로 다투고 있으며, 이러한 문제를 해결할 수 있는 방법은 덕과 의, 예의뿐이라고 주장한다. 결국 제시문 (가)와 제시문 (라)는 왕이 백성을 다스리는 방법은 덕(도덕)이라고 말하고 있다.

이에 반해 제시문 (나)는 왕이 백성을 법술로 다스려야 한다고 주장한다. 말을 몰 때는 매와 채찍으로 때리고 재갈을 물리지 않으면 말을 몰 수 없다는 예를 들면서 왕이 백성을 다스리는 방법은 법을 엄히 다루는 것이라고 주장한다. 이와 같은 맥락에 서 있는 제시문은 제시문 (다)이다. 제시문 (다)는, 경제적 흐름을 그대로 놓아두면 한 쪽으로 치우치기 때문에 왕은 이러한 흐름에 개입하여 과한 곳의 재물은 회수하고, 부족한 곳에는 벌충하는 역할을 해야 한다고 주장한다. 이는 왕이 덕으로 백성을 다스리는 방식이 아니라 법이나 권력으로 다스리는 것을 의미한다.

2) 관점 비판형

제시문 (나)와 (다)를 각각 활용하여 제시문 (가)의 주장을 비판하시오 (600~800자, 30점).

(가) 자연과학에서 이루어지는 테스트의 과정은 연역적이다. 우리는 이전에 수용된 다른 진술들에 의존하여, 관찰을 통해 확인 가능한 예측 진술들을 새로운 이론으로부터 연역적으로 이끌어 낸다. 이것들 중에서도 기존의 이론으로부터는 도출될 수 없는 진술들, 특히 기존의 이론과 모순되는 진술들을 선택하고, 실제 실험 및 적용의 결과에 따라 이 진술들을 판정한다. 만약 이 진술들이 수용 가능하다고 판정된다면, 다시 말해 검증된다면 그 새로운 이론은 테스트를 통과한 것이 된다. 따라서 그 이론을 폐기할 어떤 이유도 없다. 그러나 만약 이 진술들이 수용 불가능하다고 판정된다면, 다시 말해 반증된다면 이 진술들을 도출한 새로운 이론 전체가 반증된다.

긍정적 판정에 의해 새로운 이론이 유효하다고 밝혀지더라도, 그것은 언제나 잠정적이라는 사실에 주목해야 한다. 차후에 부정적 판정이 나온다면 그 이론은 언제든지 전복될 수 있다. 그러나 한 이론이 엄격한 테스트를 통과하고 과학의 진보 과정에서 또 다른 이론에 의해 대체되지 않는 한, 그 이론은 인정된 것이다.

(나) 티코 브라헤(1546~1601)는 다음과 같은 이유로 코페르니쿠스의 이론을 반증한 것으로 생각했다. 지구가 태양을 중심으로 공전한다는 코페르니쿠스의 이론이 옳다면, 지구에서 매일 같은 시각에 항성을 바라보는 방향이 지구의 공전 궤도를 따라 조금씩 변하는 현상이 나타나야한다. 지구가 공전함에 따라 관찰자가 항성을 바라보게 되는 시점

(視點)이 조금씩 변하기 때문이다. 비유하자면, 마치 회전목마를 타고 회전하는 아이가 밖에 서 있는 구경꾼을 바라볼 때, 바라보는 방향이 계속 변하는 것과 같다. 더 정확하게 말하면 지구의 관찰자가 항성을 바라보는 방향은 지구 공전 궤도상의 정반대되는 두 점 사이에서 주기적으로 변해야 한다. 이 점들과 항성을 잇는 선, 그리고 태양과 그 항성을 잇는 선 사이의 각을 연주시차(年周視差, annua parallax)라고 한다.

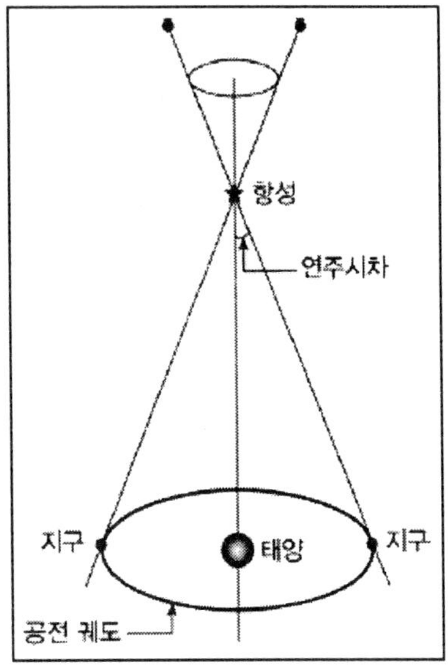

코페르니쿠스가 옳다면 연주시차를 확인할 수 있어야 하지만, 브라헤는 그것을 확인하지 못했다. 그는 이를 근거로 코페르니쿠스의 이론이 틀렸다고 결론지었다. 그러나 후대의 학자들은 브라헤가 연주시차를 확인하지 못한 원인이 그가 수용한 보조적인 가정에 있었다는 사실을 밝혀냈다. 그는 관측 도구로 연주시차를 확인할 수 있을 만큼 항성들이 지구에 충분히 가까이 있다고 가정했다. 그러나 아무리 가까운 항성이라 하더라도 지구와의 실제 거리는 매우 멀다. 따라서 연주시차가 지극히 작기 때문에 브라헤는 이를 확인할 수 없었던 것이다.

(다) 어떤 물리학자가 명제 P의 부정확성을 증명할 때 그는 다음과 같은 절차를 밟는다. 우선 명제가 정확하다면 반드시 나와야 할 어떤 현상을 예측한다(그 예측된 현상을 명제 Q로 서술하자). 그리고 예측된

현상이 나올지, 안 나올지를 보여줄 실험을 설계한다. 그는 이 실험의 결과를 해석해서 예측된 현상이 나오지 않음을 확인하고자 한다.

그런데 이런 과정을 밟을 때 그가 사용하는 것은 실제로는 명제 P만이 아니다. 그가 의심할 바 없는 것으로 받아들인 이론들 전체도 함께 사용한다. 다시 말해 명제 Q는 '의심받는 명제P'자체로부터가 아니라, '이론들 전체와 결부된 명제 P'로부터 도출된다. 따라서 예측된 현상이 나오지 않는다면, 이는 명제 P에도 결함이 있을 수 있지만, 그 물리학자가 이용하고 기대는 이론들 전체의 구조에도 결함이 있을 수 있음을 의미한다. 이 실험이 알려 주는 것은 단 한 가지이다. 그 현상을 예측하기 위해서, 그리고 그 현상이 나오는지를 확인하기 위해서 사용한 명제들 중 최소한 한 명제에 오류가 있다는 것이다. 그 물리학자는 발견된 오류가 P명제에만 속한다고 단언할지도 모른다. 그러나 그때 그가 사용한 다른 모든 명제들에 오류가 없다는 것을 확신할 수가 있는가? 만약 확신한다면 그는 자신이 사용한 다른 모든 명제들이 정확하다고 암암리에 전제한 것이다.

이 문제는 요약보다 한 단계 더 나아가 비판적 사고를 요구한다. 제시문의 주장과 근거를 바탕으로 다른 제시문의 논증을 비판하는 방식이다. 어떤 관점에서 다른 관점을 비판하는 방식에는 두 가지가 있다. 하나는 특정 관점의 주장과 근거 사이의 관계가 논리적으로 정합하지 않음을 지적하는 방법이고, 다른 하나는 특정 관점의 근거가 참이 아니라 거짓임을 증명하거나 확정된 명제가 아님을 증명하면 되는 방법이다. 우선 논제부터 분석해보자.

ⓐ 제시문 (나)와 (다)를 각각 활용하여 ⓑ제시문 (가)의 주장을 비판하시오 ⓒ(600~800자, 30점).

ⓐ와 ⓑ는 요구문이다. 답안을 작성할 때 이 두 가지 요구가 모두 포함된 글을 만들어야 한다. 이 논제는 제시문 (가)의 주장과 근거가 무엇인지 정리하고, 이 논증구조를 제시문 (나)와 (다)의 공통적 논지를 근거로 하여 비판하라는 문제이다. 그러면 제시문 (가)의 논증이 무엇인지, 그리고 (나)와 (다)의 공통적 논지가 무엇인지 분석해야 한다.

제시문 (가)는 자연과학적 이론들이 전제가 반증되면 언제든지 폐기될 수 있음을 주장하고 있다. 자연과학에서 진리로 받아들여지고 있는 기존 이론이 있다. 그리고 새로운 가설에서 관찰 가능한 예측 진술을 연역한다. 문제는 이 도출된 진술이 기존의 이론과 모순됨에도 불구하고 검증을 통해 수용가능한 판정을 받으면 기존 이론은 무너진다. 반대로 새로운 가설이 검증되지 못하고 수용불가능 판정을 받으면 폐기된다는 것이다. 기존의 이론이든 새로운 이론이든 긍정적 판정을 받는다고 하더라도 그것은 언제나 잠정적일 뿐 확정적 진리는 아니다.

제시문 (나)는 코페르니쿠스의 지동설을 비판하는 티코 브라헤의 오류에 대해 설명하고 있다. 티코 브라헤는 만약 코페르니쿠스의 지동설이 사실이라면 다른 행성과의 연주시차가 있어야 하는데 연주시차가 존재하지 않음을 지적하면서 코페르니쿠스의 이론을 반증한다. 그러나 연주시차는 특수한 관찰도구가 아니면 확인될 수 없는 것임에도 불구하고 티코 브라헤는 잘못된 반증을 하고 있다. 이는 제시문 (가)에서 견지한 자연과학적 이론이 반증가능하다는 이론을 비판하고 있다. 반증행위 자체에 문제의 소지가 많기 때문이다.

제시문 (다)는 제시문 (가)에 주장하고 있는 자연과학의 반증가능성의 문제점을 지적하고 있다. 반증할 때 사용되는 진술들 자체가 확증되지 않았기 때문이다. 어떤 명제, P에서 다른 명제 Q를 도출한다고 할 때, 어떤 과학자가 P에서 Q가 도출되지 않음을 증명하고, 그리하여

P명제 자체를 부정한다. 그러나 비록 과학자가 확실히 믿고 있는 명제라 할지라도 그러한 행위를 하는 과학자가 P명제를 부정하기 위해 사용한 진술들 자체가 잘못된 것일 수 있다. P명제를 포함하고 있다는 어떤 체계의 진술들 중에 그 비판하는 과학자가 사용하고 있는 진술이 포함되었다고 할 때, 그 과학자의 비판은 설득력 없다.

3) 조건 부합형

제시문 (가)와 (나)를 활용하여, 시민의 재판 참여*에 대한 자신의 견해를 <조건>에 맞게 논술하시오 (1,200~1,500자, 50점).

<조건>

1. 제시문 (가)와 (나)에서 시민의 재판 참여에 대한 찬성 혹은 반대의 논거를 이끌어 낼 것.
2. 이 논거들에 대한 평가를 포함할 것.

* 시민의 재판 참여 : 일반 시민이 재판 과정에서 피고인의 유·무죄나 형량 등에 관한 사법적 판단에 참여하는 것을 말함.

(가) "우리가 지금까지 자세히 기술한 이 나라는 정말 지혜로운 나라로 내게는 생각되네. 그건 이 나라가 분별이 있기 때문이 아니겠는가?"

"그렇습니다."

"그렇지만 바로 이것, 즉 분별력은 일종의 지식인 것이 분명하네. 사람들이 분별 있게 되는 것은 무지에 의해서가 아니라 지식에 의해서라는 게 확실하기 때문일세."

"그건 분명합니다."

"그러나 이 나라에는 온갖 종류의 많은 지식이 있네."
"어찌 없겠습니까?"
"그러면 이 나라가 지혜롭고 분별 있는 나라로 불릴 수 있는 것은 목수들의 지식으로 인해서인가?"
"결코 그렇지 않습니다. 그것으로 인해서는 목수 일에 밝은 나라로 불릴 뿐입니다."
"그렇다면 이 나라가 지혜로운 나라로 불릴 수 있는 것은, 목재 용구들에 대한 지식, 즉 어떻게 하면 이것들을 가장 훌륭하게 활용할 수 있을지를 분별하고 숙고하는 지식 덕분은 아닐세."
"분명히 아닙니다."
"그러면, 다음은 어떤가? 청동으로 만든 물건에 관한 지식이나 또는 이런 유의 것들에 관한 다른 어떤 지식 덕분인가?"
"그런 유의 어떤 것으로 인해서도 아닙니다."
"흙에서 나는 생산물에 관한 지식 때문도 아닐 것이니, 이로 인해서는 농사에 밝은 나라로 불릴 뿐이네."
"제게는 그렇게 생각됩니다."
"그렇다면 어떤가? 이제 막 건립된 이 나라에 사는 시민들 중에 이런 지식을 가진 계층이 있겠는가? 이 나라의 어떤 부분에 관련해서가 아니라, 이 나라 전체와 관련해서 어떻게 하면 이 나라가 자기 자신을, 그리고 다른 나라들을 가장 훌륭하게 다룰 수 있을지 분별하고 숙고하는 그런 지식 말일세."
"물론 있습니다."
"그건 무엇이며, 누구에게 있는가?"
"그건 수호(守護)와 관련한 지식이며, 우리가 방금 '완벽한 수호자들'로 불렀던 그 지도자들에게 있습니다."
"그렇다면 이런 지식이 있는 나라를 자네는 뭐라 부르겠는가?"
"분별 있고 참으로 지혜로운 나라라고 부르겠습니다."

"그러면 자네는 이 나라에 대장장이들이 더 많아질 것이라 생각하는가, 아니면 참된 수호자들이 더 많아질 것이라 생각하는가?"

"대장장이들이 훨씬 더 많아질 것입니다."

"그렇다면, 지식을 지니고 있기에 어떤 분야의 전문가로 부를 수 있는 사람들 중에서 수호자들이 제일 적지 않겠는가?"

"제일 적습니다."

"그러니까 본성에 맞게 건립된 나라 전체가 지혜롭게 되는 것은 나라의 가장 작은 부류나 계층, 그리고 이 지도적 계층 안에 있는 지식 덕분이네. 이 계층은 자연히 가장 적게 될 것이며, 모든 지식 중에서 유일하게 지혜라 불릴 만한 지식을 가지는 것이 마땅하네."

"더 없이 진실한 말씀입니다."

(나) 일상적 지식은 상식, 일상적 체험, 사려 깊은 숙고와 분석에 기반하고 있다. 민간 지식도 일상적 지식의 한 범주이다. 민간 지식이란 개념은 농민들의 토양에 관한 친숙성에서부터 아프리카 원주민의 사냥술, 토착민들의 식물에 관한 지식, 학교 운동장에서 하는 농구의 규칙과 전략에 이르기까지 인간 활동에 광범위하게 적용될 수 있다. 구체적으로 말하면, 민간 지식은 모든 사회에 존재하는 과학적, 전문적, 지적 엘리트들을 규정하는 공식적인 또는 특화된 지식에 대비되는, 비공식적이고 대중적인 지식이라고 할 수 있다. 민간 지식은 텍스트 형태로 기록되기보다는 흔히 구술 형태로 전승되어 비공식 부문에 체계적으로 남아 있다. 반대로 공식적, 과학적 지식은 기록된 텍스트 형태로 조직되어 전달된다. 과학은 자신의 지식을 그것이 생산된 문화로부터 이론적으로 분리하고자 하는 반면, 민간 지식은 그것이 생산된 구체적 문화와 태생적으로 결합되고 그 문화의 내부에서 해석된다.

현대 사회가 과학과 기술의 경이로움에 빠져 있는 동안 민간 지식은 오랫동안 무시되어 왔다. 공식적, 과학적 지식은 민간 지식의 한계를 뛰어넘도록 고안된 우월한 지식 형태라고 널리 정의되어 왔던 것이 사실이다. 과학적 지식의 정통성은 공식적으로는, 보통 사람들이 지니고 있는 일상적 지식과의 인식론적 차별화에 의존한다. 그간 수많은 영역에서 민간 지식을 더 진보된 과학적, 기술적 지식들로 대체하는 것을 명시적인 목표로 삼았다.

그런데 한 가지 기이한 것은, 근대 과학과 기술의 많은 부분이 전통적 지식의 토대 위에서 발전해 왔다는 점을 인식하는 사람들이 거의 없다는 사실이다. 종의 역사를 돌이켜 볼 때 인간은 생존 투쟁을 도와줄 좀 더 효과적인 도구와 수단을 끊임없이 개발해 왔다. 산업 혁명에 앞서 등장했던 기술적 발명들의 주요 목록을 떠올려 보자. 불, 바퀴, 역법, 직조 기술, 도자기, 농사, 산술, 기하학, 천문학, 항해술, 제련 기술, 화약, 고무, 톱니바퀴, 활자, 종이와 인쇄술, 그리고 건축과 도시 계획 등은 근대 문명의 발전에 중요한 역할을 했다. 종교와 철학, 국가와 행정 체계가 발전하는 과정에서도 이러한 사정은 예외가 아니었다. 민간 지식은 고유한 인식론적 지위를 지니고 있을 뿐 아니라, 경험적인 분석과 규범적인 분석 모두에서 중요한 역할을 수행한다.

<주의 사항>

1. 이 문제지는 3문항으로 구성되어 있습니다. 문항 수를 확인하십시오.
2. 답안지는 6매입니다. 매수와 쪽 번호 표시가 정상적으로 되어 있는지 확인하십시오.
3. 답안지의 쪽마다 성명과 수험 번호를 정확하게 표기하십시오.
4. 답안지의 '관리 번호'란에는 아무것도 기록하지 마십시오.
5. 답안지 작성은 번지거나 지워지지 않는 청색 또는 흑색 필기구를 사용하여야 하며, 같은 문항의 답안지에 서로 다른 색의 필기구를 사용할 수 없습니다.

6. 문항마다 제시한 분량의 범위 안에서 답안을 작성하십시오(벗어날 경우 감점).
7. 답안을 수정할 때에는 원고지 사용법에 따라야 하며, 수정 테이프 또는 수정액 등을 사용할 수 없습니다.
8. 답안의 특정 부분에 밑줄을 치거나, 문장 부호와 교정 부호 이외의 다른 표시를 할 수 없습니다.
9. 답안에 응시자의 신원을 짐작할 수 있는 내용을 쓰지 마십시오.
10. 시험 종료 시각까지 퇴실할 수 없습니다.

이 문제는 논제와 제시문 이외의 다른 조건이 붙어있기에 위의 요약형이나 비판형과는 다른 유형으로 분류한다. 먼저 논제부터 분석해보자.

ⓐ제시문 (가)와 (나)를 활용하여, ⓑ시민의 재판 참여*에 대한 자신의 견해를 <조건>에 맞게 논술하시오 ⓒ(1,200~1,500자, 50점).

이 논제는 ⓐ와 ⓑ 두 가지 요구에 따라 답안을 작성해야 하는 문제이다. 제시문 (가)와 (나)의 관점을 자신의 글로 요약한 뒤, <조건>에 맞게 논술해야 한다. 현대 논술의 특징이 바로 여기에 있다. 필요한 것은 제한 없는 창의적 사고가 아니라 주어진 조건에 따라 글을 작성해야 한다. '시민의 재판 참여'에 대한 사전 지식이 없다고 하더라도 제시문과 조건의 정보를 정확하게 분석한다면 답안 작성에 아무 문제가 없다. 이 문제는 제시문 (가)와 (나)의 관점에서 '시민의 재판 참여'에 대한 찬성이나 반대의 논거를 찾아내고, 그 논거에 대한 글쓰이의 평가가 반드시 포함하도록 명시하고 있다.

그러면 먼저 제시문 (가)와 (나)의 주장이 무엇인지 요약해 보자.

제시문 (가)는 국가를 다스리는 것은 목재용구나 청동 제작에 대한 지식이 아니라, 또 나라의 부분에 대한 지식이 아니라 나라 전체에 대한 지식, 다른 나라들을 가장 훌륭하게 다룰 수 있는 지혜임을 지적하고 있다. 그런데 이런 지혜는 일반 국민들이 가질 수 있는 것이 아니라 나라는 수호하는 소수의 수호자들만 가질 수 있다고 주장한다. 이런 맥락에서 볼 때, 일반 시민이 재판 과정에서 피고인의 유·무죄나 형량 등에 관한 사법적 판단에 참여하는 것은 불가능하다. 즉 사법적 판단은 일반 시민이 할 수 있는 영역의 것이 아니라는 것이다.

제시문 (나)는 삶을 기반으로 한 민간 지식과 과학적 지식이 서로 상반된 것처럼 보이지만, 그리고 전문학자들에 의해 그 구분이 뚜렷하게 정의되는 것처럼 보이지만, 그런 과학적 전문적 지식이 전통적 민간 지식을 바탕으로 한 지식임을 지적한다. 일상적 지식이 비록 상식, 일상적 체험에 기반한 것이라 하더라도, 그러한 지식은 사려 깊은 숙고와 분석에 기반하고 있고, 마찬가지로 전문적 과학적 지식도 그러한 일상적 지식과 유리된 것이 아닌 것이다. 이런 맥락에서 볼 때, 전문가들만 확실하고 전문적 지식을 가지는 것이 아니라 일반인들도 충분히 사회에 대한 지식을 가질 수 있다. 이는 '시민의 재판 참여'에 대한 근거를 마련해 준다. 사법적 판단을 전문가인 법조인에게 한정된 것이 아니라 사법적 지식들이 결국 상식에 기반한 것이라면 일반 시민도 충분히 그러한 재판에 참여할 수 있는 것이다.

위의 분석을 통해 글쓴이는 제시문 (가)이든 (나)이든 둘 중에 하나를 자유롭게 자신의 생각에 대한 근거로 제시할 수 있다. '시민의 재판 참여'를 지지한다면 제시문 (나)를 근거로 삼아야 하고, '시민의 재판 참여'를 반대한다면 제시문 (가)를 근거로 삼아야 한다. 만약 답안을 작성한다면, 두 단락은 각각의 제시문을 요약하는 단락으로 구성한다. 그리고 자신이 주장하고자 하는 글을 한 단락으로 구성하고, 또 다른 관점을 비판하는 한 단락이 있어야 한다. <조건>의 요구를 충족해야 하기 때문에, 각각의 주장에 대한 논거를 평가하고, 특정한 관점에서 다른 관점을 비판하는 부분을 반드시 명료하게 명시해야 한다.

4. 닫는 말

논술문에 대한 일반적 글쓰기 방법이 아니라 현대의 다양한 입시 논술의 공통적인 형식에 대해서 분석하였다. 주어진 문제에 대한 한계 없이 자신의 문제를 논리적으로 글을 작성하는 과거 논술과는 달리, 즉 서론, 본론, 결론이라는 틀에 박힌 논술 일반에 대한 정보보다도 현대 입시 논술에서 추구하고 있는 비판적 읽기, 통합적 읽기, 창의적 사고가 중심이 되는 논술형식에 대해 분석했다. 현대 대부분의 입시 논술의 특징은 무엇보다 비판적 읽기가 가장 중요하다는 것이다.

한 때는 '사오정'이라는 유행어가 성행했었다. 사람들은 남의 소리를 제대로 듣지 않거나 듣지 못하는 사람을 두고 '사오정'이라고 불렀다. 마찬가지로 다름 사람의 글을 제대로 파악하지 못하면 '사오정'과 같은 맥락에서 다른 유행어가 생겨날 것이다. 오늘날의 논술은 타인의 글이나 말을 듣지 않고 단지 자신의 생각만 일관성 있게 말하고 글 쓰는 것을 지양한다. 현대의 논술은 오히려 주어진 텍스트나 타인의 말을 정확하게 분석할 수 있는 능력을 요구한다.

읽기능력뿐만 아니라 통합력 또한 중요한 논술능력이다. 통합력은 다양한 텍스트를 하나의 주제로 엮어낼 수 있는 능력이다. 이는 하나의 텍스트만 맹신하고 다양한 관점을 생각할 수 없는 사람에게 무엇보다 필요한 능력이다. 이 능력은 비판적 읽기가 선행되지 않으면 취할 수 없는 능력이다. 만약 텍스트를 비판적으로 분석하고, 각각 텍스트를 분류하지 못한다면 다른 텍스트를 통합할 수 없을 것이다. 왜냐하면 통합한다는 행위 자체가 각기 다른 텍스트를 정확하게 분석하지 못한다면 불가능하기 때문이다.

이와 같이 비판적 읽기와 통합하기가 된 후에 우리는 주어진 텍스트 이외의 생각을 할 수 있다. 창의적 사고는 바로 비판적 사고와 통합하기가 정확하게 완성된 이후 발생하는 사고이다. 이 두 가지 작용을 전제하지 않은 창의는 더 이상 창의가 아니라 엉뚱하고 방향 잃은 망상일 뿐이다. 설령 그러한 엉뚱함이 좋은 결과를 도출한다고 할지라도 그것은 우연적인 결과일 뿐이다. 즉 '소 뒷발에 쥐 잡은 격'일 뿐이다.

집필진(목차순)

이재성-계명대학교 교양교육대학 교수
독일 아헨(R.W.T.H Aachen)대학교 철학박사

성홍기-계명대학교 논리윤리교육센터 선임연구원
계명대학교 철학박사

권의섭-계명대학교 교양교육대학 교수
계명대학교 철학박사

문성화-계명대학교 교양교육대학 교수
뒤셀도르프대학교 철학박사

이기훈-계명대학교 논리윤리교육센터 연구원
계명대학교 철학박사

김형찬-계명대학교 논리윤리교육센터 연구교수
계명대학교 철학박사

이강화-계명대학교 논리윤리교육센터 수석연구원
계명대학교 철학박사

이상호-한국국학진흥원 연구원
계명대학교 철학박사

심도희-계명대학교 논리윤리교육센터 연구원
계명대학교 철학과 박사과정 수료

김우진-계명대학교 논리윤리교육센터 연구원
계명대학교 철학과 박사과정 수료